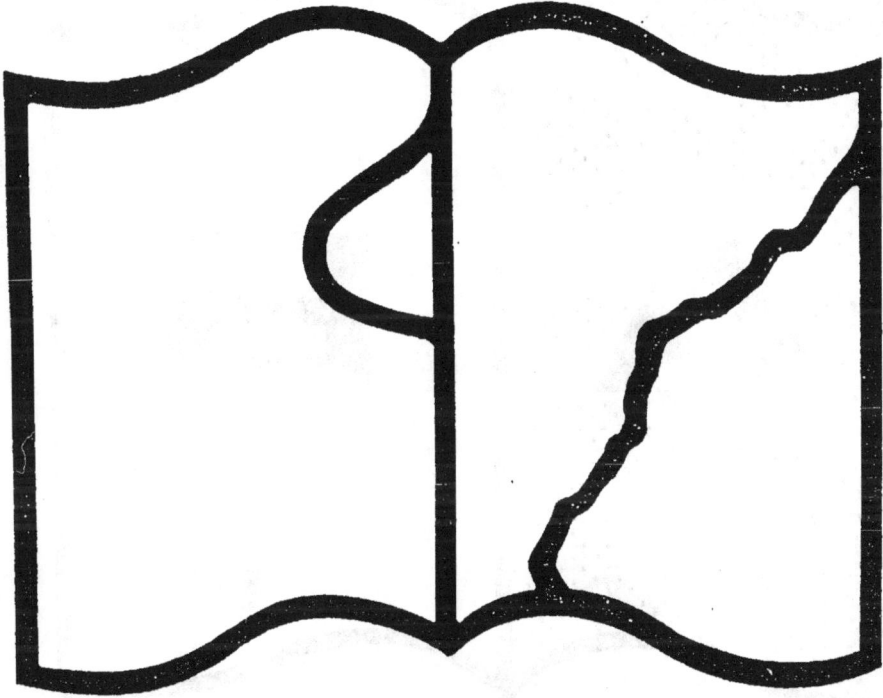

Texte détérioré — reliure défectueuse

NF Z 43-120-11

Contraste insuffisant

NF Z 43-120-14

9/h   12th

RECUEIL

DES ARRESTEZ,

DE MONSIEUR

LE PREMIER

PRESIDENT

DE

LA MOIGNON.

Seconde Partie.

M. DCCII.

RECUEIL DES ARRESTEZ,
de Monsieur le premier Président
de la Moignon.

DE L'ETAT DES PERSONNES.

ARTICLE PREMIER.

NOUS voulons, à l'exemple du Roy saint Loüis nôtre Ayeul, & de plusieurs autres Rois nos prédecesseurs, en accordant à tout nôtre Royaume ce qu'ils ont ordonné seulement pour quelques endroits particuliers, que tous nos Sujets soient libres & de franche condition, sans taxe de Servitude, que Nous abolissons dans toutes les terres & païs de nôtre obeïssance, sans qu'à cause de la précedente Manumission & Affranchissement les Seigneurs puisſent prétendre aucuns Droits en vertu des Coûtumes auſquelles nous avons dérogé.

I I.

Ne ſeront tenüs nos Sujets à aucuns devoirs de qualité ſervile , ſoit par Droit de ſuite de Formariage , Mortemain , ou autre maniere quelconque.

I I I.

Pourront noſdits Sujets ſe marier librement, prendre les Ordres Sacrez , entrer en Religion , établir & transferer leurs domiciles , diſpoſer de leurs biens entre vifs ou à cauſe de mort, ou les laiſſer *abinteſtats* à leurs heritiers légitimes en ligne directe ou collaterale , retirer par Retrait Lignager , & generalement ordonner de leurs perſonnes & facultez ſelon l'ordre étably par les Coûtumes & Ordonnances pour les perſonnes libres.

I V.

Et pour aucunement récompenſer les Seigneurs du préjudice qu'ils peuvent recevoir à cauſe dudit Affranchiſſement, toutefois que les heritages ſe trouveront au jour de la publication des Preſentes , poſſedez par des perſonnes de la condition Servile ſuſdite, changeront de main par ſucceſſion collaterale, diſpoſition entre vifs , teſtamentaire , échange , vente , & par quelque maniere que ce ſoit , autre que par ſucceſſion directe , décendante & aſcendante ; il ſera payé au Seigneur par le nouveau tenancier un Droit de Lot à raiſon du douziéme denier de la valeur & eſtimation du fond des heritages , ſans préjudice des redevances & autres prétentions Annuelles, fi aucunes font dûës aux Seigneurs, par tîtres & déclarations anciennes: lefquelles redevances & prétentions feront continuées aux Seigneurs comme l'on a fait bien & dûëment au paffé.

V.

Demeureront auffi en leur entier les Droits de corvées, d'hommes, de beftiaux & de garde, bannálité de Moulins, Fours & Preffoirs, Tailles Seigneuriales & autres redevances dûës à aucuns Seigneurs particuliers, par tîtres légitimes, Aveux & dénombremens anciens.

V I.

Et n'eft réputé tître valable s'il n'eft avant le premier Janvier 1560. & avant le Régne de François II.

V I I.

Es païs de Droit écrit & Coûtumes où la puiffance paternelle à lieu, les enfans de famille feront émancipez de plein Droit du jour qu'ils ont atteint l'âge de vingt-cinq ans accomplis, & non plûtôt.

V I I I.

Toutefois font les enfans émancipez avant l'âge de vingt-cinq ans, du jour qu'ils fe font mariez ou Prêtres, ou qu'ils tiennent ménage au fçû & vû du pere, ou qu'ils exercent un négoce feparé, ou qu'ils font reçûs en quelque charge ayant fonction publique.

I X.

Peut le pere émanciper fon enfant prefent ou abfent en quelqu'âge qu'il foit, & n'eft requis autre folemnité finon qu'il déclare judiciairement par devant le Juge de fon domicile qu'il met fon enfant hors de fa puiffance, dont acte luy fera donné par le Juge & écrit fur le Regiftre de l'Audience, à peine de nulité de ladite émancipation.

X.

Dans l'acte d'émancipation le pere pourra fe referver la joüiffance d'une portion des biens de l'émancipé, laquelle joüiffance ceffera du jour que l'un des cas cy-deffus exprimez pour l'émancipation tacite fera arrivé, & en deffaut de refervation expreffe le pere demeurera déchû de ladite joüiffance.

X I.

Nul ne pourra difpofer entre vifs de fes immeubles, foit par vente, donation, hypotéque ou autrement, n'y faire partage n'y efter en jugement pour lefdits immeubles, qu'il n'ait l'âge de vingt-cinq ans accomplis, fuppofé même qu'il fût marié; comme auffi nul ne pourra adminiftrer le revenu de fes immeubles, n'y difpofer des meubles, n'y être en jugement pour les revenus & lefdits meubles qu'il n'ait l'âge de vingt ans accomplis, ou qu'il ne foit marié.

X I I.

Une perfonne n'a qu'un feul domicile d'habitation.

X I I I.

Domicile s'acquiert par an & jour de demeure continuée.

X I V.

Les mineurs retiennent le domicile qu'avoit leur

le Premier Préfident de la Moignon.   7

peré au jour de fon décez, fans confiderer le domicile
du Tuteur ou de la Tutrice, encore que fe foit la mere.

X V.

Toutefois la femme mariée, majeure ou mineure,
prend le domicile de fon mary du jour de la Béné-
diction nuptiale.

X V I.

Femme feparée d'habitation, en quelque lieu qu'elle demeure, eft réputée avoir fon domicile au lieu où
étoit celuy de fon mary lors de la demande en féparation.

X V I I.

Le domicile d'un Officier, majeur ou mineur, reçû en une Charge dont l'exercice eft continuel, eft
au lieu où il exerce ladite Charge, aprés qu'il en a
fait la fonction durant un an & jour.

X V.I I I.

Majeur ou mineur qui fe marie, acquiert à l'inftant
domicile dans le lieu où il fe marie; s'il en a fait déclaration expreffe dans le Contract de mariage, il retient fon domicile jufqu'à ce qu'il l'ait transferé ailleurs, par un acte ou déclaration expreffe.

X I X.

Marchand majeur ou mineur, a fon domicile au
lieu où il établit fon principal commerce, pourvû
qu'il en ait fait fa déclaration en jugement, ou qu'il
y ait demeuré par an & jour.

X X.

Le domicile des Princes de nôtre Sang, Ducs &

Pairs, Maréchaux de France, & autres Officiers de nôtre Couronne, eft en nôtre bonne ville de Paris.

X X I.

Les Officiers de nôtre Maifon, & des Maifons des Reines, Enfans de France, & Princes de nôtre Sang, employez fur les Etats, regiftrez en nôtre Cour des Aides, qui rendent un fervice continuel durant le cours de l'année entiere, font auffi domiciliez en nôtre bonne ville de Paris.

X X I I.

Les premiers Gentilshommes de nôtre Chambre, & autres nos Officiers fervans par année, ont leurs domiciles à Paris.

X X I I I.

Peuvent neanmoins lefdits Officiers conferver le domicile qu'ils avoient quand ils font entrez efdites Charges, en faifant leur déclaration dans l'an & jour en nôtre Parlement de Paris, par un acte qui fera figné & enregiftré au Greffe.

X X I V.

Les Officiers fervans par femeftres, ou par quartiers aux occafions, font domiciliez au lieu où ils font leur réfidence ordinaire.

X X V.

Les dettes mobiliaires, actives & paffives, & rentes conftituées à prix d'argent, font réglez par la Coûtume du domicile du creancier.

X X V I.

Rentes foncieres font réglées par affiettes fuivant
la Coûtume

la Coûtume du lieu où sont scituez les fonds sur lesquels lesdites rentes sont dûës.

X X V I I.

Rentes assignées sur nos Fermes & Receptes generales, & sur le Clergé, sont réglez par les Coûtumes des lieux où elles sont payables.

X X V I I I.

La garde Bourgeoise n'a lieu que és Coûtumes où elle est reçûë par disposition expresse , & à la charge de bailler caution.

X X I X.

Pour régler la capacité ou incapacité de celuy qui prétend la garde Bourgeoise, on considere la Coûtume du lieu où le défunt qui a donné l'ouverture à la garde Bourgeoise avoit son domicile, & neanmoins n'aura son éfet ladite Garde sur les heritages autres que ceux qui sont scituez dans la Coûtume où elle a lieu.

X X X.

La garde Noble a lieu dans toutes les Coûtumes de nôtre Royaume.

X X X I.

Aucuns parens, autres que les peres & meres, ne seront admis à la garde Noble ou Bourgeoise, & même la mere n'y sera admise , si la Coûtume ne l'y apelle par une disposition expresse.

X X X I I.

Garde n'a lieu si elle n'est acceptée en jugement devant le Juge du domicile qu'avoient les peres & meres lors de la dissolution du mariage , par le survivant

II. Partie. B

en perfonne, ou par Procureur fondé de Procuration
fpeciale à ce apellé le Tuteur des enfans, fi aucun y
a, finon le Subftitut de nôtre Procureur General ou
le Procureur Fifcal du Seigneur, fans qu'il foit befoin de convocation de parens.

X X X I I I.

Si l'acceptation eft faite par Procureur, il fera tenu
de figner fur le Regiftre, & de faire enregiftrer fa
Procuration.

X X X I V.

Doit le furvivant qui voudra accepter la garde, en
faire déclaration dans quarante jours s'il eft prefent,
ou dans trois mois s'il eft abfent, s'il eft dans nôtre
Royaume : & dans fix mois s'il eft hors de nôtre Royaume, à compter du jour de la mort du prédecedé ;
& les profits de ladite garde luy appartiendront du
jour de la mort du prédecedé, autrement le temps
paffé en demeurera déchû, & le temps courera contre le furvivant mineur fans efperance de reftitution.

X X X V.

Eft reçû le Gardien faire faire inventaire des meubles, titres & papiers, appartenans au mineur, avec
le Tuteur ou fubrogé Tuteur, fi aucuns y a, finon
avec le Subftitut de nôtre Procureur General ou Procureur Fifcal du Seigneur, dans trois mois du jour de
l'acceptation, & le temps paffé demeurera déchû du
profit & de la Garde-Noble.

X X X V I.

Le Gardien a feulement l'adminiftration des meu-

bles; & fait siens les fruits des heritages feodaux &
roturiers, arrérages de rentes & interêts légitimes des
obligations mobiliaires appartenans aux mineurs,
pour ce qui s'en trouvera échû au temps de la garde,
à la charge de payer par le Gardien les interêts légitimes des obligations passives & arrérages des rentes
qui écheront durant la garde ; nourir & entretenir les
mineurs selon leurs états & qualitez, payer & acquiter
les charges annuelles, & enfin de la Garde rendre les
heritages en bon état de bonne réparation viagere.

X X X V I I.

Le Droit de Garde n'est point cessible.

X X X V I I I.

Demeurera abrogé le droit Seigneurial, appellé en
aucunes Coûtumes Déport de Minorité, & par le
reffus du pere & de la mere survivans, d'accepter la
garde de leurs enfans : Ne tombent lesdits enfans en
la garde du Seigneur.

X X X I X.

Entre les fruits qui appartiennent au Gardien, sont
compris les arrerages des Cens & Rentes Seigneuriales, droit de Relief & de Quint, Amendes, confiscation
mobiliaire, & autres profits de Fiefs, droits de Chasse,
droits Honorifiques, droits de Patronage, collation
de Benefices & Offices, & seront les Provisions des
Offices & Benefices baillez par le Gardien au nom
du mineur.

X L.

Des immeubles confisquez ou commis par felonie,

la joüiffance appartient au Gardien pendant le temps de la garde, la proprieté refervée au mineur.

X L I.

Le Gardien qui durant le temps de la garde a retenu par puiffance de Fief, ou retrait Cenfuel, un Fief ou heritage qui étoit mouvant ou dépendant du Fief de fon mineur, en aura la joüiffance durant la garde; & aprés la garde finie rendra le Fief ou l'heritage au mineur, fi le mineur trouve bon de le prendre, en remboutfant le Gardien du prix & des loyaux coûts.

X L I I.

La garde ne s'étend à autres biens qu'à ceux qui font avenus au mineur par la fucceffion ou difpofition à caufe de mort du pere ou de la mere, qui a donné ouverture à la garde.

X L I I I.

Celuy qui eft Gardien peut être Tuteur fans prendre la garde, mais celuy qui accepte la Tutelle fans proteftation ne peut plus rendre la garde.

X L I V.

La garde dure aux enfans jufqu'à dix-huit ans, & aux filles jufques à quatorze ans accomplis.

X L V.

La garde finit quand le Gardien, pere ou mere, fe remarie; & l'un & l'autre devenu veuf ne peut reprendre la garde.

X L V I.

La garde des enfans finit par leurs mariages, encore qu'ils n'ayent les dix-huit ans, ou 14. ans accomplis.

XLVII.

Sera au choix du mineur de reprendre, aprés la garde finie, les meubles en espece, s'ils sont en nature, ou l'estimation portée par l'inventaire avec la crûë, à raison de cinq sols pour livre, ou le prix de la vente s'ils ont été vendus; avec la crûë à raison de cinq sols par livre.

XLVIII.

Le Gardien, même mineur, ne peut être relevé de l'acceptation de la garde.

DES ABSENS.

I.

L'Absent est réputé mort du jour qu'il n'a pas paru dans le monde, & de la derniere nouvelle qui a été reçûë de luy.

II.

Et neanmoins on ne peut partager ses biens n'y demander compte des fruits & revenus à ceux qui en ont eû l'administration, n'y sa femme avoir la delivrance de son doüaire sinon dix ans aprés son absence, & de la derniere nouvelle de son état & condition: Et sera en ce cas baillé bonne & suffisante caution par les heritiers & par la femme, de raporter en cas de retour tout ce qui aura été reçû, laquelle caution sera reçûë en justice avec nos Procureurs Generaux ou leurs Substituts.

I I I.

La Caution demeurera déchargée lors qu'il y aura trente ans entiers du jour de l'abſence & de la derniere nouvelle ; & ſi la demande pour le Partage, reddition de Compte & déclaration du Doüaire, n'eſt faite qu'aprés les trente ans, ſera donné jugement pur & ſimple & deffinitif, ſans bailler caution.

I V.

La femme de l'abſent ne pourra contracter mariage, même aprés les trente ans, s'il n'y a preuve certaine de la mort de ſon mary.

V.

Si durant les dix premieres années de l'abſence les creanciers veulent ſe pourvoir ſur les biens de l'abſent, il ſera créé un Curateur à l'abſent ; & ſi aprés les dix années les biens de l'abſent ont été partagez entre les heritiers préſomptifs, ſeront du jour du partage les pourſuites continüées ou commencées contre les heritiers.

DES TUTELLES.

I.

TOutes les Tutelles & Curatelles comptables des mineurs ſont datives, & doivent être déferées par les Juges ſur l'avis des parens mineurs.

I I.

Abrogeons les Tutelles teſtamentaires, legitimes, naturelles & coûtumieres.

III.

L'Affemblée de parens peut être provoquée par un parent en degré éloigné, en cas de négligence des plus proches, même par une Tante & par un Creancier des mineurs : & au deffaut des uns & des autres, pendant l'efpace de quinzaine, l'Affemblée fera faite à la Requête du Subftitut de nôtre Procureur General, ou du Procureur Fifcal de la haute ou moyenne juftice du lieu où la Tutelle doit être defferée.

IV.

Seront apellez la mere où les ayeuls paternels & maternels étans en état de viduité, enfemble les plus proches parens maternels & paternels, majeurs de vingt-cinq ans, & demeurans dans le même Bailliage & Senéchauffée où les mineurs ont leur domicile en nombre égal, ou trois au moins de chacun côté : Et s'il ne s'y en trouve en nombre fuffifant ils feront pris des Provinces voifines ; où en défaut de l'une ou de de l'autre ligne on apellera des voifins ou amis du défunt ; le tout à peine de nullité.

V.

Les Suffrages pour la Tutelle peuvent être donnez en perfonne ou par Procureur, fondé de Procuration fpeciale, qui contiendra le nom & la qualité du Tuteur qui fera nommé par le Procureur : mais pour l'éducation & inftruction des mineurs, les avis feront donnez en perfonne & non par Procureur.

VI.

Le parent qui a des empêchemens honnêtes & des

excufes legitimes pour ne point accepter la Charge de Tuteur ou Curateur, aura neanmoins voix déliberative en l'Affemblée, s'il eft des plus proches, & y doit être apellé, comme deffus, à peine de nullité.

V I I.

Si aucun de ceux qui ont été apellez prétend n'être point parent des mineurs, ou qu'il y en a de plus proches que luy qui n'ont point été apellez, il fera tenu de faire la remontrance avant l'ouverture des Suffrages, & il n'y fera plus reçû aprés la premiere voix donnée.

V I I I.

Pour les Tutelles des perfonnes Nobles on fe pourvoira par devant les Baillis & Senéchaux, & leurs Lieutenans ; celles des roturiers par devant les Prevôts, Châtelains, du lieu du domicile des mineurs : Et fi le domicile defdits Nobles ou roturiers eft dans la haute ou moyenne juftice d'un Seigneur, la Tutelle y pourra être pourfuivie.

I X.

Tutelle ne peut être donnée à certain temps, n'y fous condition.

X.

Aux mineurs de condition & qui ont du bien confiderable, feront donnez des Tuteurs honoraires & un Tuteur oneraire, qui fera choifi par les parens, & fera le ferment en juftice.

X I.

Les Tuteurs honoraires & les parens nominateurs

qui

qui ont procedé de bonne foy ne feront garants de la folvabilité du Tuteur onéraire, ou autre Tuteur, foit qu'il fut infolvable au temps de fa nomination, foit que l'infolvabilité fut furvenüe depuis.

X I I.

En procedant à la nomination d'un Tuteur, fera par le même acte élû un Curateur ou fubrogé Tuteur pour affifter à l'inventaire, deffendre aux actions de Tuteur contre les mineurs, & exercer celles que les mineurs peuvent avoir contre leur Tuteur.

X I I I.

Tuteur fubrogé pour affifter à l'inventaire ou partage, & pour les actions du mineur contre le Tuteur, & du Tuteur contre le mineur, n'a aucune part dans l'adminiftration des biens, & en cas d'infuffifance du Tuteur n'eft point tenu fubfidiairement.

X I V.

S'il arrive des conteftations dans les actes de Tutelle, elles feront terminées dés le lendemain, fi faire fe peut, en la Chambre du Confeil, & préferablement à toutes autres affaires, finon dans trois jours au plus tard, & ce qui fera ordonné fera executé nonobftant oppofition ou apellation quelconque, & fans préjudice d'icelles.

X V.

Si dans la nomination d'un Tuteur les fuffrages des parens font partagez, il y fera pourvû par le Juge en connoiffance de caufe.

X V I.

Ne fera donné qu'un Tuteur au mineur, fi faire fe

II. Partie. 　　　　　　　　　　　　　　C

peut, toutefois fi les mineurs ont des immeubles éloignez les uns des autres en diverfes Provinces, on pourra leur donner divers Tuteurs feparement pour chacune Province, & chacun d'eux fera feulement refponfable du fait de fon adminiftration.

X V I I.

Mais fi le Juge donne aux mineurs deux ou plufieurs Tuteurs confufément & fans feparer leur adminiftration, chacun des Tuteurs pourra être pourfuivy folidairement tant par les mineurs, après la Tutelle finie, que par ceux qui ont des actions contre les mineurs durant leur adminiftration, fauf le recours des uns contre les autres, quelques divifions qu'ils ayent faites entr'eux pour le réglement de leurs fonctions.

X V I I I.

Les Tuteurs & Curateurs donnez par le Juge en connoiffance de caufe fans l'avis des parens, ne font tenus bailler caution, & neanmoins celuy de plufieurs Tuteurs ou Curateurs qui voudra donner bonne & fuffifante caution de rendre compte au mineur venu en âge, & d'acquiter fes Cotuteurs, adminiftrera feul au refus de bailler pareille caution par fes Cotuteurs, lefquels ce faifant demeureront déchargez ; & fi tous baillent caution, tous demeureront Tuteurs & adminiftreront.

X I X.

Quand il y a plufieurs Tuteurs par indivis, l'authorité d'un feul fuffit pour la validité de l'acte, mais fi le Juge en a feparé l'adminiftration par Provinces, chacun doit authoriſer pour ce qui regarde ſon département.

X X.

Ceux qui ont épouſé la mere & les ayeules, ſœurs, tantes & couſines germaines des mineurs, ſeront appellés aux actes de Tutelle ſelon la proximité de leurs femmes ; mais les voix de la mere & de ſon ſecond mary, & d'une ayeule & de ſon mary, ne ſeront comptées que pour une.

X X I.

Aucun ne pourra être élû Tuteur s'il n'eſt du nombre de ceux qui ont été aſſignez pour donner leur voix en l'acte de Tutelle.

X X I I.

Ceux qui ont épouſé la mere ayeule, & autres parens cy-devant mentionnez, étans élûs Tuteurs ſeront tenus d'accepter la Charge.

X X I I I.

Les Evêques ne peuvent être Tuteurs, & ceux qui ſont promûs aux Ordres Sacrez, ne peuvent être contraints d'accepter la Charge & l'ayant acceptée ils ſont tenus de continuër l'adminiſtration.

X X I V.

Un pere même, mineur de vingt-cinq ans, nommé Tuteur de ſes enfans, ne peut s'excuſer de ladite Charge.

X X V.

La mere eſt Tutrice ſi elle veut, c'eſt à dire qu'elle ne peut être contrainte de l'être, & qu'elle doit être

preferée à tous autres, même à l'ayeul paternel, s'il
n'y a jufte raifon de l'exclure, & qu'avec connoiffance
de caufe elle foit jugée incapable de l'adminiftration
des biens de fes enfans, ou qu'elle en ait été privée
par fon mary ; ainfi le mary peut ôter la Tutelle, quoy
qu'il ne l'a puiffe donner.

X X V I.

L'ayeule ne peut avoir la Tutelle de fes petits enfans fi elle ne luy eft déferée par les parens à la pluralité des voix, & n'eft Tutrice fi elle ne veut. Les autres femmes, même la bifayeule & la tante, ne peuvent être Tutrices n'y Curatrices.

X X V I I.

La mere mineure de vingt-cinq ans ne peut être
donnée pour Tutrice à fes enfans, nonobftant qu'elle
ait été nommée Tutrice par le Teftament de fon mary, finon en baillant un Cotuteur majeur qui demeure
réfponfable folidairement de l'adminiftration par elle
faite durant fa minorité.

X X V I I I.

Le pere ne perd la Tutelle par fes fecondes Nopces.

X X I X.

La mere & ayeule Tutrices demeureront privées de
ladite Charge du jour qu'elles contracteront un fecond mariage, encore qu'elles ayent été nommées par
le Teftament du pere : & au cas qu'elles reviennent
en état de viduité elles ne pourront reprendre la Tutelle de leurs enfans & petits enfans, bien qu'elles
n'euffent aucuns enfans du fecond lit.

X X X.

Si la mere & l'ayeule, Tutrices de leurs enfans, se remarient, elles sont tenuës avant la celebration du mariage de faire pourvoir le mineur d'un autre Tuteur, & à faute de ce elles demeureront déchûës de toutes les sommes qu'elles pourroient alors prétendre contr'eux, mais elles ne sont privées des successions qui pourront échoir durant le second mariage, ny des avantages qu'elles pourront recueillir par leur mort.

X X X I.

Si la mere qui se remarie sans faire pourvoir d'un Tuteur au mineur, est mineure de quinze ans, la déchéance ordonnée en l'Article précedent n'aura lieu.

X X X I I.

Le mary de la mere ou ayeule Tutrices qui n'aura fait pourvoir les mineurs d'un autre Tuteur avant la célébration du mariage, demeurera garant en son nom de toutes les pertes, dépens, dommages & intêrets que les mineurs pourront souffrir dans l'administration de leurs biens.

X X X I I I.

La mere en état de viduité, & celle qui a passé à un second mariage, sortable à sa condition, ne doit être privée d'éducation de ses enfans s'il n'y a cause juste & évidente, & peut demander une pension pour ses enfans nonobstant que leur Tutelle ait été donnée à un autre, & que le Tuteur ou autre parent offre de les nourrir & entretenir gratuitement, pourvû toutefois que le revenu des mineurs, déduction faite des charges annuelles, soit suffisant pour payer la pension.

X X X.I V.

La préference entre les ayeules paternelles & maternelles, & entre les parens plus proches & plus éloignez, sera réglée par l'avis des parens, sans considerer la ligne n'y la proximité du degré.

X X X V.

Le Tuteur ou Curateur nommé par le Testament du pere, encore que dans la suite le Testament soit déclaré nul, ou par autre acte signé de luy, sera preferé aux autres, pourvû qu'il ne se trouve en sa personne aucune cause légitime pour l'exclure de sa charge.

X X X V I.

Ne peuvent être Tuteurs ny Curateurs les prodigues, furieux & interdits, même ceux qui ont de bons intervalles, & generalement tous ceux qui ont besoin eux-mêmes de Curateur, ou qui sont nottez d'infamie.

X X X V I I.

Les personnes âgées de 70. ans accomplis, aveugles, sourds, & muets, ceux qui sont atteints de maladies incurables & obligez de garder le lit, ceux qui portent les armes pour nôtre service, les mineurs de vingt-cinq ans, quoy que mariez & pourvûs d'Offices, qui requierent l'âge de vingt-cinq ans accomplis, ou faisant negoce particulier, & ceux qui sont absens du Royaume, & dont l'absence a commencé trois mois avant l'ouverture de la Tutelle, ne pourront être chargez & ne seront aussi reçûs à donner leur avis pour l'élection d'un Tuteur.

XXXVIII.

Les parens fubftituez aux mineurs ne peuvent avoir leur Tutelle.

XXXIX.

Ceux qui font profeffion de la Religion Prétenduë Réformée, même le pere ou la mere & autres, de quelque qualité qu'ils foient, ne pourront être Tuteurs n'y avoir l'éducation des enfans iffus d'un pere où d'une mere Catholique, ou qui auront été ailleurs élevez à la Réligion Catholique.

XL.

Celuy qui ne fçait lire n'y écrire, & que la pauvreté oblige de gagner fa vie du travail de fes mains, ne peut être Tuteur, finon entre ruftiques & gens du même peuple.

XLI.

Le mary ne peut être Curateur de fa femme.

XLII.

Les Officiers comptables qui tiennent nos Fermes, ou qui font la recepte des deniers des Villes & Communautez, ne pourront être nommez Tuteurs : Et ceux qui les auront nommez demeureront garants en leurs noms de l'évenement de la Tutelle.

XLIII.

Le Creancier ou debiteur du mineur pour une fomme certaine & liquide peut être fon Tuteur, mais s'il s'agit de prétentions grandes & indéfinies, pour ou contre le mineur, la Tutelle en ce cas ne leur fera pas defferée, à la referve du pere, de l'ayeul, de la mere & de l'ayeule.

XLIV.

L'exemption generale des charges personnelles n'emporte point l'exemption de la Tutelle, s'il n'en est fait expresse mention.

XLV.

Le nombre de trois enfans mâles ou filles, majeurs ou mineurs, même de ceux qui sont mariez ou pourvûs d'Offices, ou qui font un négoce separé, pourvû qu'ils soient legitimes ou legitimez par un mariage subséquent, suffit à ceux qui ont leur domicile en la Ville & Fauxbourgs de Paris, & le nombre de cinq à ceux qui ont leur domicile ailleurs, pour s'excuser de la charge de Curateur & de Tuteur.

XLVI.

Les petits enfans du vivant de leur pere & mere ne sont compris au nombre desdits enfans, mais aprés le décez du pere ou de la mere ils representent le défunt, & tous ensemble sont considerez comme un seul enfant pour remplir le nombre necessaire pour l'excuse de leur ayeul.

XLVII.

L'enfant dont la mere est enceinte, n'est point consideré dans les excuses des Tutelles.

Les enfans tuez à la guerre en portant les armes pour nôtre service ou par nôtre commandement, en des Provinces étrangeres, seront comptez au nombre des enfans vivans, comme aussi ceux qui ont fait profession dans un ordre approuvé.

La Charge de trois Tutelles ou Curatelles non affectées est

ctées eft une excufe fuffifante, & ne fera confideré
le nombre des Pupilles, mais la diverfité des Patri-
moines.

XLVIII.

La Tutelle d'un ou plufieurs enfans qui font freres
& fœurs fera confiderée comme d'un feul enfant, &
deux Tutelles ou Curatelles de mineurs prodigues,
furieux & infenfez, rempliront le nombre de deux
enfans.

XLIX.

Celuy qui a été Tuteur ne peut être contraint d'ê-
tre Curateur de la même perfonne.

L.

Ceux qui font du corps de nos Cours de Parlement, Grand'Confeil, Chambre des Comptes, Cour
des Aydes, nos Secretaires, & ceux qui fe font retirez defdites Compagnies, aprés un fervice de vingt
années entieres, nos Medecins & ceux des Reines,
font exempts de Tutelles.

Les Lieutenans Generaux, Criminels ou Particuliers dans nos Senéchauffées & Bailliages, nos Avocats, Procureurs, même ceux des Elections, Grenier
à Sel & autres, les Profeffeurs és Arts liberaux en Uni-
verfité fameufe, les abfens pour nôtre fervice, Mon-
noyeurs, Fermiers de nôtre Domaine, peuvent s'excufer d'être Tuteurs.

LI.

Les Nobles ne peuvent être contraints de prendre
la Tutelle ou Curatelle d'un roturier, fi le pere du

II. Partie. D

mineur n'étoit conftitué en Dignité, où ne faifoit profeffion des armes.

L I I.

Sera confiderée l'excufe au jour que la Tutelle ou Curatelle a été ouverte par la mort naturelle ou civile du pere ou de la mere des mineurs, ou par le décez de reftitution d'un précedent Tuteur ou autrement, & ne fervira ce qui eft furvenu depuis ladite ouverture, même avant la Sentence du Juge & la nomination des Parens.

L I I I.

L'offre de nourir & entretenir gratuitement l'un des mineurs n'eft pas fuffifante pour excufer une perfonne de la Charge de Tuteur, fi l'offre n'eft jugée recevable & utile aux mineurs par l'avis des autres parens.

L I V.

Celuy qui a été excufé de la charge de Tuteur en conféquence de l'offre par luy fait de nourir & entretenir un des mineurs, demeure déchargé du jour du décez du mineur fans qu'on puiffe fubroger un autre mineur en la place du décedé, ou s'il décede avant le mineur la charge de la nouriture & entretenemens ceffe du jour de fon décez, & ne paffe point à fes heritiers.

L V.

Ceux qui ont des excufes légitimes les propoferont fur le champ s'ils font prefens en l'acte de Tutelle, finon trois jours aprés la fignification faite à leurs perfonnes ou domicile de l'acte contenant leur nomina-

tion, s'ils font demeurans au même lieu ou a été fait
l'acte de Tutelle, & s'ils font domiciliez ailleurs le
délay fera prorogé felon la diftance des lieux, à raifon
d'un jour pour dix lieües ; & à faute de propofer les
excufes des delais fufdits elles ne feront reçûës.

L V I.

La Tutelle demeurera aux perils & fortunes du Tuteur du jour qu'il fera nommé, encore qu'il n'ait point
fait ferment fi la nomination a été faite en fa perfonne, finon du jour qu'elle luy aura été fignifiée.

L V I I.

On peut apeller du jugement intervenu fur l'avis
des parens, mais l'apel n'eft recevable dudit avis ,
ny de la nomination, fauf au Tuteur nommé qui fe
plaint à propofer fes empêchements & fes excufes par
devant le Juge de la Tutelle.

L V I I I.

Le Tuteur apellant doit adminiftrer & eft chargé
de la Tutelle, nonobftant & fans préjudice de fon
appel, & ce qu'il a géré cependant fera valable, encore
que par l'évenement il foit déchargé de la Tutelle.

L I X.

Le Tuteur incontinent aprés qu'il aura été chargé
de la Tutelle fera tenu de faire un inventaire exact &
fidelle par devant deux Notaires, ou un Notaire &
deux Témoins, ou par devant le Greffier de la juftice, felon l'ufage de chacun lieu ; des meubles, titres
& papiers des mineurs, & le continuer inceffamment,
à peine de répondre en fon propre & privé nom des

dépens, dommages & intérêts que les mineurs pourront fouffrir à caufe du retardement de l'inventaire, encore que le deffunt eut deffendu par fon Teftament de faire inventaire ou qu'il n'eût déchargé le Tuteur.

L X.

Nos Juges & ceux des Seigneurs pourront affifter aux inventaires de quelque qualité que foient les mineurs, à la charge de ne prendre pour ce fujet aucuns falaires, à peine de reftitution du quadruple, & d'interdiction s'il y échet.

L X I.

S'il arrive quelque conteftation en l'inventaire, le Greffier ou Notaire en donnera acte pour être reglée fur le champ par le Juge, aprés avoir oüy les parties, & fans frais.

L X I I.

Neanmoins incontinent aprés le décez du défunt, au deffaut des parens, fera, à la requête du Subftitut de nôtre Procureur General ou du Procureur Fifcal, appofé le fcellé par le Juge, avec fon Greffier, fur les coffres, chambres, ou autres lieux ou font les biens, & iceux baillez en garde fans déplacer à une ou deux perfonnes folvables, jufques à ce que l'inventaire foit fait, & fera le fcellé reconnu & levé en la maniere accoûtumée.

L X I I I.

Les Notaires & Témoins, les Sergens qui feront les prifées des meubles, fe conteront des falaires qui feront taxez raifonnablement à proportion du temps & du travail, & feront les taxes écrites au pied des

Minuttes & des Groffes des inventaires ; fans prendre aucuns vivres ou nouritures aux dépens des mineurs, à peine de reftitution du quadruple, & fera en
ce cas la dépenfe portée par les Tuteurs en leurs noms,
& ne pourra être allouée dans les comptes qui feront
rendus aux mineurs.

L X I V.

Deffendons aux Tuteurs de s'immiffer en l'adminiftration des biens fans avoir préalablement fait inventaire , & à faute de l'avoir fait ils tiendront compte
du double de la fomme à laquelle feront évaluez les
meubles & éfets mobiliers des mineurs,fuivant la preuve qui en fera faite joint la commune renommée, s'il
ne paroît que les frais de l'inventaire euffent abforbé
la valeur des biens.

L X V.

Enquoy neanmoins ne font compris les peres &
meres des mineurs , lors même qu'ils ont été chargez
de la Tutelle de leurs enfans , lefquels ne porteront
que le fimple de l'évaluation , fi mieux n'aiment les
mineurs demander la continuation de la communauté des biens, & aux cas où elle eft reçûë.

L X V I.

Si entre plufieurs heritiers il s'en trouve un ou plufieurs qui foient mineurs , les frais de l'inventaire feront portez par tous les heritiers majeurs ou mineurs.

L X V I I.

Dans l'inventaire des meubles, tîtres & papiers des
mineurs, les Tuteurs, même les peres & meres , en-

core qu'ils ayent été nommez par Testament, seront
tenus de déclarer les sommes dont ils se disent creanciers des mineurs, & à faute de ce faire ils demeureront déchûs de leur dû.

L X V I I I.

Dans le mois après le dernier acte de l'inventaire,
le Tuteur sera tenu comparoir en personne, ou par
Procureur fondé de Procuration speciale, en presence
du Curateur subrogé Tuteur, créé par l'inventaire, ou
de son Procureur fondé aussi de Procuration speciale,
ou luy dûëment apellé, affirmer que l'inventaire est
fidele & entier, & sera l'acte d'affirmation écrite sur
le registre, signé des Tuteur & Curateur, & subrogé
Tuteur, ou de leurs Procureurs, & les Procurations, si
aucunes y a, transcrites sur le registre.

L X I X.

Et dans les deux mois suivans le Tuteur sera tenu
de faire vendre publiquement par un Sergent, au plus
offrant & dernier encherisseur, les meubles des mineurs, suivant l'usage des lieux où se trouveront lesdits meubles, sinon qu'il y eût juste cause d'en reserver aucuns pour ceux des mineurs qui seront en
état d'être mariez, & pour autres considerations, selon l'avis des parens, ou que les peres ou meres des
mineurs ayent ordonné par leur Testament, ou autre
acte par écrit signé desdits peres & meres de conserver les meubles ou aucuns d'iceux à leurs enfans.

L X X.

Ne seront vendus les bestiaux étans dans les Fermes

ou Métairies de la campagne qui fe trouveront compris dans les Baux, où affermez féparément aux Fermiers & Métayers, ny pareillement les beftiaux baillez à titre de Chaptel, lefquels Baux feront continuez par les Tuteurs.

L X X I.

Si le deffunt exploite par fes mains une terre ou une ferme, ne feront vendus les beftiaux fervans à la culture des heritages, jufques à ce que la terre ou ferme foit delaiffée à un Fermier felon que les parens jugeront à propos.

L X X I I.

Et à l'égard des meubles précieux & des meubles ordinaires étans dans les maifons de campagne, les Tuteurs fe gouverneront pour leur vente & confervation felon l'avis des parens.

L X X I I I.

L'avis pour la confervation des meubles & des beftiaux fera fait en juftice, & fera pris les quatre plus proches parens des mineurs, à la diligence du Tuteur, dans la quinzaine aprés l'affirmation de l'inventaire.

L X X I V.

Quant aux meubles étans dans les maifons de campagne, dont la vente fera jugée raifonnable par les parens à faute de trouver des encherifleurs fur le lieu, ils feront portez en la Ville prochaine pour être vendus en la maniere accoûtumée.

L X X V.

A faute de fatisfaire à ce qui a été cy-deffus ordonné,

foit pour la confervation ou la vente des meubles dans
les termes exprimez és Articles précedens , les peres
& meres tiendront compte à leurs enfans mineurs du
prix d'iceux , felon la prifée de l'inventaire , avec la
crûë , à raifon de cinq fols pour livre , avec les interêts du prix & de la crûë , fi mieux n'aiment les mineurs reprendre en nature les meubles qui fe trouveront entre les mains de leurs peres & meres à la fin
de la Tutelle , fans interêts.

L X X X V I.

Et à l'égard des autres Tuteurs, les proches parens
des mineurs , mêmes les tantes , pourront requerir la
vente des meubles qui y font fujets,& y faire contraindre les Tuteurs par faifie de leurs biens , & pourfuivre
eux-mêmes la vente , laquelle audit cas fera faite aux
frais & dépens du Tuteur fans répetition.

L X X V I I.

Si ladite vente n'eft faite dans deux mois , le temps
paffé les meubles demeureront aux perils & fortunes
du Tuteur , qui tiendra compte aux mineurs du prix
des meubles fuivant la prifée de l'inventaire , avec la
crûë, à raifon de fept fols fix deniers pour livre , avec
les interêts du prix & de la crûë , fi ce n'eft que pour
des raifons légitimes & avec connoiffance de caufe le
delay de la vente eut été prorogé par le Juge , fuivant
l'avis des quatre plus proches parens des mineurs.

L X X V I I I.

Si dans le delay de deux mois deftiné pour la vente
des meubles, & avant ladite vente les Tuteurs , même
les peres

les peres & meres fe remarient, les mineurs aprés la
Tutelle finie pourront fe pourvoir contre l'un & l'autre des conjoints, & l'un d'eux pour le payement de
la prifée des meubles, avec la crûë, telle que deffus,
& interêts, pourvû que les conjoints foient communs
en biens par conventions ou par Coûtumes, nonobftant toutes claufes contraires inferées dans les Contracts de Mariage ; fauf aufdits conjoints leur recours
l'un contre l'autre s'il y échet ; mais fi le mariage eft
celebré aprés les deux mois expirez, ou aprés la vente,
les mineurs ne pourront fe pourvoir que contre leur
Tuteur ou fur les biens de la Communauté au cas,
& non autrement, que les dettes Paffives du Tuteur
anterieures au mariage entrent en la Communauté.

L X X I X.

Les dettes actives des mineurs ne feront mifes aux
encheres, venduës, ny ajugées en gros, mais les Tuteurs feront les diligences neceffaires pour en pourfuivre le recouvrement contre les debiteurs d'i-
celles.

L X X X.

Le Tuteur autre que le pere ou la mere, ou l'ayeul
Paternel, ne peut engager les mineurs mâles, ou
filles, dans aucun mariage que fur l'avis des plus proches parens, à peine de nullité & de condamnation
d'amende, felon l'exigence des cas, contre le Tuteur, en fon propre & privé nom, applicable au mineur qui aura été ainfi engagé, même fous plus grande
peine s'il y échet : ne peut auffi engager lefdits mineurs

II. Partie.   E

mâles ou filles aux Vœux de la Religion , ny promet-
tre aucune somme en argent ou pension sans l'avis
des quatre plus proches parens , sinon ce qui aura été
promis par le Tuteur sera par luy payé en son nom &
sans répetition.

L X X X I.

Déclarons nuls les mariages contractez entre les
mineurs & leurs Tuteurs , & voulons qu'il soit procedé extraordinairement contre lesdits Tuteurs & leurs
enfans , & freres , & leurs complices , & iceux punis
comme un crime de rapt.

L X X X I I.

Neanmoins n'entendons toucher aux mariages faits
entre les personnes de qualité susdite , pourvû qu'a-
vant la premiere recherche le Tuteur ait été déchargé
de la Tutelle , qu'il ait rendu compte de son administration , & payé le reliqua d'iceluy : & que le mariage ait été agréé par l'avis commun du nouveau
Tuteur ou Curateur & des huit plus proches parens
des mineurs du côté paternel ou maternel en nombre , ou du moins par les suffrages des deux tiers de
ceux qui auront été appellez à l'assemblée.

L X X X I I I.

La dépense ordinaire des mineurs ne pourra exceder ce qui restera par chacun an de leur revenu , déduction faite des arrerages & interêts & des autres charges annuelles qui doivent être prises. Si le revenu
des mineurs n'est suffisant pour leur dépense ordinaire
& necessaire , leurs Tuteurs les mettront en service,

fi ce n'eft que par l'avis des quatre plus proches parens paternels & maternels, en nombre égal, il y
foit autrement pourvû.

LXXXIV.

Quand les enfans font de qualité à être enttetenus
avec plus de frais que ne peut porter leurs revenus
ordinaires, on pourra alors vendre quelque immeuble en connoiffance de caufe.

LXXXV.

Ne peut le Tuteur, même le pere, aliener les immeubles de fon mineur fans neceffité, avis de parens
& ordonnance de Juge, & fera premierement confideré s'il n'y à point de meubles fuffifans, & enfuite
s'il n'y à point quelque rente conftituée dont la vente
foit commode avant que de venir aux heritages, entre lefquels les parens & les Juges choifiront ceux defquels l'alienation eft moins importante au mineur,
finon & à faute d'avoir obfervé lefdites formalitez le
mineur pourra vendiquer & rentrer de plein Droit
fans lettres dans l'immeuble allené, avec reftitution
de fruits, fans que l'acquereur puiffe prétendre aucun
recours n'y repeter le prix par luy payé, finon à proportion de ce qu'il juftifiera par écrit être trouvé dû
au mineur, avec l'interêt jufques à la concurence
des fruits fujets à la reftitution, & non plus avant.

LXXXVI.

Les immeubles ne peuvent être auffi engagez ny
hypotéquez par le Tuteur fans neceffité, avis de parens, & Ordonnance de Juge.

LXXXVII.

. Le compromis fait par un Tuteur pour son mineur eſt nul & la peine n'en peut être demandée, & neanmoins les Juges peuvent avec connoiſſance de cauſe renvoyer les differens ou les mineurs ont interêts par devant des Arbitres nommez d'Office.

LXXXVIII.

L'immeuble du mineur ne peut être decretté ſans diſcution de meubles, mêmes pour les dettes contractées par un majeur dont il eſt heritier, encore que la ſaiſie & les criées euſſent été faite ſur le majeur.

LXXXIX.

Les baux des heritages des mineurs ſeront faits en juſtice, ou par des actes privez, ſelon que les Tuteurs jugeront à propos pour l'utilité des mineurs, & au cas que les baux & portions d'iceux ſoient pris par les Tuteurs en leurs noms ou ſous le nom de leurs domeſtiques, pere & mere, freres & ſœurs, & autres perſonnes dont ils ſoient heritiers preſomptifs, ils tiendront compte au mineur du double de la juſte valeur du revenu des heritages, au dire d'Experts & gens à ce connoiſſans.

XC.

Le temps des baux des immeublés des mineurs ne pourra exceder ſix ans pour les maiſons des Villes, & de neuf ans pour les heritages de la campagne.

XCI.

N'eſt tenu le Tuteur de faire au mineur ſes dettes bonnes & ſolvables, pourvû qu'il y ait fait ſes diligences neceſſaires & raiſonnables.

X C I I.

Demeurera le Tuteur garand en son nom des dettes actives des mineurs tant en principal qu'interêts, s'il a laissé perir une instance, & que la peremption donne lieu à la prescription ; si faute de poursuites elles se trouvent prescriptes par le temps au jour de la clôture finalle du compte de Tutelle, s'il ne s'est point opposé au Decret des immeubles du debiteur, & que d'autres créanciers posterieurs en hypotéques ayent été utilement colloquez en ordre, & s'il n'a point agy contre les tiers acquereurs des immeubles du debiteur, en telle sorte qu'au jour de ladite clôture finalle du compte l'action hypotéquaire se trouve prescripte.

X C I I I.

Si pour aucunes dettes il n'y à point d'actes portant hypotéque, & que le debiteur possede des immeubles, le Tuteur sera tenu d'obtenir au plûtôt contre luy un jugement de condamnation, à peine de répondre en son nom des dommages & interêts que les mineurs pourront souffrir à faute d'avoir obtenu ledit jugement.

X C I V.

Les Tuteurs, même les peres & meres, ne prendront en leurs noms, ny sous le nom de personnes interposées, aucuns transports de Droits à recouvrer sur leur mineur, & en cas de contravention ils demeureront déchûs du Droit à eux cedé, & les mineurs dechargez sans payer le prix du transport.

X C V.

Les deniers des mineurs ne feront mis en banque ny prêt par obligation, mais par conftitution de rentes au taux de l'Ordonnance, ou en acheter des heritages & autres immeubles fuivant l'avis des quatre plus proches parens, lequel avis fera donné par écrit par devant Nottaires, fans avoir recours à l'autorité du Juge; & faute de prendre ledit avis le Tuteur demeurera refponfable de l'employ.

X C V I.

Les ftipulations d'interêts des mineurs des deniers pupillaires prêtez à des tierces perfonnes par obligation ou promeffes, font nulles, même à l'égard du debiteur, & fera le Tuteur obligé de tenir compte à fes mineurs tant defdits interêts que du principal.

X C V I I.

Du moment que le Tuteur aura entre les mains un fonds de 1000. liv. pour faire 50. liv. de rente au profit des mineurs iffus de baffe condition, & 4000. livres pour faire 200. livres de rente aux mineurs de moyenne condition, & de 8000. liv. pour faire 400. liv. de rente au plus riche, le Tuteur fera tenu d'en faire l'employ dans fix mois, finon il tiendra compte aux mineurs des interêts des deniers étans en fes mains du jour que le terme des fix mois fera expiré.

X C V I I I.

S'il y a des filles ayant atteint l'âge de quatorze ans accomplis, le Tuteur pourra garder leur portion du fond en argent par avis de parens, en attendant l'ocafion du mariage.

XCIX.

Les deniers des rachapts des rentes , & les autres fommes principales reçûs par le Tuteur durant le cours de la Tutelle , produiront l'interêt au profit des mineurs , à compter fi mois aprés la reception d'icelles jufques à la clôture du compte , fi ce n'eft que dans ledit temps de fix mois elles ayent été employées au profit ou à la décharge des mineurs , aprés avoir con-fommé tous les fonds & revenus qui étoient entre les mains du Tuteur.

C.

Si l'employ eft fait comme deffus depuis les fix mois , l'interêt ceffe du jour de l'employ , mais s'il paroît qu'avant les fix mois le Tuteur fe foit fervy des de-niers pour fes affaires particulieres , il en doit l'interêt du jour qu'il s'en eft fervy.

C I.

Le Tuteur fera tenu fe charger dans la recepte de fon compte de l'interêt du revenu du mineur , lors qu'à la fin d'une année, aprés la déduction faite de toute la dépenfe , il fe trouvera avoir un fond fuffifant pour le mettre à conftitution de rente , eu égard à la con-dition des mineurs felon la diftinction cy-deffus , & ne commencera ledit interêt à courir que fix mois aprés la fin de ladite année.

C I I.

L'interêt du revenu ne doit entrer dans la recepte des années fuivantes , mais il en fera fait un fond particulier qui produira de nouveaux interêts fix

mois aprés la fin de ladite année, en laquelle il se trouvera suffisant pour faire une constitution de rente
selon la condition des mineurs & la distinction cy-
dessus.

C I I I.

Du jour que le Tuteur sera déchargé de la Tutelle
par la majorité ou l'émancipation des mineurs, ou par
la prestation de serment d'un nouveau Tuteur mis en
sa place, on ne pourra prétendre contre luy aucun
intérêt du revenu reçû depuis la décheance.

C I V.

Sommes dûës à une mere Tutrice pour ses conventions, même par constitution de rente ou par son
Doüaire Préfix, d'une somme pour une fois payer ou
autrement, & celles qui sont dûës aux Tuteurs pour
quelque cause que ce soit, demeureront éteintes, &
les mineurs déchargez de plein Droit dés le moment
qu'il se trouvera entre les mains du Tuteur un fond
suffisant pour acquiter les arrerages & interêts de la
dette, & le principal ou partie d'iceluy, jusques à la
concurence du quart ou plus.

C V.

Durant le cours de la Tutelle les actions que le mineur peut avoir contre le Tuteur, ou le Tuteur contre le mineur, de quelque nature & qualité qu'elles
soient, demeurent en surceance, sans que de part
& d'autre le temps qui aura couru durant la Tutelle &
jusques au jour de la clôture finale du compte, puisse
servir pour la prescription.

C V I.

C V I.

Si la rente dûë au Tuteur eft rachetable en plufieurs payemens , la partie dont le Tuteur aura le fond entre fes mains fera reputée amortie , pourvû qu'il ait d'ailleurs dequoy payer les arrerages de la rente entiere.

C V I I.

Le Tuteur peut fans avis de parens difpofer des Benefices qui font à la prefentation ou collation des mineurs.

C V I I I.

Peut auffi pourvoir aux Offices ou gratuitement ou à tître onereux felon la Coûtume du deffunt, mais ne peut deftituër les Officiers , même ceux qui étans pourvûs gratuitement font deftituables à volonté s'il n'y a caufe légitime.

C I X.

Les Mineurs quoy qu'autorifez de leur Tuteur ne peuvent provoquer le partage des immeubles.

C X.

Le Tuteur ne doit intenter ny foûtenir aucun Procez pour les mineurs fans avis de Confeil par écrit, autrement fi les mineurs fuccombent le Tuteur fera tenu en fon nom des dépens , dommages & interêts foufferts par les mineurs.

C X I.

Le mineur à caufe du crime peut être pourfuivy en fon nom fans l'inftance & autorité de fon Tuteur, mais fi l'affaire eft civilifée & remife à l'ordinaire, en ce cas le Tuteur fera mis en caufe.

II. Partie.　　　　　　　　　　　　F

C X I I.

Le Tuteur peut se rendre adjudicataire en son nom, & non sous celuy de personnes interposées par licitation ou par Decret fait en Justice des biens de son mineur.

C X I I I.

Le Tuteur ne peut abandonner la Tutelle, mais il peut être destitué en connoissance de cause & déchargé à la réquisition des parens, & ne peut le Juge d'Office, sans avis de parens, destituer un Tuteur.

C X I V.

Quand les parens poursuivent la destitution d'un Tuteur il ne peut cependant administrer, & pour l'administration doit être créé un Curateur.

C X V.

Les mêmes causes pour lesquelles une personne peut être excluë de la Tutelle avant son élection, peuvent donner cause à sa destitution quand elles surviennent durant le cours de la Tutelle.

C X V I.

La Tutelle ne finit par la puberté, mais par la majorité de vingt-cinq ans, & neanmoins avant l'âge de vingt-cinq ans la Tutelle finira par l'émancipation du mineur, en obtenant de Nous les lettres necessaires & les faisant entheriner en connoissance de cause, pourvû que les mâles ayent accompli l'âge de vingt ans & les filles l'âge de 18. ans, & que par l'avis des plus proches parens ils soient jugez capables de l'administration entiere de leurs biens, sans apporter au-

cune condition ny reftriction pour le fait de l'adminiftration.

C X V I I.

Les parens qui auront donné leur avis pour l'é-
mancipation avant l'âge fufdit, ou qui aprés ledit âge
auront donné leur avis pour l'émancipation fous des
conditions & modifications, demeureront refponfa-
bles envers les mineurs de toutes pertes, dépens, dommages & interêts.

C X V I I I.

Le mineur fils & fille qui contracte mariage fous
l'autorité & avec le confentement de ceux qui doivent
être appellez, eft émancipé de Droit fans lettres, &
fi le mariage eft diffous par la mort de l'un des conjoints, le mineur ne retombe plus en Tutelle.

C X I X.

Le mineur émancipé ne peut avant l'âge de vingt-
cinq ans aliener les immeubles que fous l'autorité
de Juftice & avec connoiffance de caufe ; ne peut auffi
pourfuivre ny deffendre fes interêts en Juftice fans
Curateur aux caufes.

C X X.

Le mineur émancipé peut avec l'affiftance de fimple Curateur aux caufes demander le compte de fa
Tutelle, l'examiner & appurer, mais s'il y a un partage d'immeubles à faire il y doit être pourvû d'un
Tuteur particulier pour le partage.

C X X I.

Les peres & autres afcendans, & les maris des meres & ayeules, ne peuvent demander aucuns ſalaires, vacations & appointemens à cauſe des Tutelles par eux adminiſtrées, mais il en eſt dû aux freres & aux autres collateraux.

C X X I I.

Les comptes des Tutelles doivent être examinez devant les mêmes Juges qui ont decerné les Tutelles, nonobſtant les Privileges de Commitimus auſquels nous avons dérogé pour ce regard, ſi ce n'eſt que les parties conviennent d'autres Juges, mais les comptes de diſcution de meubles pour parvenir aux ventes & adjudications par Decret des immeubles des mineurs, peuvent être rendus aux lieux où les decrets ſont pourſuivis.

C X X I I I.

Aprés l'examen du compte de la Tutelle, calcul doit être fait de la recepte & dépence du compte juſques à ce que la Tutelle ait ceſſé par la majorité ou émancipation du mineur, ou par la décharge ou deſtitution du Tuteur; & l'interêt de la ſomme dont le Tuteur ſe trouvera redevable ſera payé au mineur du même jour que la Tutelle aura ceſſé juſques au payement actuel.

C X X I V.

Si par le calcul le Tuteur ſe trouve en avance, il ne pourra prendre l'interêt que du jour de la demande qu'il en pourra faire, aprés ladite clôture finale du compte.

C X X V.

Tuteur n'eſt recevable à faire ceſſion des biens pour

ce qu'il doit à fon mineur par la clôture du compte de Tutelle, non pas même pour ce qui procede de la queftion par luy faite depuis la fin de la Tutelle.

C X X V I.

Le Cotuteur ne peut auffi faire ceffion des biens, ny demander terme au Tuteur qui a payé pour luy.

C X X V I I.

Les Quittances & décharges, & toutes les autres conventions faites par ceux qui ont été fous la Tutelle d'autruy avec le Tuteur, même avec le pere qui a adminiftré les biens de fes enfans, font nulles & ne peuvent être confirmées par aucune prefcription moindre de trente ans, s'il n'y a eû auparavant un compte dreffé, prefenté & communiqué effectivement avec l'inventaire & les autres pieces juftificatives du compte.

C X X V I I I.

Ladite prefcription de trente ans ne court au profit du pere ou de la mere, de l'ayeul ou de l'ayeule, de leur vivant, nonobftant que la Tutelle foit finie.

C X X I X.

Déclarons nulles les donations & autres avantages faits aux Tuteurs, autres que pere & mere, ayeul ou ayeule, encore qu'ils foient remariez, & celles faites aux freres, afcendans & décendans defdits Tuteurs, même aprés la Tutelle finie, & depuis leur decez avant la clôture du compte & la reftitution des pieces.

C X X X.

Mineur reftitué contre l'apprehenfion faite contre fon Tuteur d'une fucceffion, eft obligé en fon nom de rendre aux créanciers ce que le Tuteur à reçû, sauf au mineur son recours contre le Tuteur, & n'est recevable le mineur à ceder aux créanciers ses actions contre le Tuteur.

C X X X I.

Tuteur qui s'est obligé en qualité de Tuteur ne peut être contraint en ses biens, mais pour le fait de la Tutelle il peut être poursuivy en son nom, même aprés la Tutelle finie, sauf son recours.

C X X X I I.

La restitution du mineur ne sert au Fidejusseur qui s'est obligé avec luy.

C X X X I I I.

Si depuis la Tutelle finie le Tuteur continuë à recevoir & à administrer les biens, ce qu'il aura ainsi reçû & geré entrera dans le compte de la Tutelle, & sera sujet aux mêmes hypotéques & conditions de l'administration faite durant le cours de la Tutelle.

C X X X I V.

Ce qui a été cy-dessus ordonné touchant la nomination, le pouvoir & la fonction des Tuteurs, aura lieu pareillement pour la nomination, le pouvoir & fonction des Curateurs comptables.

C X X X V.

Il ne sera donné des Curateurs aux furieux, insensez & prodigues, qu'ils n'ayent été préalablement oüis par leur bouche par le Juge devant lequel la Curatelle est poursuivie.

DROITS HONORIFIQUES.

I.

Nul ne pourra, de quelque qualité & condition qu'il soit, prétendre les Droits Honorifiques dans l'Eglise s'il n'est Patron de ladite l'Eglise ou Seigneur Haut-justicier du lieu où elle est bâtie.

I I.

Droits Honorifiques sont Bancs permanens & Sepultures dans le Chœur, Litre & Ceinture Funebre, recommandations particulieres aux Prônes de la Messe Paroissiale.

I I I.

Pour être Patron il faut avoir fondé, construit, ou dotté l'Eglise, & n'est requis que le Patron soit Seigneur du Fief ou de la Justice du lieu où l'Eglise est scituée, non pas même qu'il possede aucun fond, ny qu'il y ait son domicile.

I V.

Quand l'Eglise tombée en ruïne est entierement rebâtie par autre que par le Patron, & à son refus le restaurateur requiert pareils Droits que le Patron, pour en user toutesfois immediatement aprés luy.

V.

Nul ne pourra sous pretexte d'augmentation de bâtimens, ou de revenus, ou de réparations, prétendre Droits de patronages dans l'Eglise.

V I.

Le patronage attaché à la terre suit le Château ou principal manoir , & apartient au Seigneur du Château ou principal manoir, à l'exclusion de tout autre, & quant au patronage attaché à la famille , il sera reglé suivant les tîtres , & en deffaut il appartiendra à l'aîné à l'exclusion des autres enfans.

V I I.

Le Droit de patronage ne peut passer par la disposition du Patron à un autre qu'avec le Château ou principal manoir auquel il est inherent ; peut neanmoins le Patron remettre son Droit à l'Eglise sans alienation du fond , comme aussi se reserver le Droit de patronage en alienant le Château ou principal manoir, auquel cas de remise & de reserve les mêmes honneurs demeureront au Patron sa vie durant, & aprés son decez le patronage demeurera éteint purement & simplement à la décharge de l'Eglise , nonobstant les clauses & conditions contraires faites dans l'acte de remise ou dans le Contract d'alienation.

V I I I.

Le patronage qui est affecté à une famille ou à un nom renfermé dans un degré de parenté , peut être remis ou aumôné à l'Eglise par celuy qui en joüit; mais il ne peut être transporté ny aliené en quelque maniere & pour quelque cause que ce soit à une tierce personne.

I X.

Le patronage peut être prouvé par tître ou par possession

seſſion juſtifiée par écrit , par jugement donné avec
connoiſſance de cauſe & avec parties légitimes , par
des actes anciens de preſentation & autres pièces de
pareille qualité faite avant le jour de Pâques 1550.

X.

Les Armoiries és Cloches , ou en la voute de la
Nef , ou en quelques vitres , même en la principale
vitre du Chœur , ne font preuve de patronage , mais
ſi elles ſont empreintes d'ancienneté dans la pièce ſervant de clef dans la principale voute du Chœur , ou
dans le frontiſpice du mur où eſt la principale entrée
de l'Egliſe , elles font preuve.

X I.

Le Patron a Droit de Banc permanent & de Sepulture au côté du Chœur le plus honorable qui eſt
la main droite en entrant , ſans neanmoins que les
Bancs & Sepultures qui ſont preſentement établies
ſans conteſtation puiſſent être changez.

X I I.

Le Patron & le Haut-juſticier ne peuvent avoir
Banc ny Sepulture dans l'enceinte des Baluſtres du
Grand'Autel , nonobſtant toute poſſeſſion contraire , même immemoriale , laquelle nous déclarons
abuſive.

X I I I.

Ne feront faits dorenavant aucuns tombeaux élevez
dans le Chœur des Egliſes Paroiſſiales , & ſi aucuns
de ceux qui ſont faits viennent à tomber en ruïne ils
ne pourront être rétablis.

II. Partie.   G

X I V.

Les Armoiries & Litres du Patron feront au deffus de celles du Haut-justicier au dedans de l'Eglife.

X V.

Bancs & Sepultures dans le Chœur ne peuvent être concedez même par les Patrons & Hauts-justiciers, Curez & Marguiliers,à quelque perfonne que ce foit.

X V I.

Les Droits Honorifiques dans l'Eglife appartiennent à ceux de la Religion Prétenduë Réformée demeureront en fufpens & fans effet jufques à ce qu'ils foient en état d'en joüir.

X V I I.

Le Seigneur Haut-justicier a le même honneur que le Patron dans toutes les Paroiffes où il y a Haute-juftice , mais aprés ledit Patron toutefois le feul Seigneur Haut-justicier peut avoir Litre & Ceinture Funebre au dehors ; & non le Patron , nonobftant toute poffeffion contraire.

X V I I I.

Ne pourra y avoir dans les Eglifes ou au dehors plus de deux Litres en même temps , & fera le Litre du Patron ou Seigneur Haut-justicier large de deux pieds au plus , avec diftance de deux toifes entre les Armoiries.

X I X.

Les Droits Honorifiques n'appartiennent au Seigneur Haut-justicier que dans les Eglifes Paroiffiales , mais ils font dûs dans toutes les Eglifes au Fondateur.

X X.

Les Seigneurs moyens & bas jufticiers , & ceux qui ont Haute-juftice dans la Paroiffe, en autre lieu que celuy où l'Eglife eft bâtie ; les Seigneurs du Fief où eft fcituée l'Eglife , & ceux qui ont d'autres Fiefs affis dans la Paroiffe, n'ont aucune part, non plus que les Gentilshommes & autres perfonnes, dans les honneurs d'Eglifes , & n'y a entr'eux qu'un ordre de bienfeance qui doit être réglé par l'antiquité de l'âge , la préference demeurant aux Gentilshommes avant les perfonnes de condition roturiere.

X X I.

Toutesfois és Paroiffes où il n'y a point de Patron, & qui font fujettes à la Haute-juftice d'un Seigneur qui a fon manoir Seigneurial dans une autre Paroiffe , le Seigneur du Fief où l'Eglife fe trouve bâtie qui eft fondé en une poffeffion ancienne qui eft d'avoir fon Banc & Sepulture dans le Chœur, y fera maintenu , enfemble fes hoirs & ayans caufe.

X X I I.

Le Gentilhomme n'ayant ny patronage ny Haute-juftice , qui eft en poffeffion ancienne d'avoir Banc & Sepulture dans le Chœur , confervera fon Banc pendant fa vie , & fa Sepulture à fleur de terre pour luy & fes décendans , pourvû que le Patron & le Seigneur Haut-jufticier puiffe trouver dans le même Chœur des places également honorables pour leurs Bancs & Sepultures.

X X I I I.

Les Seigneurs par engagemens n'ont aucune part dans les Droits Honorifiques, mais ils ont seulement la presceance avant les autres Gentilshommes.

X X I V.

Les Officiers, Graduez ou non, en presence ou abscence du Seigneur Haut-justicier, n'auront aucune presceance avant les Gentilshommes, mais seulement sur les autres habitans.

X X V.

L'aspersion de l'Eau-benîte, & la distribution du Pain beny, seront faites sans distinction à commencer par un bout & finir par l'autre, aprés toutefois qu'elles auront été faites à ceux à qui appartiennent les Droits Honorifiques.

X X V I.

Aprés ceux à qui les honneurs appartiennent, les Gentilshommes auront l'avantage de la marche aux Processions, Offrandes, Adorations de la Croix, & autres ceremonies Ecclesiastiques, par préference aux autres habitans & personnes de condition roturiere.

X X V I I.

Dans le cours de la Procession, l'ordre pris à la sortie de l'Eglise doit continuër, encore que l'on passe d'un territoire sur un autre.

X X V I I I.

Peuvent les habitans d'une Paroisse avoir Bancs & Tombes plates en la Nef de l'Eglise Paroissiale & aux aîles du Chœur, & construire Chapelles pour eux à côté de la Nef avec la permiſſion , ſçavoir , des Marguiliers dans les Villes Épiſcopales ou Préſidiales , ou du Patron , du Seigneur Haut-juſticier , du Curé & des Marguiliers dans les petites Villes , bourgs & villages , le tout moyennant quelque preſent & re-connoiſſance envers la Fabrique.

X X I X.

Les conceſſions des Chapelles paſſent aux heritiers & à la veuve , encore qu'ils ſoient demeurans dans une autre Paroiſſe , pourvû que dans le Contract il n'y ait point de convention contraire.

X X X.

Les conceſſions des Bancs ſont perſonnelles pour ceux en faveur deſquels elles ont été faites , & nean-moins aprés leur décez elles paſſent à leurs veuves tandis qu'elles demeurent en viduité.

X X X I.

Si celuy en faveur de qui la conceſſion a été faite a laiſſé des enfans , ils pourront dans trois mois re-querir qu'elle ſoit renouvelée en leur profit , ce qui leur ſera accordé en donnant à la Fabrique une retri-bution modique.

X X X I I.

Mais du jour que celuy qui a obtenu la conceſſion ſa veuve ou ſes enfans auront étably leur domicile en une autre Paroiſſe , demeurent déchûs de plein Droit du Bénéfice de ladite conceſſion , nonobſtant toutes conventions contraires que nous avons décla-rez nulles.

XXXIII.

Les filles quoy que máriées & leurs enfans ont droit d'être inhumez au Sepulchre de la famille dont ils ſont iſſuës.

XXXIV.

Les femmes, mêmes celles du Patron & du Seigneur Haut-juſticier, n'auront aucun rang dans les Ceremonies de l'Egliſe qu'aprés tous les hommes. Et entr'elles celles qui ſont qualifiées prendront le rang de leur mary, & à l'égard des autres elles ſe régleront ſuivant l'ordre & le temps de leur mariage, & les filles ſelon leur âge.

De la qualité des Biens.

I.

IL n'y a que deux eſpeces de biens, ſçavoir les meubles & les immeubles, & les droits & actions ſont cenſez meubles ou immeubles ſelon la nature des biens que l'on peut demander & obtenir en juſtice, en vertu des mêmes actions, & qui tendent à choſes mobiliaires ou immobiliaires.

II.

Cedules & Obligations faites pour choſes mobiliaires ſont meubles, encore qu'au payement d'icelles les immeubles du debiteur ſoient hypotéquez & qu'il y ait terme de payer aprés dix ans, & que le terme ne ſoit échû.

I I I.

Rentes conſtituées, promeſſe de paſſer Contract de conſtitution, & tous les actes emportants alienation du principal, ſont immeubles.

I V.

Somme dûë pour ſolde de partage ou pour vente d'immeuble payable à la volonté du créancier, ou a temps, eſt meuble, & neanmoins ſi elle eſt dûë à un mineur elle eſt reputée immeuble juſques au jour de la majorité, ce qui ſera pareillement obſervé pour les majeurs étans en curatelle.

V.

Le prix de la vente d'un immeuble qui étoit dû à un majeur, ayant paſſé en la perſonne du mineur, conſerve ſa qualité de meuble.

V I.

Uſtancilles d'Hôtel ſoit en la Ville ou aux champs, qui ſe peuvent emporter ſans fraction & déterioration ſont meubles, mais s'ils tiennent à fer ou à cloud, ou ſont ſcellez en maſſonnerie & mis pour perpetuelle demeure, & ne peuvent être portez ſans fraction & déterioration, ſont cenſez immeubles.

V I I.

Les ornements, argenteries des Chapelles ſont meubles, mais dans le réglement du préciput de l'aîné ils ſont cenſez faire partie du principal manoir, dans l'enclos duquel leſdites Chapelles ſont conſtruites.

V I I I.

Les meubles précieux des grandes maiſons ſont

cenfez immeúbles à l'effet de ne point entrer en Communauté, s'il n'en eft fait expreffe mention dans le Contract de Mariage, & ne peuvent être vendus en juftice qu'aprés trois publications de quinzaine en quinzaine.

I X.

Bibliotheques, fonds de marchandifes, preffes d'imprimerie & autres uftancilles de métier font meubles.

X.

Cuves, Tonnes & autres gros Vaiffeaux, qui fe peuvent defaffembler & raffembler fans être en dommagez, font meubles.

X I.

Canôns de groffe artillerie étans dans les Châteaux pour leur garde, les Statuës pofées dans les Niches fur des Pilliers, & Bazes, ou deftinez pour y être pofez, & les Tableaux enchaffez dans des quadres pour l'ornement des maifons ou deftinez pour y être mis, font réputez faire partie du fond.

X I I.

Toutes les Artilleries, Statuës, Tableaux, ou autre chofe de pareille qualité, qui font mifes par le locataire ou ufufruitier, font fenfez meubles, en laiffant les lieux en même état qu'ils étoient au commencement du bail ou de l'ufufruit.

X I I I.

Moulins à vent, à eau, même ceux qui font affis fur bâteaux, preffoirs édifiez en une maifon, bannaux, & non bannaux, font réputez immeubles.

X I V.

XIV.

Navires ou bâteaux du prix de mil livres & au deſſus ſont immeubles.

XV.

Materiaux étans ſur le lieu deſtiné pour commencer, ou achever, ou rétablir un bâtiment, ſuivent la nature du bâtiment.

XVI.

Poiſſon en Etangs, Vivier ou Foſſez de la maiſon eſt réputé immeuble même aprés les trois ans, & le temps ordinaire de la pêche, & nonobſtant que la bonde de l'Etang ſoit levée ; mais quand il eſt en boutique & reſervoir il eſt meuble, encore que le reſervoir faſſe partie de l'Etang, & que le poiſſon ſoit nourry de l'eau de la riviere ou du vivier qui entre dans le reſervoir.

XVII.

Pigeons étans dans les Colombiers ou volieres des maiſons des champs, Lapins étans dans les garennes, ruches de Mouches à miel, beſtiaux ſervant au labourage ou baillez par le proprietaire au fermier à tître de Cheptel ou autrement, font partie du fond.

XVIII.

Quand le proprietaire qui a vendu la pêche d'un Etang, une coupe de grand bois, ou quelque recolte de fruits vient à déceder, le prix de la vente eſt réputé meuble dans ſa ſucceſſion.

XIX.

Bois ou raiſin coupé, bled, foin, ou grain ſcié

II. Partie. H

ou fauché, & tous les fruits naturels & induftrieux, féparez du fond en leur faifon & fans fraude, bien qu'ils foient encore fur le champ & non tranfportez, font meubles; mais quand ils font fur le pied & pendant par les racines ils font immeubles, même aprés le temps de la maturité & récolte ordinaire.

X X.

Les deniers procédans de la vente des fruits qui avoient été faifis pendant par les racines, fans faifie réelle du fond, fe diftribuënt comme meubles entre les créanciers, mais fi le fond eft faifi réellement avant la récolte & féparation defdits fruits, la diftribution des deniers fe fait par ordre d'hypotéque.

X X I.

Les dettes fucceffives & courantes comme les arrerages des rentes conftituées à prix d'argent, penfions, loyers de maifons, profits de Greffes, interêt legitime, arrerages de Doüaire préfix, revenus de forges & de moulins, & autres fruits civils, font acquifes à mefure qu'elles échéent de jour à autre, & tout ce qui en eft échû avant le decez ou avant l'alienation ne fait point partie du fond ny du fort principal.

X X I I.

Les arrerages des rentes foncieres Seigneuriales, cenfuelles, font annuelles du jour & terme de leur échéance.

X X I I I.

Les maifons & fermages dûës à raifon des fruits, font reputez meubles dés le moment qu'ils font féparez du fonds, & encore que le terme de payer lesdites maisons ou fermages ne soit point échû.

X X I V.

Si par un même bail ou par un même prix on afferme conjointement des prez, des terres labourables, des vignes, & d'autres choses qui produisent des fruits naturels successivement de jour à autre, le prix du bail sera consideré comme mobiliaire à proportion de ce qui se trouvera échû, & le reste sera réputé immeuble, le tout par maniere de contribution au sol la livre.

X X V.

Les reliefs, ou rachats dûs pour les Fiefs, sont acquis & réputez meubles du jour que le Droit est ouvert, encore que par la Coûtume ou par l'option du Seigneur il prenne la joüissance successive du revenu d'une année.

X X V I.

L'usufruit des choses immeubles est réputé immeuble, pour ce qui n'est encore échû.

X X V I I.

Les arrerages des rentes sur l'Hôtel de Ville sont réputez échûs lors qu'ils sont payables au Bureau ouvert.

X X V I I I.

Nôtre Domaine engagé & les heritages particuliers alienez sous faculté de rachat sont immeubles, & le prix qui est provenu de la revente ou du rachat se partage comme immeuble, si la demande pour ledit

rachat a été formée depuis l'ouverture de la ſucceſſion.
X X I X.

Mais ſi la demande en a été faite avant le jour du
decez , les deniers du rachat ſeront conſiderez dans
le partage de la ſucceſſion comme effets mobiliaires,
du jour du jugement qui ordonne le rachat à l'égard
des heritages particuliers , & du jour du rembourſement actuel à l'égard de nôtre Domaine.
X X X.

Ce qui aura lieu pour les heritages du deffunt qui
ont été retirez par le Retrait lignager ou feodal, ſur
une demande intentée avant ou depuis ſon décez.

Des Offices , ſous le Tître de la Communauté.

I.

OFfice de Judicature, de Finances , Domaniale
ou de Police eſt immeuble, & ſi le mary en eſt
pourvû avant ſon mariage il n'entre point en Communauté , & ce qui aura été payé du temps & des
deniers de la Communauté pour le prix de l'Office
ſera raporté par le mary à la Communauté , pourvû
qu'il n'y ait point de convention contraire dans le
Contract de Mariage.

I I.

Si le mary durant le mariage vend l'Office dont il
étoit pourvû auparavant , les deniers n'entrent point

dans la Communauté, mais ils apartiennent à l'heritier du mary, fans que la femme y puiffent rien prétendre pour Droit de Communauté.

I I I.

Si durant la Communauté ont été payez quelques
fommes pour fuplément de Finance, l'Officier ou
fes heritiers n'en doivent aucune récompenfe à la
Communauté, mais fi moyennant les fommes payées
il y a eû de nouveaux Droits atribüez à l'Office, il
fera en la liberté de l'Officier & de fes heritiers de récompenfer la Communauté, en retenant les Droits.

I V.

Le mary furvivant a Droit de retenir l'Office acquis durant la Communauté, en rendant aux heritiers
de la femme le demy-denier de ce qui en a été tiré
tant pour le traité de l'Office que pour les frais de
lettres ou de reception, fans que les heritiers de la
femme puiffent prendre part à l'augmentation du prix,
fi aucune eft arrivée.

V.

Si le mary furvivant ne veut retenir l'Office acquis durant la Communauté, il n'y peut être contraint.

V I.

Le mary eft cenfé avoir retenu l'Office, fi dans
l'inventaire il n'a fait une déclaration expreffe qu'il
abandonne l'Office à la Communauté, & ne fuffit d'a-
voir reprefenté & fait inventorier le traité & les lettres de Provifions & autres actes concernans l'Office.

V I I.

Et s'il ny a point eû d'inventaire , le mary qui continuë l'exercice de l'Office pendant l'an & jour, à compter du jour du décez de la femme, n'eſt recevable à abandonner l'Office à la Communauté.

V I I I.

L'Office donné au mary durant la Communauté, n'entre point en Communauté, & demeure pour le tout au mary & à ſes heritiers, ſans faire aucune récompenſe à la femme n'y à ſes heritiers.

I X.

Mais ſi l'Office eſt donné au mary & à la femme conjointement il tient lieu de conquêt, ſauf au mary en cas de ſurvivance à le retenir ſi bon luy ſemble, en payant aux heritiers de la femme, prenant la Communauté, la moitié de la juſte valeur de l'Office, au temps du décez de la femme.

X.

Les Officiers dont les Proviſions ſe trouvent en blanc ou remplies du nom du mary, ſans avoir été ſuivies de reception, & enſemble les portions acquiſes par le mary dans les Offices dont les Proviſions ſont ſous le nom de tierces perſonnes, ſont meubles entre les deux conjoints & leurs heritiers.

X I.

La charge qui étoit exercée par le mary avant ſon mariage par commiſſion ou matricule, & convertie en tître durant la communauté, eſt propre au mary, en rembourſant à la Communauté les deniers, ſi aucuns en ont été tirez, pour le tître de l'Office.

X I I.

Si depuis la diſſolution de la Communauté le mary reçoit quelques deniers pour la récompenſe d'une commiſſion qui luy avoit été accordée gratuitement durant la Communauté, il n'eſt point tenu d'en faire part aux heritiers de la femme.

Sous le Tître des Succeſſions.

X I I I.

Les deniers provenans des traitez & compoſitions des Offices, ou de portion d'iceux, échûs par ſucceſſion à des mineurs, tiennent nature de Propres durant leur minorité, & paſſent aux heritiers des Propres s'ils décedent avant l'âge de vingt-cinq ans accomplis.

X I V.

Mais la récompenſe de my-denier du prix & des frais des proviſions & receptions de l'Office acquis durant la Communauté, & retenu par le mary ſurvivant, eſt mobiliaire és perſonnes des enfans & des autres heritiers de la femme majeure & mineure, & arrivant leur décez elle paſſe à leurs heritiers maternels, même au mary, en qualité d'heritier mobiliaire deſdits enfans décedez en minorité.

X V.

Les Offices acquis au nom des enfans des deniers du pere ou de la mere, ſont acquêts en leurs perſonnes, mais s'ils en ſont pourvûs par la reſignation du pere ou autres afcendans, ou échûs par fucceffion directe ou collaterale, ils font propres de ligne.

X V I.

Pour régler les Droits des Offices de Judicature & de Finance, fera fuivie la Coûtume du lieu où l'Officier a fon domicile, mais pour les Officiers Domaniaux & de Police, fera fuivie la Coûtume du lieu où s'en fait l'exercice, & où les Droits en font perceptibles.

X V I I.

Le pere ou autres afcendans peuvent bailler à leurs décendans les Offices dont ils font pourvûs pour le prix qu'ils les ont acquis, fans y comprendre les frais de lettres & reception & pour un plus grand prix, & s'il n'y a point d'eftimation, l'eftimation en fera faite eû égard à ce qu'ils valoient au temps de la réfignation.

X V I I I.

Le Tuteur ne peut bailler l'Office, dont le pere de fes mineurs étoit pourvû, à l'un des enfans ou des gendres, pour un prix moindre que celuy du temps du traité.

X I X.

On ne peut difpofer entre vifs ny par Teftament d'un Office qui eft propre, que comme des autres immeubles tenant la nature des Propres.

X X.

Aprés la faifie réelle & les opofitions, le titulaire de l'Office ne pourra traiter fans le confentement des faififfans & oppofans, & la compofition faite fans eux eft nulle, eft nulle, encore que les oppofitions n'euffent été faites que pour hypotéque & non au tître.

X X I.

Les Offices de ceux qui font pourvûs par les Bénéficiers pour quelque caufe & en quelque maniere que ce foit, demeureront vacans du jour qu'il y aura été pourvû par le fucceffeur, même en cas de refignation en faveur : Et le femblable fera obfervé par les Officiers pourvûs par les ufufruitiers aprés l'extinction de l'ufufruit.

X X I I.

Les Officiers pourvûs & reçûs avant l'âge de vingt-cinq ans en dès Charges qui felon nôtre Ordonnance doivent être entretenus par des majeurs, ne pouront s'aider du Privilege de reftitution accordé à la minorité, même pour les affaires de la famille & pour les autres chofes qui ne dépendent point du fait de leurs charges, encore qu'ils ayent été reçûs avec nos Lettres de difpenfe d'âge, ou avec la condition de n'avoir voix délibérative qu'aprés l'âge de vingt-cinq ans.

X X I I I.

Le prix des Offices de Judicature, de Finances, Domaniaux & de Police, fera diftribué comme le prix des autres immeubles par ordre d'hypotéque, fans préjudice des Priviléges acquis à aucuns créanciers fur les mêmes Offices.

X X I V.

Le créancier qui a fait faifir réellement l'Office confervera fon Privilége & hypotéque, fans s'oppo-

II. Partie. I

fer au fceau , pourvû que la faifie réelle foit fignifiée
au Garde des Rôles.

X X V.

Les oppofitions formées à la faifie réelle vallent
autant que les oppofitions au fceau , pourvû qu'elles
foient fignifiées aux Gardes des Rôles ; comme deffus.

X X V I.

Les oppofitions au fceau & fignifications qui doï-
vent être faites aux Gardes des Rôles de la faifie réelle ,
& des oppofitions formées à la faifie , feront renou-
vellées tous les ans , à peine de nullité.

DES PROPRES.

I.

IMmeuble échû par fucceffion aux décendans , afcendans ou collateraux , eft propre en leurs perfonnes , même celuy qui étoit acquêt au deffunt , encore que dans le partage il y eût foulte excedante la
moitié de la valeur de la portion hereditaire.

I I.

L'immeuble maternel baillé en parrage à l'un des
coheritiers, tant majeur que mineur , en ligne directe
ou collaterale , pour la part qu'il pourroit avoir aux
biens paternels, fera Propre paternel, nonobftant que
la fucceffion paternelle fut mobiliaire pour la plus
grande partie ou pour le tout : Il en eft de même des
immeubles paternels baillez en partage pour des biens
maternels.

I I I.

En cas de licitation entre coheritiers , le total de l'heritage venu de la fucceffion commune eft propre en la perfonne du coheritier adjudicataire , encore que les étrangers ayent été admis aux encheres.

I V.

Mais fi la licitation eft faite entre ceux qui font communs en biens , affociez & coproprietaires , & fi l'immeuble eft ajugé à l'un d'eux , la portion qu'il y avoit auparavant confervera fa nature ancienne de Propre ou d'acquêt , & le furplus fera acquêt.

V.

Les biens confifquez, donnez ou remis par le Roy , ou le Seigneur Haut-jufticier, aux afcendans & aux décendans du condamné , ou à aucuns d'eux , font propres aux Donataires, encore qu'ils ne foient point heritiers préfomptifs , & que les biens foient acquis au condamné.

V I.

S'ils ont été donnez ou remis aux collateraux ils font pareillement propres en leurs perfonnes , pourvû que ceffant leur confifcation ils euffent été heritiers du condamné , ou que les Donataires foient décendus des heritiers , encore que le don ou la remife excede la portion hereditaire.

V I I.

Heritage retiré par Retrait lignager , eft propre au Retrayant en ligne directe ou collaterale , en quelque degré que ce foit.

V I I I.

Heritage de la ligne de l'un des conjoints qui eſt acquis durant la Communauté , & retiré depuis par le Retrait demy-denier , eſt propre pour le tout au Retrayant du côté & ligne donc il eſt pourvû.

I X.

Si le Seigneur feodal acquiert par Retrait feodal ou cenſuel , ou à prix d'argent , même par échange d'un immeuble, acquêt ou autrement, un heritage tenu de luy en Fief , ou en cenſive , l'heritage ſera de même nature de propre ou acquêt que le Fief donc ledit heritage étoit mouvant , & auquel il eſt de plein droit réüny.

X.

Quand les heritiers directs ou collateraux du vendeur retirent un heritage par luy aliené à faculté de remeré , il eſt propre en la perſonne des Retrayans , encore qu'il fut acquêt au vendeur ; ce qui ſera auſſi obſervé à l'égard des heritages baillez à rentes ou à longues annees qui ſeront propres aux heritiers directs ou collateraux auſquels ils retournent , encore qu'ils fuſſent acquêts aux bailleurs.

X I.

Immeuble donné ou legué par l'aſcendant au décendant, même en degré eloigné, eſt propre en la perſonne du donataire ou légataire, ſoit que l'immeuble fût propre ou acquêt en la perſonne du décendant.

X I I.

Mais ſi l'immeuble eſt vendu ou baillé en payement

d'une choſe mobiliaire par l'aſcendant au décendant,
alors il eſt acquêt en la perſonne du décendant, encore qu'il ſoit ſon heritier préſomptif & que ce ſoit
un ancien propre en la perſonne de l'aſcendant.

X I I I.

Et neanmoins l'immeuble baillé au décendant en
quelque degré qu'il ſoit par l'aſcendant, en payement
de ce qu'il luy auroit promis par Contract de Mariage, eſt propre au décendant, encore qu'il fût acquêt
à l'aſcendant, & que la choſe mobiliaire promiſe
n'eût point été ſtipulée propre.

X I V.

Sera propre auſſi au décendant l'immeuble à luy baillé
par l'aſcendant en échange d'un autre immeuble,
ſoit que les immeubles échangez leurs fuſſent propres
ou acquêts, pourvû que la ſoulte, ſi aucune y a, n'excede point la valeur de la moitié de l'immeuble baillé
par le décendant, auquel cas la totalité de l'immeuble
ſera acquêt au décendant.

X V.

Immeuble donné ou legué, vendu, baillé en payement, échange ou autrement, alliené par le décendant au profit de l'aſcendant, eſt propre ou acquêt, ſelon ce qui a été dit de l'immeuble, dont l'aſcendant a diſpoſé au profit du décendant.

X V I.

Immeuble donné ou legué par un collateral, auquel il étoit propre à un de la ligne dont procede ledit immeuble, eſt propre au donataire ou légataire

du même côté & ligne, encore qu'il ne fût point son
heritier présomptif.

XVII.

Mais si le collateral qui reçoit le don ou legs n'est
point de la même ligne dont procede l'immeuble,
c'est un acquêt en la personne du donataire ou légataire, si ce n'est qu'il soit heritier présomptif de celuy qui a disposé, ou décendant dudit heritier.

XVIII.

Si l'immeuble dont le collateral a disposé étoit acquêt en sa personne, il est pareillement acquêt en
la personne du parent, au profit duquel il en a disposé, si ce n'est que le parent fut son heritier présomptif, ou décendant dudit heritier.

XIX.

Entre parens collateraux l'immeuble propre venu
en échange d'un immeuble d'acquêt, conserve la qualité de Propre en la personne de celuy qui le reçoit,
pourvû qu'il soit parent du côté & ligne dont procede
l'heritage, ou qu'il soit heritier présomptif de celuy
qui l'a baillé en échange au décendant dudit heritier,
& qu'en tous lesdits cas la soulte, si aucune y a par le
Contract d'échange, n'excede point la valeur de la
moitié de l'immeuble baillé en échange.

XX.

Immeuble propre, ou d'acquêt, ainsi donné, legué,
ou baillé en échange au collateral heritier présomptif,
ou à l'un de ses ascendans même, non étant de la ligne
d'où vient ledit Propre, luy est propre pour le tout,

encore qu'il excede la valeur de la portion hereditaire.

X X I.

Immeuble recüeilli par Fidei commis eſt propre en la perſonne du ſubſtitué qui eſt décendant, ou de l'inſtituant ou de l'inſtitué, encore qu'il fût acquêt à l'un & l'autre; & ſi le ſubſtitué n'eſt iſſu en ligne directe, n'y de l'inſtituant n'y de l'inſtitué l'immeuble recüeilli par Fidei commis ne laiſſera d'être propre en la perſonne du ſubſtitué, pourvû qu'il ſoit parent du premier acquereur dudit immeuble, & qu'il ſoit heritier préſomptif de l'inſtituant ou de l'inſtitué, ou décendant dudit heritier.

X X I I.

Ce que deſſus ſera obſervé par toutes ſortes de diſpoſitions, ſoit entre vifs ou Teſtamentaires, ou à cauſe de mort univerſelles, de quotité, ou particulieres.

X X I I I.

L'immeuble acquis à tître d'échange d'un étranger, eſt de la même nature de propre ou acquêt qu'étoit l'immeuble baillé en échange.

X X I V.

Les bâtimens & meliorations faites ſur un propre, ſuivent la nature du fond.

X X V.

Le Propre ameubly par Contract de Mariage retient ſa nature de propre pour la part qui en revient par le partage de la Communauté à celuy des conjoints, auquel le propre appartenoit avant l'ammeubliſſement, même pour le tout, ſi le propre entier luy eſt delaiſſé par ledit partage.

XXVI.

Immeuble donné par le mary à la femme, ou par la femme au mary, par Contract de mariage ou par autres difpofitions dans les pays où elle eft permife, eft propre en la ligne du donataire entre les enfans de divers lits, & aprés leurs decez entre les heritiers defdits enfans.

XXVII.

Mais fi le Donateur décede fans enfans communs iffus de leur mariage, l'immeuble donné eft en la perfonne de fes heritiers Propre naiffant.

XXVIII.

Les heritiers des propres qui receüillent par fuc-ceffions le propre ajugé par licitation au deffunt, où à luy delaiffé par partage ou échange, moyennant quelque foulte ou récompenfe en deniers, où par luy retiré en Retrait Lignager, demy-denier, feodal, cenfuel, ou conventionnel, où fur lequel il y a des bâtimens ou des meliorations faites de fes deniers, où pour lequel a été payé de l'argent pour quelque caufe que ce foit, ne font tenus pour tous les deniers ainfi payez & débourfez par le deffunt de faire aucun rembourfemen aux heritiers des meubles & acquêts, & fi les deniers font dûs en tout ou partie, où à la Communauté dont ils ont été tirez, où à d'autres créanciers de qui ils ont été empruntez, ce font det-tes de la fucceffion qui feront payées & acquitées com-me les autres dettes.

XXIX.

Le Doüaire Coûtumier ou Préfix en heritage ou
en rente,

en rente, dans le païs où il est propre aux enfans, est propre paternel en leurs personnes, & après leur décez appartient aux heritiers paternels.

X X X.

Immeuble paternel baillé à la veuve pour son Doüaire ou augment de Dot, & depuis passé aux enfans issus du mariage, est propre paternel en la personne desdits enfans, encore que le Doüaire promis fut en deniers.

X X X I.

L'ameublissement des propres d'un mineur ne sera fait que par Contract de mariage, en presence de son Tuteur ou de ses plus proches parens en cas d'émancipation, & tant les meubles que propres ameublis à luy appartenans ne pourront exceder le tiers de la totalité de ses biens, nonobstant toutes conventions qui pourroient être faites par autres ; toutefois le pere, ou à son deffaut l'ayeul paternel, pourront faire de l'ameublissement ce que bon leur semblera.

X X X I I.

L'ameublissement du tiers de tous les biens du mineur sera pris premierement sur les meubles, & ensuite sur les acquêts, avant que de toucher aux propres.

X X X I I I.

Après l'ameublissement fait du tiers, les deux tiers restans de tous les biens meubles & immeubles, de quelque qualité qu'ils soient, appartenans au mineur, sont censez tenir nature de propre à luy & aux siens de son côté & ligne.

II. Partie. K

X X X I V.

Les deniers provenans des alienations des immeubles & des rachats de rentes ou heritages qui appartenoient au mineur, ou les immeubles acquis defdits deniers avec déclarations valables, font cenfez durant fa minorité de même nature qu'étoient lefdits immeubles, rentes & heritages.

X X X V.

Mais le mineur étant devenu majeur, lefdits deniers font meubles, & les immeubles acquis defdits deniers luy feront acquêts.

X X X V I.

Et lefdits deniers ainfi cenfez propres au mineur durant la minorité étans faifis, feront diftribuez entre les créanciers dudit mineur felon l'ordre de leur hypotéque.

X X X V I I.

Toutefois lefdits deniers ne font fujets au Doüaire Coûtumier dû à caufe du mariage contracté en minorité depuis les alienations ou rachats.

X X X V I I I.

Les deniers procedans de l'alienation volontaire ou forcée pendant le mariage, d'un immeuble qui étoit propre à l'un ou à l'autre des conjoints, même majeur, & les remplois faits defdits deniers, font cenfez propres du même côté & ligne qu'étoit ledit immeuble entre lefdits conjoints & leurs enfans feulement, fans que l'autre defdits conjoints, & les enfans d'un précedent mariage y puiffent rien prétendre par Droit de Coûtume, de fucceffion ou de difpofition.

XXXIX.

Et neanmoins les enfans de celuy auquel l'heritage
aliené appartenoit étans parvenus en majorité, pourront difpofer defdits deniers ainfi que bon leur femblera, même au profit de leurs pere & mere.

X L:

L'action pour les deniers procedans de ladite alienation qui n'ont point été reçûs, eft cenfée propre comme feroient lefdits deniers.

X L I.

On ne peut établir un propre conventionel que
par Contract de Mariage, Teftamens, Donations
& autres actes de liberalité.

X L I I.

Le propre conventionel eft fimplement pour la
perfonne, où la perfonne & les fiens, ou pour la
perfonne & les fiens de fon côté & ligne, fans qu'on
puiffe faire aucune autre convention de propre qu'elle
ne foit rapportée à l'une des trois manieres cy-deffus,
en quelque terme que ladite convention puiffe être
conçûë.

X L I I I.

La feule convention de propre n'aura autre effet
que d'exclure la chofe de la communauté d'entre mary
& femme où elle à lieu, & de la focieté contractuelle
des meubles & acquêts.

X L I V.

Mais celuy auquel elle appartient en pourra difpofer comme des autres meubles ou acquêts, & les heritiers mobiliaires ou d'acquêts y fuccederont.

X L V.

Ne pourront neanmoins les conjoints par mariage en difpofer au profit de l'un de l'autre que comme d'un propre naturel, & felon que les Loix & Coûtumes le permettent.

X L V I.

Le meuble fait propre à l'un des conjoints trouvé dans la fucceffion de l'enfant iffu de leur mariage, decedé fans enfans, apartient aux heritiers mobiliaires dudit enfant, même au furvivant des conjoints, encore que ledit enfant fut decedé mineur & fous la Tutelle dudit furvivant.

X L V I I.

La convention que la chofe tiendra lieu d'immeuble ou d'heritage, a le même effet que la fimple convention de propre.

X L V I I I.

Lors que par Contract de Mariage ou par autre difpofition faite en contemplation du mariage, les conjoints, ou l'un d'eux, ou leurs parens, ou même un étranger, ont deftiné une fomme de deniers pour être employée en immeuble au profit defdits conjoints, fans dire que l'immeuble luy fera propre, l'immeuble acquis avec déclaration que c'eft defdits deniers, fera propre aufdits conjoints ; & fi l'employ n'a pas été fait, & s'il n'y a point eû de déclaration valable les deniers reçûs luy feront propres de même que s'ils

avoient été expreffement ftipulez propres aufdits conjoints.

X L I X.

Si les deniers n'ont point été reçûs, l'action pour
lefdits deniers fera pareillement.

L.

Le mary qui n'a point fait l'employ des deniers
deftinez comme deffus n'y pourra rien prétendre, ny
les enfans d'un précedent mariage par droit de communauté, de fucceffion ou de difpofition, finon en
tant qu'ils auroient pû prétendre en l'immeuble fi
l'employ avoit été fait, laquelle exclufion aura lieu,
encor que par le Contract le mary ne fût point chargé
de faire ledit employ, & nonobftant qu'il n'eût pas
reçû lefdits deniers & qu'il eût fait les diligences
neceffaires.

L I.

Quand le mary par Contract de Mariage conftituë
fur tous fes biens ou fur un fond particulier une rente, au profit de fa femme, ou qu'il luy delaiffe par
maniere d'engagement la joüiffance de quelques immeubles, ladite rente & ledit engagement tiendra nature d'immeuble en la perfonne de la femme, encore
qu'il n'en foit rien dit par le Contract, & nonobftant
que le mary ou fes heritiers foient obligez d'en faire le
rachat dans un certain temps, & fera ledit immeuble
propre naiffant en la perfonne des heritiers de fa
femme.

L I I.

Aſſignation vaut employ, promeſſe d'aſſigner vaut ſtipulation d'employ, & la clauſe de rendre les deniers par le mary à la femme, eſt une convention propre en la perſonne de la femme.

L I I I.

La diſpoſition de la choſe ſtipulée propre à la perſonne & aux ſiens, eſt libre comme les autres effets mobilieres, mais les enfans y ſuccedent comme à un propre ſi on n'en a point diſpoſé autrement.

L I V.

La choſe mobiliaire ſtipulée propre à la perſonne & aux ſiens, & recueillie par les enfans, réprend la nature de meuble en leur perſonne, & leurs heritiers mobiliaires y ſuccedent.

L V.

Toutefois tandis qu'il y aura aucun deſdits heritiers ou de leurs décendans, l'aſcendant ou autre heritier mobilier de l'un d'eux décedé ſans enfans, même en majorité, ne pourra rien prendre audit meuble, lequel appartiendra au ſurvivant deſdits enfans ou à leurs décendans qui ſeront heritiers du prédecedé.

L V I.

Si les enfans ou l'un d'eux qui ont recueilli en tout ou partie le meuble ſtipulé propre à la perſonne & aux ſiens ſont mineurs, ceux d'entr'eux qui ſe trouveront durant leur minorité n'en pourront diſpoſer que comme d'un propre.

L V I I.

Mais aprés le décez du dernier defdits enfans &
de leurs décendans, même en minorité, l'heritier mobilier fuccedera aufdits meubles.

L V I I I.

Quand le meuble ftipulé propre à la perfonne &
aux fiens, a été poffedé en tout ou partie par l'un des
enfans, ou de leurs décendans majeurs, il retient fa
nature de meuble, même en la perfonne des autres
enfans aufquels il a paffé depuis, quoique mineurs,
jufqu'à la concurence de ce qui a appartenu aux majeurs.

L I X.

Les conventions de propre à la perfonne & à fes
enfans, ou à fes heritiers ou à la pofterité, a les mêmes effets que la convention de propre à la perfonne
& aux fiens.

L X.

Sous le nom d'heritier, ou fous celuy des fiens,
les afcendans font compris en ladite convention en
deffauts d'enfans & décendans defdits enfans.

L X I.

Lors qu'il y a ftipulation que la chofe fera propre
à la perfonne & aux fiens de fon côté & ligne, l'heritier des propres des enfans qui ont recüeilli ladite
chofe y fuccede, pourvû & non autrement que lefdits enfans foient décedez en minorité, mais s'ils de-
cedent étans majeurs l'heritier mobiliaire y fuccede
nonobftant toute ftipulation contraire.

LXII.

L'heritier des propres qui a recueilli le meuble ſtipulé propre de côté & ligne, peut en diſpoſer étant majeur comme des autres choſes mobiliaires.

LXIII.

Mais ſi l'heritier décedant en minorité, ſes heritiers des propres, ou l'un d'eux qui auroient ſuccedé audit immeuble, ou à quelque portion d'iceluy, étoient auſſi mineurs, leſdits heritiers qui feront mineurs n'en pourront diſpoſer que comme d'un propre, & l'heritier des propres y ſuccedera juſques à concurence de ce qui appartenoit auſdits mineurs ; la majorité ſeule deſdits heritiers collateraux arrêtant le cours de la fiction.

LXIV.

La convention de propre, d'eſtoc, de ſouche, de ligne, branchage, ramage, ou ligne de propre, ancien patrimoine propre aux ſiens & aux collateraux, a les mêmes effets que celle de propre à la perſonne & aux ſiens de ſon côté & ligne.

LXV.

Les conventions de Propre, même de côté & ligne ; n'ont aucun effet contre les pere & mere & autres qui ont fait leſdites conventions, ny contre les heritiers.

LXVI.

Le propre conventionel n'eſt ſujet au Retrait lignager ny au Doüaire.

LXVII.

Deniers procedans de choſe mobiliaire ſtipulée
propre,

propre , même de côté & ligne & appartenans à des mineurs, se distribuent entre les créanciers saisisans & opposans comme les autres meubles.

L X V I I I.

La convention de propre , destination d'employ, promesse d'assigner ou de rendre les deniers inserez dans un premier Contract de Mariage , ne seront point censez répetez dans un second Contract de Mariage sans nouvelle convention.

L X I X.

La somme stipulée propre , même de côté & ligne, étant payée aprés la dissolution de la Communauté à celuy au profit duquel la disposition a été faite, le propre conventionel est éteint , pourvû qu'il soit majeur , mais s'il est mineur la qualité de propre continuë jusques à sa majorité.

L X X.

Si le conjoint auquel la somme est dûë est Tuteur de ceux qui en sont debiteurs , & s'il y a des deniers en ses mains , alors par une compensation tacite il est réputé payé jusques à concurence des deniers qui sont en ses mains.

L X X I.

Les Coûtumes où il faut avoir des propres pour disposer la totalité des meubles & acquêts, doivent être entenduës du propre naturel, & non du conventionel ou légal.

L X X I I.

Le propre conventionel pour les lieux du côté &

II. Partie. L

ligne , demeure affecté aux lignes de ceux dont il eſt provenu , à proportion de ce que chacun d'eux y a contribué ; & ſi le propre n'a été ſtipulé que pour les ſiens , cette clauſe produira le même effet entre les enfans de deux lits ; ce qui aura lieu pareillement dans le propre légal.

L X X I I I.

Le propre conventionel pour la perſonne & les ſiens, ou pour la perſonne & les ſiens de côté & ligne , & le propre légal étant receüilli par les enfans ou leurs décendans mineurs pendant leur mariage , n'entrent point en communauté , & la majorité ſurvenant ils demeurent toûjours exclus de ladite communaté.

DES FIEFS.

TITRE X.

I.

IL n'y aura dorénavant dans nôtre Royaume qu'une ſeule maniere de faire la foy & hommage, ſçavoir que le vaſſal en perſonne, nuë tête, ſans eſperons & épée, mettant un genoüil en terre, déclarera à ſon Seigneur qu'il luy fait la foy & hommage , à cauſe du Fief appartenant au vaſſal , dont il dira le nom & la qualité de la mutation par laquelle il eſt tombé entre ſes mains.

I I.

L'acte d'hommage doit être fait en preſençe d'un

Notaire ou autre perſonne publique , ayant pouvoir d'inſtrumenter au lieu où ſe fait l'hommage, & de deux Témoins , & mention ſpecialle y ſera faite des ſolemnitez qui auront été accomplies : le tout à peine de nullité.

I I I.

Seront faites deux expeditions de l'acte d'hommage , écrites en parchemin , ſignées du vaſſal , de la perſonne publique , & des Témoins , l'une pour le vaſſal & l'autre delaiſſee au Seigneur , & en cas d'abſence à ſon Procureur d'office , ou autre Officier de ſa Juſtice, Receveur ou Fermier, & en leur deffaut au plus prochain voiſin du lieu où ſera faite la foy & hommage.

I V.

L'hommage ſera faite au manoir Seigneurial du Fief dominant , & ſi le Seigneur dominant eſt en ſon manoir, le vaſſal eſt obligé d'y entrer & de parler à ſa perſonne , & en cas d'abſence du Seigneur ou du refus de recevoir l'hommage , le vaſſal l'appellera par trois fois à haute & intelligible voix , & fera l'hommage à la porte du manoir Seigneurial , au dehors , avec les mêmes cérémonies comme ſi le Seigneur étoit preſent.

V.

En cas d'abſence du Seigneur le vaſſal n'eſt point tenu de faire la foy & hommage à ſes Officiers, ou autres ayans charge de luy.

V I.

Le vaſſal qui a fait en l'abſence du Seigneur l'hommage en la maniere cy-deſſus ,n'eſt point tenu de le reïterer , encore qu'il en ſoit requis par le Seigneur.

V I I.

S'il y a quelque autre lieu où l'on a accoûtumé d'an-cienneté de faire & recevoir les hommages , le vaſſal eſt obligé de s'y tranſporter & d'y faire l'hommage , & le Seigneur n'eſt tenu de recevoir la foy de ſon vaſſal ailleurs ſi bon ne luy ſemble.

V I I I.

Quand pluſieurs Seigneurs poſſedent par indivis le Fief dominant , pour couvrir le Fief ſervant , la foy doit être faite à chacun des Seigneurs , ou au lieu or-dinaire.

I X.

Si le Fief ſervant eſt poſſedé par pluſieurs vaſſaux , par indivis ou autrement , chacun peut faire la foy pour ſa part , ſauf au Seigneur à ſe pourvoir ſur les portions des autres vaſſaux qui n'ont fait leur devoir.

X.

Quand il y a contention entre pluſieurs Seigneurs pour un Fief que un chacun d'eux prétend être mou-vant de luy , le vaſſal peut ſe faire recevoir à la foy par nos mains ſur une ſimple requête en nos juſtices ordinaires , ſans qu'il ſoit beſoin de prendre Lettres en nos Chancelleries.

X I.

Le vaſſal peut ſe faire recevoir à la foy par nos mains, encore que les deux Seigneurs contendans n'ayent point procedé par ſaiſie feodale, pourvû que leurs pré-

tentions ayent été notifiées au vassal par quelque acte
à luy signifié.

XII.

Aprés que le vassal aura été reçû à la foy par nos
mains , il sera tenu de consigner les droits & profits
de Fief , & la main levée à luy donnée n'aura effet
que du jour de la signification qui aura été faite aux
Seigneurs contendans de la quittance de consignation.

XIII.

Encore que le vassal offre de bailler bonne & suffisante caution pour les droits & profits de Fief , il ne
sera déchargé de la consignation.

XIV.

Quand le vassal a payé sans fraude les droits &
profits de Fief à l'un des Seigneurs contendans , le
combat de Fief survenant & donnant lieu au vassal
de se faire recevoir en foy par nos mains , il ne sera
tenu de consigner de nouveau les mêmes droits ,
mais il sera seulement ordonné que ceux qui ont été
payez à l'un des Seigneurs luy demeureront par forme de consignation , & en cas qu'il succombe il sera
tenu de les rendre à l'autre Seigneur , avec les interêts
du jour qu'il les aura reçûs & touchez.

XV.

Aprés la contestation terminée entre les Seigneurs ,
le vassal reçû en foy par nos mains sera tenu faire l'hommage au veritable Seigneur , & ne courreront les delais que du jour de la signification faite au vassal, du jugement ou de l'acte qui aura terminé la contestation.

X V I.

Les fruits échûs depuis la faisie feodalle jufques à la confignation des Droits & profits de Fief, tombent en pure perte fur le vaffal au profit du Seigneur qui a faifi, fi la mouvance luy eft ajugée, fans que les autres Seigneurs, fuppofé même qu'ils obtiennent à leurs fins, y puiffent rien prétendre.

X V I I.

Si durant le combat du Fief entre deux Seigneurs le Fief fervant change de main, le nouveau vaffal fera tenu de configner les Droits & profits dûs pour la nouvelle mutation & non les precedentes, & à faute de confignation les Seigneurs contendans, ou l'un d'eux, pourront proceder par faifie feodalle, & feront les fruits fequeftrez pour être delivrez au Seigneur auquel la mouvance fera ajugée.

X V I I I.

Pour les Reliefs mouvans immediatement de nous, l'hommage fera fait à nos Baillifs & Senéchaux pour ceux de mil livres de rente & au deffous, & pour les auttes entre les mains de nôtre Chancelier ou en nos Chambres des Comptes.

X I X.

Si la mouvance d'un Fief qui eft ouvert nous eft conteftée par un autre Seigneur, l'hommage fera fait à nos Officiers par provifion, & les profits confignez en main de juftice.

X X.

Les hommages des Fiefs mouvans des terres par

nous engagez ſeront faits à nos Officiers & non à nos engagiſtes, nonobſtant les clauſes contraires qui pourront avoir été inſerées dans les tîtres des engagemens.

XXI.

La foy & hommage doit être faite par la vaſſal preſent en perſonne, s'il n'y a excuſe ſuffiſante, auquel cas le Seigneur ſera tenu de recevoir la foy & hommage par Procureur, ſi mieux il n'aime bailler ſouffrance & attendre que l'excuſe ceſſe ; & contiendra la Procuration les clauſes de l'excuſe & l'affirmation du vaſſal qu'elles ſont veritables.

XXII.

Les vaſſaux nobles de naiſſance & conſtituez en dignité, même les Eccleſiaſtiques de quelque qualité qu'ils ſoient, ne peuvent s'excuſer de faire la foy en perſonne, encore que les Seigneurs ſoient de condition vile & roturiere, ou de la Religion Prétenduë Réformée, & ainſi les vaſſaux de la même Religion ne peuvent s'excuſer de faire la foy en perſonne aux Seigneurs Eccleſiaſtiques.

XXIII.

Les Communautez Seculiers, Eccleſiaſtiques & Reguliers, ſeront reçûs à faire la foy par Procureur.

XXIV.

Les Officiers de nos Cours de Parlement, Grand Conſeil, Chambre des Comptes, Requêtes de nôtre Hôtel & du Palais, ne ſeront tenus de faire la foy durant le temps de leur ſervice, & aprés qu'il ſera finy nous leur accorderons encore un delay de quinzaine.

X X V.
Il ſuffit au vaſſal qui a une excuſe légitime d'en affirmer la cauſe dans la Procuration, ſans prendre aucun
certificat ou acte judiciaire, ſauf au Seigneur à informer du contraire.

X X V I.
La femme autoriſée de ſon mary, ou à ſon refus
en juſtice, peut porter la foy pour les Fiefs à elle
appartenant, ou le mary pour elle, ſinon qu'ils fuſſent
ſéparez de biens, auquel cas le mary ne peut porter
la foy pour le Fief de ſa femme.

X X V I I.
La femme étant ſeparée de biens ou en état de viduité n'eſt point obligée, pour les Fiefs à elle appartenans, de reïterer la foy qui auroit été faite auparavant
par elle, authoriſée comme deſſus, ou par ſon mary.

X X V I I I.
Le Curateur ou Commiſſaire étably à la requête
des créanciers à un Fief ſaiſi, peut au deffaut du vaſſal
faire la foy & hommage au Seigneur feodal pour pré-
venir la ſaiſie feodale, ou en obtenir mainlevée ſi elle
à été faite.

X X I X.
Aprés la mainlevée de la ſaiſie faite à la requête
des créanciers, le vaſſal ſera tenu de reïterer la foy
faite par le Curateur ou Commiſſaire.

X X X.
L'âge pour porter la foy & hommage eſt pour les
mâles de vingt ans accomplis, & les filles de quinze.

X X X I.

XXXI.

Chacun des enfans majeurs eſt tenu de faire **la foy** pour la portion qui luy en appartient, même par indivis dans le Fief : A l'égard des mineurs le Tuteur ou Curateur eſt tenu de demander pour eux ſouffrance, ſi mieux n'aime le Seigneur recevoir le Tuteur à faire l'hommage, auquel cas les mineurs devenus majeurs ne ſeront tenus de le renouveller.

XXXII.

Pourra neanmoins l'aîné en ligne directe ſeulement faire la foy avant partage pour ſes freres & ſœurs, majeurs & mineurs, encore qu'ils ſoient de condition roturiere, mais aprés le partage chacun des puînez, mâles & filles, ſera tenu de renouveller la foy pour la part qui luy ſera échûë dans le Fief.

XXXIII.

Si l'aîné décede avant que d'avoir fait la foy durant ou aprés le temps preſcript pour la faire, le plus âgé des puînez mâles pourra la faire pour les autres enfans.

XXXIV.

Pour la perte des fruits faute de foy & hommage, les enfans mâles majeurs de vingt ans, & les filles majeures de quinze ans, n'ont aucun recours contre leur Tuteur ou Curateur.

XXXV.

Le Tuteur déclarera dans l'acte de ſouffrance les noms, ſurnoms, & l'âge précis de tous les mineurs, à peine de nullité.

II. Partie. M

X X X V I.

Le vaffal, & fon Tuteur & Curateur, ne peuvent demander fouffrance par Procureur fondé de Procuration fpeciale.

X X X V I I.

Le Seigneur n'eft obligé de donner fouffrance, finon en payant actuellement les droits & profits qui luy font dûs par la derniere mutation.

X X X V I I I.

La fouffrance vaut foy tant qu'elle dure, & le tems de la fouffrance étant paffé, le Seigneur qui avoit faifi auparavant eft tenu de proceder par nouvelle faifie.

X X X I X.

Les Seigneurs des Fiefs mâles & filles, étans parvenus à l'âge auquel ils font capables de recevoir la foy de leurs vaffaux, peuvent bailler fouffrance fans l'autorité de leur Tuteur ou Curateur.

X L.

Les Curateurs de ceux qui font infenfez, furieux ou interdits, font tenus de faire la foy, & ne font reçûs à demander fouffrance.

X L I.

La fouffrance vaut pour ce qui appartient aux mineurs dans le Fief à caufe duquel elle a été demandée, même pour les portions à eux échûës depuis la fouffrance accordée par le decez d'un coheritier ou autrement, fans qu'il foit befoin de demander une nouvelle fouffrance, en payant toutefois les droits dûs pour les mutations arrivées depuis la fouffrance.

XLII.

Aux Articles fuivans on a pris exactement le texte de la Coûtume, laquelle parlant feulement des Duchez, Comtez, Baronnies & Châtellenies, on pourroit dire qu'elle auroit exclus les terres qui ont les tîtres de Principauté, Vidame & autres tîtres femblables. Les Articles fuivans ont été tirez des Articles 65. & 66. de la Coûtume.

XLIII.

Quand un Fief vient de nouveau par fucceffion, acquifition ou autrement, à aucune perfonne, les vaffaux font tenus de luy porter dans quarante jours la foy & hommage pour les Fiefs qu'ils tiennent en fa mouvance.

XLIV.

Le nouveau Seigneur d'une terre portant le tître de Châtellenie, ou autre tître de quelque qualité qu'il foit, peut faire proclamer les hommages pour les Fiefs fcis dans les fins & limites des mêmes terres, par Publications faites à fon de trompe & cris publics, par trois jours de Dimanches confécutifs, après la Grande Meffe, à la porte de l'Eglife Paroiffiale du lieu où eft fcitué le principal manoir de fa terre, & par trois jours de marchez du même lieu, fi marchez y a, fi mieux n'aime le Seigneur faire fommer chacun vaffal en particulier par un Sergent, en parlant à la perfonne du vaffal, où au lieu du manoir principal du Fief fervant, & ne commencera le delay pour faire l'hommage que du jour de la derniere publication, ou de l'Exploit de fommation.

X L V.

Les publications & les fommations des Sergens feront faites en prefence de deux Témoins, dont les noms, furnoms, qualitez & domiciles feront exprimez dans les Procez verbaux & Exploits, & les mêmes Procez verbaux & Exploits fignez des Trompettes, Sergens & Témoins, à peine de nullité.

X L V I.

Pour les Fiefs fervans qui font fcituez hors l'étenduë dés terres portant le tître de Châtellenie ou autre tître, de quelque qualité qu'il foit, l'on peut faire proclamer les hommages : & pour ceux qui relevent d'un fimple Fief, le delay pour faire l'hommage ne commencera que du jour de la fommation qui fera faite par un Sergent, en la maniere cy deffus, à la perfonne du vaffal, ou au manoir principal de fon Fief; & en deffaut de manoir la fommation fera faite & publiée au jour de Dimanche au Prône de la Meffe Paroiffiale du Fief fervant.

X L V I I.

L'ancien vaffal ne doit que la bouche & les mains à fon nouveau Seigneur, fans payer aucuns profits.

X L V I I I.

Nul Seigneur ne peut contraindre les jufticiables & tenanciers d'aller au four, preffoir, moulins qu'il prétend bannaux, ny faire corvées, s'il n'en a tîtres valables par écrit, aveux & dénombremens rendus au Seigneur dominant, & les déclarations & reconnoiffançes des tenanciers fuivies d'une poffeffion continuë & non interrompuë,

XLIX.

Le Seigneur qui a droit de moulin banal, ne peut contraindre ceux qu'il prétend ſujets à la bannalité d'aller à un moulin à vent, ſi dans les tîtres, dénombremens & déclarations il n'eſt fait expreſſe mention que la bannalité a été accordée pour un moulin à vent.

L.

Et ne ſont les tîtres, dénombremens, & déclarations valables & reputez anciens s'ils n'ont été faits avant le decez du Roy Henry II.

L I.

Les perſonnes conſtituées aux Ordres Sacrez, Communautez, Eccleſiaſtiques & Gentilshommes, & leurs domeſtiques, ne ſont ſujets aux bannalitez des fours, preſſoirs & moulins, ny aux corvées ; mais leurs fermiers y peuvent être contraints par ſaiſie & vente de leurs biens.

De la Retenuë Feodale & Cenſuelle.

TITRE II.

I.

ABrogeons la Retenuë Cenſuelle.

I I.

Le Seigneur a droit de reprendre par puiſſance de Fief, & retenir le Fief mouvant de luy, encore qu'il n'en ſoit rien dit par la Coûtume ny dans le tître de l'Inveftiture, même en païs de Droit écrit.

I I I.

La Retenuë Feodalle n'a lieu qu'en cas de vente ou de bail à rente rachetable, & fi l'alienation eft faite fous condition, le Seigneur pourra retenir à la même condition.

I V.

Si le Fief a été plufieurs fois vendu, le Seigneur ne pourra le retenir que pour le prix du dernier Contract de vente, & fi depuis la vente il eft arrivé d'autres mutations par des échanges ou d'autres caufes pour lefquelles le Retrait Feodal n'a de lieu, le Seigneur pourra ufer du droit de Retenuë à caufe & pour le prix de la vente, fans prendre aucuns profits à caufe des mutations pofterieures.

V.

Le Seigneur qui retire le Fief qui a été vendu, doit être payé des profits dûs à caufe des mutations prece-dentes.

V I.

La Retenuë Feodalle fera faite par le Seigneur dans quarante jours aprés que la groffe originale du Con-tract d'acquifition luy aura été exhibée, & copie baillée ; & le temps paffé il ne fera reçû.

V I I.

Si aucun joüit par ufufruit du Fief dominant, l'ex-hibition fera faite, & copie baillée par l'acquereur tant au proprietaire qu'à l'ufufruitier.

V I I I.

Aprés l'exhibition du Contract & la déclaration du

Seigneur qu'il entend user de la Retenuë Feodalle, il sera tenu de faire offrir à l'acquereur le prix de l'acquisition dans huitaine, à compter du jour que la déclaration aura été notifiée à l'acquereur, & en cas de refus il se pourvoira en justice.

I X.

Nous déclarons ne vouloir user du droit de Retenuë Feodalle sur les terres mouvantes de nôtre Couronne pour les réünir à nôtre Domaine, si elles ne sont frontieres ou importantes à nôtre état, nous reservant neanmoins de pouvoir ceder à qui bon nous semblera le droit de Retenuë de tous les Fiefs de nous mouvans.

X.

Gens de Main-morte ne peuvent retenir par puissance de Fief, ny ceder le droit de Retenuë.

X I.

L'usuffruitier peut user du droit de Retenuë Feodale, sans faire aucune sommation au proprietaire, sauf aprés l'usufruit finy à renter dans le Fief retenu, en remboursant le prix, frais & loyaux coûts, & les impenses necessaires & utiles: mais il ne sera tenu de payer les profits qui eussent été dûs à cause de la vente faite durant l'usufruit, & qui n'ont été payez à cause de la Retenuë. X I I.

Sera tenu le proprietaire, aprés l'usufruit finy, de faire sa déclaration qu'il entend rentrer dans le Fief retenu dans quarante jours, aprés la notification qui luy aura été faite de l'acte de Retenuë, & le tems passé n'y sera reçû.

XIII.

Le proprietaire pourra pendant le cours de l'ufufruit fommer l'ufufruitier de retenir le Fief acquis dans la quinzaine du jour de la fommation, & le tems paffé fans autres procedures le proprietaire aura la liberté de faire la Retenuë Feodalle à l'exclufion de l'ufufruitier, auquel cas il payera à l'ufufruitier les profits dûs à caufe de la vente ou le revenu d'une année, és lieux & aux cas où il n'eft dû que le fimple Relief.

XIV.

Ce qui eft ordonné à l'égard de l'ufufruiter aura lieu pareillement contre celuy qui tient & poffede un Fief à faculté de remeré, ou à longues années.

XV.

Les engagiftes de nôtre Domaine pourront ufer de Retenuë Feodalle fur les Fiefs qui en font mouvans, & les conferver à leur profit aprés l'engagement finy.

XVI.

Et neanmoins pour les Fiefs qui font mouvans de nôtre Domaine engagé, qui font fituez fur la frontiere, ou importans à nôtre état, nous nous en refervons le pouvoir de les retenir fur l'acquereur ou de les reprendre fur l'engagifte durant ou aprés l'engagement, pour les réünir à nôtre Domaine, en rembourfant par nous le prix, frais & loyaux coûts, avec les impenfes neceffaires & utiles; & ne pourront l'acquereur du Fief ny l'engagifte être dépoffedez avant le rembourfement.

XVII.

Le Fermier du Fief dominant ne peut ufer de la Retenuë

Retenuë Feodalle si elle ne luy a été accordée expressement par son bail, & en ce cas le proprietaire pourra
rentrer dans le Fief acquis dans le tems & aux charges
cy-dessus ordonnées par l'usufruitier.

X V I I I.

Le Fief retenu durant le mariage en la mouvance
du Fief de l'un des conjoints, demeure réüny de plein
droit au Fief duquel il étoit mouvant, en indemni-
sant l'autre des conjoints de ce qui aura été payé pour
la Retenuë, frais & impenses, & de la part qu'il eût
prise dans les profits dûs à cause de la vente, cessant
la Retenuë.

X I X.

Si le mary qui a droit de joüir des Fiefs & autres
biens de sa femme à tître de Communauté ou d'administration légitime, a reçû les profits du Fief, la
femme ne peut user de Retenuë Feodalle.

X X.

Le Fief mouvant de plusieurs Seigneurs par indivis
ne peut être retenu par l'un d'eux que pour sa part,
& il ne peut être aussi contraint de prendre & retenir les portions des autres Seigneurs.

X X I.

La reception des profits faite par aucuns Seigneurs
par indivis, n'exclud point les autres d'user de la Retenuë Feodalle pour leur regard.

X X I I.

Si plusieurs Fiefs mouvans de plusieurs Seigneurs
sont vendus par un même Contract & pour un seul

II. Partie. N

prix, l'acquereur sera tenu de faire la ventillation du prix de chacun des Fiefs acquis, & la presentera à chacun des Seigneurs en particulier, sauf aux Seigneurs à la debattre & à faire ordonner une autre ventilation par Experts, aux dépens de l'acquereur.

X X I I I.

Le vassal qui a acquis par un même Contract, & pour un même prix, plusieurs Fiefs mouvans d'un même Seigneur, peut contraindre le Seigneur, qui veut user de la Retenuë Feodalle, de prendre le tout.

X X I V.

En cas de Retrait Feodal, remboursement sera fait par le Seigneur dans le tems qu'il sera ordonné par le Juge, sans qu'il puisse se servir des termes accordez à l'acquereur par le Contract.

X X V.

La reception en foy ou des profits, & la souffrance accordée par le Seigneur, & sur son refus ordonnée par le Juge, exclut le Retrait Feodal.

X X V I.

Le droit de Retenuë Feodalle peut être cedé par le Seigneur à qui bon luy semble.

Des Droits Seigneuriaux.

TITRE XII.

I.

LA qualité des profits de Fief, & la qualité des mutations pour lesquelles ils peuvent être demandez, seront réglez suivant la Coûtume du lieu de la scituation du Fief servant, s'il n'y a titre, usage, ou Coûtume contraire.

II.

Si le corps ou les dépendances du Fief servant sont assises en diverses Coûtumes, sera suivie celle où est scituée le principal manoir du Fief.

III.

Il n'est dû aucuns profits de Fief, ny droits de lots & ventes pour un Fief ou heritage roturier, baillé en payement d'une somme promise en faveur de mariage ou autrement, à un enfant mâle ou fille, par les peres & meres & autres ascendans.

IV.

Pour le Fief échû à un fils ou autre décendant par Fidei commis, après le décez de son pere ou autre ascendant, il n'est dû aucun droit de Relief, encore que le Fidei commis ait été fait par un parent collateral ou par un étranger.

V.

Pour l'heritage licité en juſtice ou par convention volontaire entre coheritiers, ne font dûs aucuns profits, reliefs, lots, & ventes & autres droits, encore que les étrangers ayent été admis aux encheres, pourvû que l'adjudication foit faite à l'un des heritiers ; mais ſi l'heritage eſt ajugé à un étranger, il doit les droits.

V I.

Quand l'un des coheritiers a vendu ſa part indiviſe en une maiſon ou autre heritage à un étranger, qui ſur la licitation ſe rend adjudicataire, les droits font dûs ; mais ſi l'adjudication eſt faite à l'un des heritiers il ne doit aucun droit, non pas même pour la portion licitée ſur l'étranger.

V I I.

Ce que deſſus aura auſſi lieu entre le mary & la femme communs & aſſociez en biens, & leurs heritiers.

V I I I.

Pour la licitation judiciaire, ou conventionelle, d'un fond qui a été donné ou legué à pluſieurs perſonnes, les droits font dûs à cauſe de l'adjudication faite à l'un des donataires ou légataires pour les portions des autres, ſi ce n'eſt que l'adjudicataire ſoit heritier préſomptif de celuy qui a fait la diſpoſition, auquel cas il ne ſera payé aucun droit, ſans préjudice du droit de Relief és Coûtumes où il eſt dû pour les biens Feodaux en toutes mutations.

I X.

Et ſi par la licitation d'un fond acquis à titre de

vente par plufieurs particuliers l'un deux s'en rend adjudicataire dans l'an, à compter du jour de l'acquifition, il ne fera dû qu'un feul droit à caufe de l'acquifition & de l'adjudication.

X.

Si le partage d'une fucceffion entre coheritiers, ou d'une Communauté ou Societé de biens entre mary & femme, ou par un acte précedent, aucuns des intereffez ou des heritiers fe contentent d'une fomme en argent, au lieu de prendre leurs portions des Fiefs & rotures de la fucceffion, Communauté ou Societé, il ne fera payé aucuns profits ny autres droits.

X I.

Et entr'autres affociez les droits font dûs à proportion du prix qui aura été payé.

X I I.

Pour la renonciation faite par aucun des heritiers à une fucceffion directe ou collaterale, ou par la veuve, ou fes heritiers à la Communauté ou Societé, n'eft dû aucun droit ny profits, encore qu'il y ait argent baillé, ou autre chofe équipolente.

X I I I.

Et fi tous les heritiers préfomptifs renoncent, il fera acquis au Seigneur un droit, même en ligne directe, pour les biens Feodaux & roturiers, du jour de la vente qui fera faite fur le Curateur, à la fucceffion vacante.

X I V.

L'heritier par bénéfice d'inventaire qui fe rend adjudicataire d'un Fief ou d'un heritage roturier, étant de la ſucceſſion bénéficiaire, ne doit aucun droit ny profit du Fief à cauſe de l'adjudication, encore que le prix entier ſoit diſtribué à des créanciers étrangers.

X V.

Il n'eſt auſſi rien dû pour le délaiſſement fait à la veuve ou à ſes heritiers, d'un ou pluſieurs conquêts de la Communauté, en payement de ſes remplois & repriſes & de ſes autres conventions, ſoit qu'elle ait re-noncé à la Communauté ou qu'elle l'ait acceptée.

X V I.

Mais ſi en payement des remplois, repriſes & con-ventions dûs à la veuve ou à ſes heritiers on leur de-laiſſé des propres du mary, les profits de Fief & les droits Seigneuriaux ſont payez comme en cas de vente.

X V I I.

En cas de Déguerpiſſement pour charges foncieres, il n'eſt dû aucun droit pour le Déguerpiſſement, où ſi l'heritage delaiſſé par hypotéque eſt vendu par De-cret & que l'acquereur qui a fait le délaiſſement s'en rend adjudicataire, il ne ſera payé aucun droit pour le delaiſſement ny pour le Decret, ſi ce n'eſt que le prix de l'adjudication ſoit plus fort que celuy du Con-tract de vente, auquel cas les droits ſont dûs de l'ex-cedant.

X V I I I.

Et ſi une tierce perſonne ſe rend adjudicataire, il eſt dû un nouveau droit pour le Decret, & l'acque-reur évincé a ſon recours contre le vendeur pour le rembourſement des droits qu'il a payez au Seigneur

à cauſe de ſon acquiſition, pourvû que l'éviction ne
procede du fait de l'acquereur.

X I X.

Les droits & profits de l'adjudication faite enſuite
du delaiſſement par hypotéque au profit de celuy qui
a fait le delaiſſement, appartiennent au Seigneur qui
joüiſſoit du Fief au tems de l'acquiſition, & s'il y a
de l'excedant dans le prix de l'adjudication, les droits
de l'excedant ſeront payez au Seigneur qui joüiſſoit
du Fief au temps de l'adjudication.

X X.

Pour l'heritage baillé à rente rachetable, les droits
ſont dûs dés l'inſtant du Contract, encore que la rente
ne ſoit point rachetée, mais pour le rachat ou pour
la revente de la même rente ne ſont dûs aucuns
droits.

X X I.

Si l'heritage eſt baillé à rente non rachetable il n'eſt
dû aucun droit, mais ſi la rente eſt venduë ou rachetée ils ſeront payez à cauſe du rachat ou de la revente.

X X I I.

Les droits de vente & profits de Fief dûs à cauſe
d'une adjudication, ſeront payez eu égard au prix de
l'adjudication, ſans y comprendre les frais ordinaires
du Decret, encore qu'ils ſoient payez par l'adjudicataire.

X X I I I.

S'il n'y a eu une ſeconde adjudication ſur la folle
enchere du premier adjudicataire qui n'a point conſi-

gné, les droits ne font dûs que de la feconde adjudication ; & fi elle eft faite par une moindre fomme,
le Seigneur ne peut prendre aucun droit du furplus
qui eft dû aux créanciers par le premier adjudicataire
pour leurs dommages & interêts.

XXIV.

L'adjudicataire fera tenu de déclarer dans un mois,
du jour de la Quittance de confignation, la perfonne
pour laquelle il a enchery, & le tems paffé la déclaration par luy faite paffera pour une feconde vente,
& produira un nouveau droit.

XXV.

Celui qui acquiert pour autruy par un Contract volontaire, doit déclarer dans le même Contract, ou par
un acte public & fait le même jour, la perfonne pour
laquelle il a fait l'acquifition, finon la déclaration paffera pour une feconde vente, pour laquelle & pour la
premiere acquifition il fera payé double droits au Seigneur.

XXVI.

Du Contract de vente & du Decret fait en conféquence il n'eft dû qu'un feul droit, encore que les
encheres des tierces perfonnes ayent été reçûes, &
que par les oppofitions des créanciers le Decret de-
vienne forcé, lequel droit appartient au Seigneur qui
étoit au jour du Contract en poffeffion du Fief auquel
les droits font dûs.

XXVII.

Et fi le prix de l'adjudication eft plus haut que celuy du Contract de vente, fera payé un autre droit,
à pro-

à proportion de l'excedant , au Seigneur qui étoit en poſſeſſion au jour de l'adjudication.

XXVIII.

Mais ſi l'adjudication eſt faite à autre qu'au premier acquereur , il ſera payé double droits , l'un à cauſe de la vente au Seigneur qui étoit en poſſeſſion lors du Contract , & l'autre à celuy qui joüiſſoit du Fief au tems de l'adjudication , ſauf à l'acquereur ſon recours contre le vendeur pour le rembourſement de pluſieurs droits.

XXIX.

Si avant le Contract de vente il y avoit ſaiſie réelle ſur laquelle le Decret ſoit fait & delivré à l'acquereur, les droits ſeront payez au Seigneur qui joüiſſoit du Fief dominant au jour de la conſignation , & non à celuy qui étoit en poſſeſſion lors du Contract de vente.

XXX.

Quand un heritage eſt baillé en échange contre des rentes conſtituées à prix d'argent , avec clauſe du Decret pour purger les hypotéques , il n'eſt dû aucun droit à cauſe de l'adjudication, n'y pareillement pour l'échange , ſauf le droit de Relief pour les heritages tenus en Fief.

XXXI.

L'acquereur payera les droits & profits du Fief & les lots & ventes , s'il n'y a convention contraire.

XXXII.

Les droits ſont acquis au Seigneur du jour du Contract d'alienation , bien qu'il y ait retention d'uſufruit,

II. Partie. O

& en cas de donation d'un Fief avec referve d'ufu-fruit, le droit de Relief fera payé par le Donataire.

XXXIII.

Es lieux où il n'eſt dû aucun droit pour le bois, ſi l'acquereur de la ſuperficie acquiert le fond dans cinq ans, à compter du jour de la premiere acquiſition, les droits ſont dûs de l'un & l'autre Contract au Seigneur qui joüiſſoit du Fief au temps de la ſeconde acquiſition.

XXXIV.

Les droits ſont dûs au Seigneur pour l'échange d'une rente conſtituée avec des heritages, ſi celuy qui a baillé la rente n'en a été ſaiſi un an entier avant le Contract, ſi ce n'eſt qu'elle luy ſoit avenuë par ſucceſſion.

XXXV.

Le Seigneur eſt recevable à verifier par Témoins la fraude de l'échange.

XXXVI.

Pour un Contract de vente à faculté de remeré au deſſus de neuf ans, les droits ſont acquis du jour du Contract ſans répetition, encore que la faculté ſoit exercée avant les neuf ans & au deſſous. A l'égard de la vente faite à faculté de remeré au deſſous de neuf ans, les droits ſont dûs du jour du Contract, ſauf à les rendre ſi la faculté eſt exercée dans les neuf années; & pour le remeré ne ſont dûs aucuns droits.

XXXVII.

La ſomme donnée par l'acquereur pour ſe décharger de la faculté de remeré fait partie du prix , & les droits en font dûs.

X X X V I I I.

Si les parties fe déportent du Contract de vente dans trois jours aucun droit n'eft dû , pourvû que l'acquereur n'eût rien payé du prix , & qu'il n'ait fait aucun acte de poffeffeur ; mais s'il a payé quelque fomme fur le prix , ou s'il a fait acte de poffeffeur , & en fait aprés les trois jours , double droits font dûs.

X X X I X.

S'il eft dit par le Contract qu'à faute de payer ou de fatisfaire à quelque charge de la part du vendeur ou de l'acheteur le Contract fera nul & refolu , les droits ne laiffent d'être dûs pour la vente, mais il n'en fera payé aucun pour la réfolution.

X L.

Quand la vente eft refoluë à caufe de minorité de l'une des parties , ou de la nullité du Contract, les droits n'en font dûs & peuvent être répetez s'il ont été payez.

X L I.

Durant l'inftance de lettres contre le Contract de vente fondées fur force, lezion & autres moyens de reftitution , le Seigneur peut fe faire payer de fes droits , fauf à l'acquereur à les répeter , en cas que les lettres foient entherinées , pourvû que le Seigneur ait été fommé d'intervenir dans l'inftance.

X L I I.

Les droits de fupplément de prix convenu entre

les Parties ou ajugé en juſtice ſont, dûs au Seigneur qui joüiſſoit du Fief au jour de la convention, ou de la demande en juſtice.

X L I I I.

Ne ſont dûs aucuns droits aux Fermiers ou uſu-fruitiers du Fief, pour les choſes acquiſes par le Seigneur proprietaire du même Fief dans ſa mouvance ou cenſive.

X L I V.

Il n'eſt dû aucun droit pour la ceſſion faite par l'uſufruitier à prix d'argent de ſon droit d'uſufruit, à une tierce perſonne.

X L V.

Si des fonds & des meubles ſont vendus par un même Contract, pour un ſeul prix, les droits ne ſont dûs que du prix du fond, ſuivant la ventillation qui en ſera faite.

X L V I.

Qiand le Contract eſt mêlé d'échange & de vente, les droits ne ſont dûs qu'à proportion du prix porté par le Contract.

X L V I I.

Pour un bail fait à titre d'emphiteoſe ou à longues années, ne ſont dûs aucuns droits au Seigneur, s'il n'y a argent debourſé ou promis, auquel cas les droits ſeront payez à proportion de la ſomme convenuë : & pour la vente & ceſſion du bail les droits ſont pareillement dûs au Seigneur à proportion de la ſomme qui aura été payé ou promiſe.

XLVIII.

Pour une Transaction faite sur la proprieté d'un heritage ne sont dûs aucuns droits, encore qu'il y ait de l'argent payé ou promis, sinon lors qu'il y a mutation de possession.

XLIX.

Quand l'acquereur a été évincé par un rétrayant Lignager, le Seigneur doit agir pour le payement de ses droits contre celuy qui a retiré ; mais durant l'instance de ce Retrait l'acquereur est tenu de payer les droits au Seigneur sans répetition contre luy, sauf son recours contre le rétrayant.

L.

Droit de Relief est le revenu d'une année ou une somme pour une fois payée, offerte de la part du vassal, au choix du Seigneur Feodal.

L I.

Aprés le choix fait pour l'une des offres, il n'est plus reçû à varier.

L I I.

Le Seigneur Feodal a quarante jours pour accepter l'une des offres du jour qu'elles luy ont été faites par le vassal, & le temps passé l'option demeure de plein droit defferée au vassal.

L I I I.

L'année de Relief commence le lendemain de la mutation, à cause de laquelle le Relief est dû, & finit à pareil jour de l'année suivante, mais il ne se fait qu'une seule recolte d'une même espece de fruits.

L I V.

Quand le Fief a été baillé de bonne foy & fans fraude à loyer ou moiſſon, en tout ou partie, le Seigneur doit ſe contenter de la redevance dûë par le Fermier.

L V.

Le Seigneur peut exploiter par ſes mains ce qui n'eſt point affermé, en rendant les labours & ſemences, & les autres frais faits pour raiſon des choſes qu'il exploite, & n'eſt tenu d'en faire le rembourſement que trois mois aprés la récolte.

L V I.

S'il y a des bois en coupe ordinaire, de quelque qualité qu'ils ſoient, Eſtangs, Saulſaies & autres choſes ſemblables, qui ne ſe coupent & perçoivent par chacun an, le Seigneur ne prendra qu'une partie des fruits à proportion du tems qu'ils ſont accoûtumez d'être pris, coupez ou perçûs, ſoit que la coupe & perception en ſoit faite ou non durant l'année de Relief, les frais préalablement déduits ſur les früits.

L V I I.

Si lé vaſſal a des forges pour leſquelles il auroit accoûtumé de faire abattre de grands arbres & de haute futaye, lé Seigneur en pourra uſer de même durant l'année de Relief.

L V I I I.

Si le vaſſal faiſoit valoir le Fief par ſes mains, le Seigneur doit avoir durant le cours de la ſaiſie & de l'année de Relief, les caves, greniers, granges, étables, preſſoirs & celiers étans dans le principal ma-

noir & dans la basse-court, avec une portion de logis
suffisantes pour le logement du Seigneur & de son
Receveur, & des autres domestiques employez à la recolte & conservation des fruits.

L I X.

Ne pourra le Seigneur durant l'année du Relief,
déloger le vassal, sa femme, ses enfans & sa famille,
qui y sont ordinairement demeurans, mais il les pourra
déloger durant le cours de la saisie Feodalle.

L X.

S'il n'y a qu'une seule maison qui soit loüée par le
vassal, le Seigneur se contentera du loyer ; & si elle
n'est point loüée & qu'elle soit necessaire pour le logement du vassal & de la famille, le Seigneur durant
l'année de Relief se contentera de prendre le loyer au
dire d'Experts.

L X I.

Le vassal n'est tenu de communiquer au Seigneur
du Fief, qui prend pour droit de Relief le revenu d'une
année, que les baux & papiers de recepte.

L X I I.

Quand le Fief du vassal a été baillé à rente qui a été
infeodée, le Seigneur se doit contenter de la joüissance de la rente ; mais s'il n'y a point d'infeodation,
le Seigneur joüira du Fief comme dessus.

L X I I I.

Le Seigneur Feodal qui joüit du Fief de son vassal
pour quelque cause que ce soit, n'est point tenu de
payer les choses imposées par le vassal, si elle ne sont
infeodées.

L X I V.

Le Seigneur Haut-justicier auquel échet un Fief par confiscation, doit les droits & devoirs au Seigneur du Fief, dans la mouvance duquel est le Fief confisqué.

L X V.

Si dans le cours d'une année il arrive double mutation par la mort successive de deux vassaux, le Seigneur du Fief prendra pour le premier droit de Relief les fruits qui auront été recüeillis depuis la premiere mutation jusques au jour de l'ouverture du second rachat ; & pour le second Relief il aura les fruits de l'année suivante : mais si les mutations sont arrivées par le fait du vassal, les fruits d'une année entiere sont dûs pour chacune mutation.

L X V I.

Et si la premiere mutation arrive par la mort du vassal, & l'autre par son fait, seront aussi dûs les fruits d'une année entiere pour chacune mutation ; & si la premiere mutation procede du fait du vassal, & l'autre de sa mort, le premier droit de Relief sera reglé aux fruits recüeillis depuis la premiere ouverture du Fief jusques au décez du vassal.

L X V I I.

Si durant une année du Relief, un arriere-Fief est ouvert, l'année du rachat dû par l'arriere-Fief appartiendra au Seigneur suzerain, à proportion des fruits de l'arriere-Fief qui seront recüeillis durant l'année du Relief du Fief superieur.

LXVIII.

LXVIII.

Le Relief n'est point dû pour les Fiefs qui sont donnez en ligne directe, même par les décendans aux ascendans.

LXIX.

N'est aussi dû droit de Relief pour le premier & autres mariages des filles proprietaires de quelques Fiefs.

DE LA SAISIE FEODALE,

TITRE XIII.

I.

LE Seigneur par faute d'homme, droits, & devoirs non faits & non payez, peut sans commission du Juge, par le ministere d'un Sergent, en presence de deux Témoins de la qualité requise par nos Ordonnanes, mettre en sa main & exploiter en pure perte le Fief mouvant de luy, & faire les fruits siens pendant la main-mise, à la charge d'en user comme un bon pere de famille.

II.

La saisie Feodale faite seulement sur les fruits du Fief, ou à la requête du Procureur Fiscal, est nulle.

III.

L'usufruitier ou Fermier d'un Fief, peut aussi pour les mêmes causes, & sans sommation au proprietaire,

II. Partie. P

proceder par faifie Feodale fur les fruits mouvans de
luy dont il joüit, pourvû que la faifie foit faite au nom
du proprietaire, pourfuite & diligence de l'ufufruitier
ou Fermier, & qu'il en foit fait mention dans l'Exploit.

I V.

Si le Seigneur Feodal ufufruitier ou Fermier a faifi
fans caufe legitime, il fera condamné aux dommages
& interêts ; mais fi la faifie eft nulle par le deffaut
de formalité, elle fera declarée telle, fans dommages
& interêts.

V.

La faifie faite generalement pour droits & devoirs
non faits & non payez, eft valable, encore que la
caufe fpeciale de la faifie ne foit précifement déclarée
dans l'exploit.

V I.

En cas de vente, échange, donation, & en toutes mutations autres que par mort, le Seigneur peut
dés le lendemain de la mutation faifir le Fief mouvant de luy, & fera la faifie fignifiée à la perfonne
du vaffal ou au manoir Seigneurial du Fief fervant.

V I I.

Si dans le terme de quarante jours fuivans, le vaffal
fatisfait aux caufes de la faifie, elle n'aura en ce cas autre effet que d'une fimple fommation : mais fi dans
les quarante jours il ne fait fes diligences, la faifie aura fon effet du jour qu'elle aura été faite & fignifiée,
& ne poutra le delay être prorogé d'Office par le Juge : le tout s'il n'y a empêchement legitime, comme

de pefte, guerre, & autres, de la part du vaffal.

V I I I.

Dans les mutations qui arrivent par mort, le Seigneur Feodal ne pourra faifir que trois mois aprés la faifie fignifiée : aura encore quarante jours pour faire la foy & hommage.

I. X.

Dans les faifies Feodales qui emportent la perte des fruits, l'établiffement d'un Gardien ou Commiffaire n'eft point neceffaire, mais il eft requis à peine de nullité dans les autres faifies Feodales qui n'emportent la perte des fruits.

X.

La faifie Feodale n'a effet & n'emporte la perte des fruits que pour trois ans, fi elle n'eft renouvellée.

X I:

S'il y a une faifie réelle précedente du Fief faite à la requête des créanciers du vaffal, la faifie Feodale faute d'hommage prévaut, & emporte la perte des fruits, qui demeurent acquis au Seigneur du jour qu'elle aura été fignifiée ; fi ce n'eft que dans quarante jours, à compter du jour de la fignification, le faififfant ou le Commiffaire étably au regime du Fief faifi ne fatisfont au devoir de l'hommage ; mais pour le payement des droits le Seigneur doit s'oppofer au Decret pour en être payé fur le prix par privilege.

X I I.

Le Curateur ou Commiffaire établi à la requête des créanciers à un Fief faifi réellement, peut faire la foy

& hommage en cas de refus ou demeure du vaſſal, pour obtenir main-levée de la faiſie feodale.

X I I I.

Par le changement de Curateur à une ſucceſſion vacante, il y a mutation & ouverture de Fief, mais pour le changement de Commiſſaire le Fief n'eſt ouvert.

X I V.

Le Curateur à la ſucceſſion vacante qui a fait la foy & hommage pour les Fiefs du deffunt, peut nommer aux Benefices, inſtituër les Officiers, & joüir des autres droits ſemblables; mais le Commiſſaire étably au regime d'un Fief faiſi réellement, a droit ſeulement de percevoir les Cens, lots & ventes, & autres droits utiles.

X V.

Le Seigneur fuzerain, durant la faiſie Feodale qui emporte la perte des fruits, joüit des droits honorifiques d'inſtitution d'Officiers, nomination aux Benefices & de tous les autres droits dépendans tant du Fief faiſi que des arrieres-Fiefs qui ſe trouvent ouverts durant le cours de la faiſie feodale ; mais durant l'année de Relief, la joüiſſance de ſes mêmes droits demeure au vaſſal.

X V I.

Dans les faiſies Feodales qui emportent perte des fruits, le Seigneur peut joüir par ſes mains, ſans mettre aucun Gardien ou Commiſſaire, mais l'établiſſement eſt neceſſaire à peine de nullité dans les autres faiſies Feodales où il n'y a point de perte de fruits.

X V I I.

La faifie Feodale fera notifiée à la perfonne du vaffal & au principal manoir de fon Fief, en parlant à fon Receveur ou Fermier, ou en deffaut des uns & des autres elle fera publiée un jour de Dimanche au Prône de l'Eglife Paroiffiale du Fief faifi, fans qu'il foit befoin d'enregiftrer la faifie en aucun Greffe.

X V I I I.

Les créanciers du Seigneur Feodal peuvent après l'ouverture du Fief du vaffal, en vertu d'une commiffion prife en juftice, faire faifir le Fief & faire les autres diligences neceffaires pour recevoir les droits dûs à leur debiteur, mais ils n'acquierent pas les fruits.

X I X.

Si les fruits d'un abfent font partagez entre fes heritiers par provifion ou autrement, le Fief dont l'abfent étoit en poffeffion demeure ouvert du jour du partage; mais en cas de retour de l'abfent, luy feront rendus les droits & les fruits qui auront été perçûs par le Seigneur · & s'il n'y a qu'un feul heritier de l'abfent, le Fief fera ouvert du jour que l'heritier en aura pris poffeffion.

X X.

Le vaffal nonobftant la faifie demeure faifi de fon Fief, & peut former complainte contre tous autres que le Seigneur.

X X I.

Si les precedans vaffaux n'ont point fait la foy & hommage, & le Seigneur a fait faifir tant pour les droits dûs par le nouveau vaſſal que pour ceux des mutations precedentes, le vaſſal n'aura main-levée qu'en payant tous les droits.

X X I I.

Le vaſſal venant à la foy & payant les droits aprés le temps, perd tous les fruits échûs durant le cours de la ſaiſie Feodale, & n'aura main-levée que pour l'avenir ; & pour les fruits pendans par les racines ils demeureront au vaſſal, en rembourſant le Seigneur de ce qu'il aura avancé pour les labours & ſemences.

X X I I I.

Il eſt loiſible au Seigneur de pourſuivre en juſtice l'acquereur, & nouveau détempteur des heritages étans en ſa Cenſive, afin d'exhiber le tître de ſon acquiſition pour être payé de ſes droits.

X X I V.

Les lots, ventes & autres droits dûs pour les acquiſitions d'heritages roturiers, ſe pourſuivent par action, & non par ſaiſie.

X X V.

Le Seigneur Cenſier doit auſſi ſe pourvoir par action pour les arrerages des Cenſives à luy dûës, ſi ce n'eſt qu'il en ſoit dû trois années au plus, auquel cas il peut ſaiſir & arrêter les fruits & loyers des heritages pour leſquels la Cenſive eſt dûë, mais en payant par le Cenſitaire les arrerages il aura main-levée, en rembourſant les frais de la ſaiſie & des procedures faites en conſéquence.

X X V I.

Et s'il y a conteſtation entre deux Seigneurs pour

la Cenfive de l'heritage, ou entre le Seigneur & le tenancier pour la quotité du Cens, ou pour les arrerages qui en peuvent être dûs, le Tenancier aura main-
levée en confignant trois années de la plus haute Cenfive prétenduë fur l'heritage.

DU DENOMBREMENT.

TITRE XIV.

I.

APrés la reception ou offre d'hommage, le vaffal
eft tenu de prefenter en perfonne, ou par un
Procureur fondé de Procuration fpeciale, le Dénombrement, contenant par le menu les Domaines, droits
& appartenances de fon Fief.

I I.

Le Dénombrement fera baillé dans quarante jours
du jour de la reception ou offre de l'hommage, &
fi le vaffal s'eft fait recevoir en foy par nos mains à
caufe du debat formé entre deux Seigneurs pour la
mouvance, les quarante jours ne courreront que du
jour de la tranfaction ou jugement diffinitif qui aura
terminé le Procez.

I I I.

Le Dénombrement fera fait double, l'un pour le
Seigneur & l'autre pour le vaffal, écrit en parchemin, paffé par devant deux Notaires, ou par devant

un Notaire ou Tabellion ayant pouvoir d'inſtrumenter au lieu où il eſt fait , & deux Témoins ſçachant
ſigner , dont les noms , ſurnoms , qualitez & domiciles ſeront exprimez en l'acte , & l'acte ſigné du vaſſal ,
Notaire ou Tabellion & Témoins.

I V.

L'offre du Dénombrement doit être fait en juſtice
du Seigneur , à jour & heure d'Audience , & l'original du Dénombrement ſera offert au manoir principal du Fief dominant , & l'original laiſſé au Seigneur ;
& en cas d'abſence à ſon Receveur ou Fermier ; & en
deffaut des uns & des autres au plus prochain voiſin ,
dont le vaſſal prendra acte en preſence de deux Témoins & de deux Notaires.

V.

Le vaſſal n'eſt tenu bailler Dénombrement qu'une
fois en ſa vie , s'il n'y a Tître au contraire.

V I.

Le Seigneur & le vaſſal doivent communiquer reſpectivement les précedens Dénombremens & les autres Tîtres, qu'ils ont en leur poſſeſſion , concernant
la tenure & la conſiſtance du Fief ſervant ; ſe purge-
ront par ſerment de part & d'autre , s'ils en ſont requis , que par dol & fraude ils n'en retiennent , & ne
delaiſſent d'en avoir aucun , & eſt tenu le vaſſal de
ſatisfaire le premier.

V I I.

Le Dénombrement peut être fait auſſi-tôt aprés la
reception ou offre de l'hommage , mais s'il n'eſt baillé
dans

dans les quarante jours le Seigneur peut proceder par saifie Feodale fur le Fief, en établiſſant un Commiſſaire ou Gardien pour la recepte & conſervation des fruits, aux frais du vaſſal, à la charge de luy rendre compte.

V I I I.

Le Seigneur & les Officiers peuvent retenir le Dénombrement durant l'eſpace de quarante jours entiers pour examiner & fournir leurs blâmes, s'ils en ont aucuns, aprés leſquels quarante jours la faifie demeurera levée de plein droit & le Commiſſaire déchargé ſans qu'il ſoit beſoin d'aucun jugement, ſi ce n'eſt qu'il y eut conteſtation pour aucuns Articles, auquel cas la faifie tiendra pour les Articles conteſtez ſeulement, ſans préjudice des dommages de la mauvaiſe conteſtation.

I X.

Le delay de quarante jours étant paſſé ſans que le Seigneur ait fourny aucun blâme, le Dénombrement eſt tenu pour reçû, ſans qu'il ſoit beſoin d'aucune interpellation de la part du vaſſal; ſauf à l'un & à l'autre à ſe pourvoir par action pour la réformation ou reception du Dénombrement, ainſi qu'ils verront bon être.

X.

L'âge requis pour faire & recevoir la foy, ſuffit pour bailler, recevoir, ou blâmer le Dénombrement.

X I.

Si dans les trois ans du jour de la faifie faite de

II. Partie. Q

Dénombrement le vaffal n'a fait fes diligences pour fe
prefenter, les fruits feront acquis de plein droit au Seigneur, même ceux échûs durant les trois années, &
les Commiffaires déchargez.

X I I.

Le Dénombrement du Fief appartenant à plufieurs
vaffaux par indivis, étant baillé par un feul, il couvre
le Fief entier ; mais fi le Fief a été partagé chacun eft
tenu de bailler féparement le Dénombrement de fa
part.

De la Reünion Feodale.

T I T R E   X V.

I.

LEs heritages Feodaux ou roturiers acquis ou échus
à quelque tître que ce foit au Seigneur, de la
cenfive du Fief dont ils font tenus en Fief ou cenfive,
demeurent de plein droit réünis au Fief dont ils dépendent, nonobftant toutes déclarations qui pouront
être faites par le Seigneur pour empêcher la réünion.

I I.

Ce que deffus a lieu pareillement quand le vaffal
ou le tenancier d'un heritage roturier acquiert le Fief,
duquel font tenuës les chofes par luy poffedées.

I I I.

Si le tenancier acquiert la cenfive dont fon heri-

tage étoit chargé , l'heritage prend la nature de Fief
fous la mouvance du Fief fuperieur duquel la cenfive
eft tenuë.

I V.

Les rotures acquifes par le Seigneur dans fon Fief
deviennent Feodales , & font réünies au Domaine
du Fief duquel elles étoient tenuës à Cens.

V.

Les rentes acquifes dans la cenfive de nôtre Domaine engagé par celuy qui en joüit retiennent leur
premiere nature , & font partagez entre fes heritiers
comme rotures , foit que l'acquifition ait été faite devant ou depuis l'engagement.

V I.

L'acquifition faite par l'ufufruitier dans la mouvance ou Cenfive du Fief dont il a l'ufufruit, n'eft point
réünie au Domaine du Fief.

V I I.

Si le Fief appartient à plufieurs Seigneurs, la réünion ne fe fait qu'à proportion de la part que l'acquereur a dans le Fief, & le furplus des chofes acquifes retient fon ancienne qualité fous la tenure Feodale ou cenfuelle des autres Seigneurs.

V I I I.

Le Fief & l'heritage roturier acquis durant la Communauté de biens coûtumiere ou conventionnelle
d'entre le mary & la femme, dans la mouvance Feodale, ou en la cenfive du Fief appartenant à la femme,
eft réüny au Fief de la femme du jour de la diffolu-

-tion de la Communauté ou de ses heritiers, par le partage de la Communauté.

IX.

Mais si l'heritage acquis est dans la mouvance ou la censive du Fief du mary, la réünion s'en fait de plein droit au Fief du mary dés l'instant de l'acquisi-tion ; & quand à l'autre moitié elle sera aussi réünie au Fief du mary du jour de l'acquisition, si la femme ou ses heritiers renoncent à la Communauté, ou que par le partage des effets de la même Communauté la totalité de l'heritage demeure au mary ou à ses heri-tiers : mais si la femme ou ses heritiers acceptent la Communauté, l'heritage retiendra la même qualité en leurs personnes pour la portion qu'ils prendront pour le partage dans la moitié de l'heritage.

Du Denombrement de Fief.

TITRE XVI.

I.

LE vassal peut aliener telle portion de son Fief que bon lui semble, sans le consentement du Sei-gneur, mais la portion alienée demeure toûjours dans la mouvance immediate du Seigneur.

II.

Si le vassal aliene à quelque titre que ce soit le prin-

cipal manoir Seigneurial de son Fief, toutes les mou-
vances & Censives passent en la personne de l'acquereur, & demeurent dans la mouvance immediatte du
Seigneur dominant.

III.

Si le vassal baille en arriere-Fief quelque Domaine
ou droit dépendant de son Fief sans le consentement
du Seigneur dominant, même au dessous des deux
tiers, la mouvance du Fief nouveau appartiendra immediatement au Seigneur dominant à l'exclusion du
vassal : & s'il y a deniers déboursez les profits en seront
payez au Seigneur dominant.

IV.

Le vassal peut bailler à Cens ou rentes tels heritages
& droits de son Fief que bon luy semblera, à une
ou plusieurs personnes, pourvû qu'il se reserve le manoir Seigneurial, le tiers des droits & Domaine de son
Fief, & la directe sur le tout.

V.

Si le bail à Cens ou rentes excede les deux tiers dans
une seule alienation, la directe de tout ce qui est aliené
passe au Seigneur dominant, & s'il y a des alienations
differentes la directe de ce qui est compris dans les
dernieres alienations au delà des deux tiers passe aussi
au Seigneur dominant.

VI.

Les profits du Fief appartiennent au Seigneur dominant pour les alienations & baux à Cens, quand il y
a deniers deboursez, à proportion de ce que le vassal

en a reçû, ſoit que les alienations & baux à Cens ſoient
au deſſus ou au deſſous des deux tiers; & les choſes
alienées demeurent dés - unies du Fief ſervant; ſans
qu'en cas d'ouverture du Fief le Seigneur puiſſe les
exploiter.

V I I.

Abrogeons les partages & autres manieres de tenir
les portions des Fiefs des puînez de leur aîné, intro-
duittes par aucunes Coûtumes; mais ſi le Fief eſt di-
viſé entre pluſieurs par portions égales ou inégales,
chacun relevera ſa portion du Seigneur dominant.

DE LA COMMISE.

TITRE XVII.

I.

LE Fief du vaſſal qui deſavoüe le Seigneur duquel il eſt mouvant, tombe en Commiſe, & eſt
acquis de plein droit au Seigneur.

I I.

Si le Seigneur qui deſavoüe maintient que ſon Fief
eſt mouvant immediatement de nous, la Commiſe
n'a lieu, encore que par l'évenement la mouvance
ſoit ajugéee au Seigneur qui a été deſavoüé.

I I I.

Quand le vaſſal eſt condamné pour felonie envers
le Seigneur, le Fief lui appartient par droit de Com-

miſe, encore qu'il ſoit aſſis dans la Haute-juſtice d'un autre Seigneur.

Du Droit d'Indemnité dû par les Gens de Main-morte.

TITRE XVIII.

I.

NOus voulons que les anciennes Ordonnances pour les biens que nous acquerons dans la mouvance ou la Cenſive de nos ſujets, ſoient obſervez; & ce faiſant que nos ſujets reçoivent de nous leur Indemnité, ſi nous ne mettons les mêmes biens hors de nos mains dans l'an & jour de l'acquiſition.

II.

Gens de Main-morte ſont les Chapitres des Egliſes Cathedrales & Collegiales, les Abbayes, les Hôpitaux, leurs Commanderies, les Fabriques, les Confrairies, Monaſteres, Univerſitez, Colleges, & autres Corps & Communautez Eccleſiaſtiques & Laïques.

III.

Les Gens de Main-morte peuvent être contraints aprés l'an & jour de leur acquiſition par le Seigneur Feodal, ou cenſier, de mettre hors de leurs mains les heritages par eux acquis ou à eux delaiſſez à quelque tître que ce ſoit, s'ils ne font apparoir de nos Lettres d'Amortiſſement bien & dûement verifiez;

faiſant mention ſpecialle des heritages , ſans qu'ils
puiſſent s'aider d'aucunes Lettres generales d'Amortiſſement.

I V.

Les Egliſes Paroiſſiales & Succurſalles ne ſont point
tenuës de vuider leurs mains dés heritages par elles
acquis , & à elles laiſſez & donnez pour leur dota-
tion ou pour fondation , ny de payer aucun droit
d'Indemnité ; mais les Curez & Vicaires perpetuels
à chacune mutation ſeront tenus de faire la Foy pour
les biens Feodaux, & bailler une nouvelle déclaration
cenſuelle pour les rotures , ſans payer aucuns droits
& ſans frais.

V.

Et le ſemblable ſera obſervé pour les heritages acquis , laiſſez , ou donnez aux Fabriques des mêmes
Egliſes , pour leſquels les Adminiſtrateurs des Fabriques ſeront auſſi tenus de faire la foy pour les Fiefs
& de bailler une nouvelle déclaration & reconnoiſſance pour les rotures , le tout de trente ans en trente
ans , ſans payer aucuns droits & ſans frais.

V I.

Pour les acquiſitions faites par les Gens de Main-
morte, ſeront payez les profits de Fiefs pour les biens
Feodaux & les droits ordinaires pour les rotures , ſelon les Loix & Coûtumes des lieux de la ſcituation
des choſes aquiſes , ſi mieux n'aime le Seigneur en
cas de vente retenir par puiſſance de Fief les biens &
droits Feodaux par eux acquis , ſans en ſe comprendre les

dre les Eglifes Paroiffiales, comme deffus ; ce qu'il pourra faire nonobftant nos Lettres d'Amortiffement, en rendant le prix de l'acquifition , avec les frais & loyaux coûts.

VII.

L'action des Seigneurs particuliers contre les Gens de Main-morte pour mettre hors de leurs mains les Fiefs , droits & heritages par eux acquis, ou à eux donnez & delaiffez , doit être intentée dans l'an , à compter du jour de l'exhibition du Contract fait au Seigneur ; & ledit tems paffé elle ne fera reçûë , fauf fon action pour le payement d'Indemnité qui demeurera prefcripte par trente ans.

VIII.

Aucune prefcription , même de cent ans, n'aura lieu pour le payement de l'Indemnité , ny pour mettre hors les mains des Gens de Main-morte les Fiefs par eux acquis dans nôtre mouvance immediate.

IX.

Les Gens de Main-morte feront tenus dans quarante jours , à compter du jour du Contract ou autre tître d'acquifition , de l'exhiber en original au Seigneur Feodal ou Cenfier , en l'Hôtel principal de fon Fief, & délaiffer entre fes mains durant huitaine ; & en cas d'abfence du Seigneur l'exhibition fera faite & le tître laiffé au Procureur Fifcal de la juftice , fi aucune il a , ou à fon Receveur ou Fermier , ou en cas d'abfence fera donné acte de la diligence , & la copie du tître & de l'acte d'exhibition laiffée en l'Hô-

II. Partie.   R

tel du Seigneur entre les mains de l'un de fes domeftiques, & en leurs deffauts à l'un des voifins.

X.

L'exhibition ne fera faite par un Sergent, mais une
perfonne fondée de Procuration fpeciale des Gens de
Main-morte, en prefence d'un Notaire ou Tabellion
ayant pouvoir d'inftrumenter au lieu où l'exhibition
fera faite, & de deux Témoins fçachans figner, dont
les noms, furnoms & qualitez & domiciles feront employez dans l'Acte & l'Original, & la copie fignée du
Procureur, du Notaire & des Témoins.

X I.

Faute de faire par les Gens de Main-morte l'exhibition de leurs tîtres d'acquifition dans les quarante
jours ; il fera loifible au Seigneur Feodal & Cenfier
de faire faifir les chofes acquifes, même de joüir par
fes mains des heritages & droits Feodaux & les exploiter en pure perte, & fera les fruits fiens jufques au jour
que le tître luy aura été exhibé en la forme cy-deffus:
& à l'égard des rotures il fera étably un Commiffaire
pour le régime des fruits, aux frais des Gens de Main-
morte.

X I I.

Les termes d'un an, de huitaine & de quarante
jours mentionnez és Articles précedens feront francs,
fans y comprendre les jours defdits actes, ny pareillement les jours de l'écheance des termes.

X I I I.

Si le Seigneur n'ufe point de retenuë, les Gens de

Main-morte ſeront tenus ; outre les profits par eux dûs pour l'acquiſition, de payer au Seigneur pour la reconnoiſſance de ceux qui pourroient échoir à l'avenir un droit d'Indemnité, ou de luy bailler homme vivant ou mourant, & au choix du Seigneur.

X I V.

L'Indemnité étant payée, il ne ſera baillé homme vivant & mourant, mais à chacune mutation de Seigneur les Gens de Main-morte ſeront tenus pour leurs heritages Feodaux de faire la foy & hommage, & bailler dénombrement ; & pour les rotures bailler une déclaration, le tout en la maniere accoûtumée, par Procureur fondé de Procuration ſpeciale, ſans payer aucun droit & ſans frais ; & à faute de ce faire ſera permis au Seigneur de faire ſaiſir comme deſſus.

X V.

En cas d'alienation faite par les Gens de Main-morte des choſes pour leſquelles l'Indemnité aura été payée, le droit demeurera au Seigneur Feodal ou Cenſier ſans répetition.

X V I.

Si pour le droit d'Indemnité les Gens de Main-morte, au lieu d'argent, ſe ſont chargez d'une rente envers le Seigneur, ou luy ont delaiſſé quelque fond, la rente ou le fond delaiſſez demeureront au Seigneur, encore que dans la ſuite les Gens de Main-morte mettent l'heritage hors de leurs mains.

X V I I.

Si le Chapitre de l'Egliſe Cathedrale acquiert dans

le Fief dépendant de l'Evêché, & ſi l'Evêque acquiert dans le Fief apartenant au Chapitre, ils pourront reſpectivement être contraints de mettre hors de leurs mains les choſes par eux acquiſes, ou de payer l'Indemnité, ou bailler homme vivant ou mourant, au choix du Seigneur.

X V I I I.

Mais ſi les Religieux font des acquiſitions dans les Fiefs étans dans la manſe de leur Abbé ou Prieur, ils ne pourront reſpectivement être contraints de vuider leurs mains des choſes par eux acquiſes, ny payer aucun droit d'Indemnité ou de bailler homme vivant ou mourant.

X I X.

L'action contre les Gens de Main-morte, pour mettre hors leurs mains les Fiefs, droits & heritages acquis, ou payer l'Indemnité en argent, doit être formée par les Seigneurs ſéculiers dans quarante jours, à compter du jour que les Gens de Main-morte ſeront entrez en la joüiſſance actuelle des choſes par eux acquiſes.

X X.

Et aprés le temps de trente ou quarante ans ils pourront être contraints de bailler un homme vivant, qui fera foy & hommage, & baillera un dénombrement & déclaration telle que deſſus, & ſi mieux n'aiment les Gens de Main-morte payer l'Indemnité.

X X I.

Il ne ſera baillé à l'avenir un homme confiſquant,

ſoit que la juſtice appartienne au Seigneur Feodal ou Cenſier, ou à un autre Seigneur ; & ne pourront les Seigneurs juſticiers prétendre aucune récompenſe & indemnité pour la décharge du droit de confiſquation, ny pour la diminution des autres droits, profits, & émolumens de leurs juſtices.

X X I I.

On peut bailler pour homme vivant & mourant une perſonne au deſſous de l'âge de trente ans accomplis.

X X I I I.

Un Religieux Profex ne peut être baillé pour homme vivant & mourant, même à cauſe des Fiefs & rotures acquiſes par ſon Monaſtere, ou par d'autres Monaſteres du même Ordre.

X X I V.

Il ſera payé le revenu d'une année par chacune mutation de l'homme vivant & mourant, des biens tenus en Fief : & pour les heritages en rotures, ſeront payez les deux tiers du revenu d'une année.

X X V.

Pour le droit d'indemnité ſera payé en argent le tiers de la valeur des biens Feodaux, & le cinquiéme des rotures, avec l'interêt du jour de la demande faite en juſtice, leſquels droits ſeront réglez en cas de vente ou d'échange avec des rentes conſtituées à prix d'argent, eu égard au prix effectif & veritable des Contracts & des rentes baillées en échange, ſans que de part & d'autre on ſoit reçû à informer que les heritages ſont de plus grande ou moindre valeur, ſinon en cas de fraude ; & pour les autres tîtres d'acquiſition, la valeur des heritages ſera réglée par l'avis & eſtimation des Experts.

X X V I.

Nonobſtant le payement de l'Indemnité, les Cens & rentes, & les autres devoirs annuels qui ſe trouveront légitimement dûs, tant ſur les Fiefs que ſur les rotures acquiſes, ſeront continuez au Seigneur comme áuparavant.

X X V I I.

L'Indemnité dûë pour un Fief ou roture, leguée à des Gens de Main-morte, doit être payée par les heritiers du Teſtateur, ſi le contraire n'eſt ordonné dans le Teſtament.

X X V I I I.

Mais ſi le Fief ou la roture a été donnée entre vifs, le droit d'Indemnité ſera payé par le donataire, même lors que la donation a été faite pour quelque fondation ou autre charge, s'il n'eſt convenu au contraire par la donation.

X X I X.

Si l'heritage amortie eſt aliené par les Gens de Main-morte, au profit de perſonnes qui ne ſont point de Main-morte, il reprendra ſa premiere qualité & nature, pour être dans la mouvance ou Cenſive du Fief dont il étoit tenu avant la premiere alienation ; & ſi l'alienation eſt faite en faveur d'autres Gens de Main-morte, même par échange d'heritage à heritage, il

fera payé aufli au Seigneur un nouveau droit d'Indemnité, avec les profits & droits ordinaires pour l'acquifition.

X X X.

Mais fi au lieu du droit d'Indemnité , il avoit été
baillé un homme vivant & mourant avec profits en cas
de mutation, du moment de l'alienation de l'homme
vivant & mourant, demeurera déchargé de plein droit
purement & fimplement, fauf au Seigneur, en cas que
les acquereurs foient de Main-morte, à leur demander
un autre homme vivant & mourant, ou le droit d'Indemnité à fon choix, avec les droits & profits tels qu'ils
peuvent être dûs par les Coûtumes & ufages, à caufe
de la nouvelle acquifition.

X X X.I.

Lors droits d'Indemnité dûs à des Gens de Main-
morte feront employez à leur profit en fond , & cependant dépofez entre les mains de perfonnes folvables, fi mieux n'aiment les debiteurs en faire interêts
à raifon de l'Ordonnance, en attendant l'occafion de
l'employ.

X X X I I.

Nonobftant le payement de l'Indemnité, les chofes
acquifes par les Gens de Main-morte demeureront
en leur ancienne qualité de Fief ou de roture.

X X X I I I.

Seront payez les profits ordinaires de Fief par les
Titulaires des Benefices, & au lieu de l'Indemnité fera
payé un droit de Relief à chacune mutation de Ti-

tulaire, ſi mieux n'aime l'acquereur payer l'Indemnité.

XXXIV.

Et par les mêmes Titulaires ſeront auſſi payez les droits accoûtumez à cauſe des acquiſitions qu'ils feront d'heritages en rotures pour leurs Benefices , & au lieu de l'Indemnité , ſeront payez les deux tiers du revenu des heritages à chacune mutation de Titulaire , ſi mieux n'aime l'acquereur payer l'Indemnité telle que deſſus.

DU FRANC-ALLEU.

TITRE XIX.

I.

ES Provinces régies par le droit écrit tout heritage eſt reputé Franc-Alleu, s'il n'y a tître ou reconnoiſſance contraire.

II.

Es païs de Coûtumes le Franc-Alleu n'a point de lieu s'il n'y a tître ou reconnoiſſance , ou autre Acte fait avec le Seigneur cent ans avant la publication des Preſentes.

III.

Ne ſera faite à l'avenir aucune conceſſion en Franc-Alleu, ſans le conſentement du Seigneur immediat, & ſans nos Lettres Patentes , verifiées en nos Cours de Parlement & en nos Chambres des Comptes.

IV.

I V.

Le Franc-Alleu, quant à la juftice, eft fujet à la Jurifdiction du Seigneur Jufticier, dans laquelle il eft fcitué.

V.

Celuy qui poffede un Franc-Alleu roturier ne peut bailler aucune portion de fon Domaine à Cens; mais celuy qui tient un Franc-Alleu Noble, peut bailler à Cens.

V I.

Franc-Alleu Noble eft celuy auquel il y a juftice, ou Cenfive, ou Fief mouvant de luy, finon il eft roturier.

V I I.

Pour les heritages tenus en Franc-Alleu, acquis par les gens de Main-morte, il n'eft dû aucun droit d'Indemnité, ny autre devoir.

V I I I.

Dans les païs de Coûtume le Franc-Alleu roturier acquis par le Seigneur du Fief, dans l'étendue duquel il eft fcitué, demeure reüni de plein droit au Fief, mais és Provinces régies par le droit écrit, la réünion n'a lieu fans déclaration expreffe.

II. Partie.   S

DES SERVITUDES.

I.

Nulle Servitude sans Tître.

I I.

Si de deux maisons & heritages voisins appartenans à un même proprietaire l'un est aliené à quelque tître & pour quelque cause que ce soit, ou par
un acte fait entre des coheritiers communs en biens
& associez, les deux maisons & heritages tombent entre les mains de personnes differentes : la distinction
de l'ancien proprietaire vaut tître, & demeureront les
Servitudes au même état qu'elles étoient lors que les
choses ont été separées, sans autre tître ou Contract,
s'il n'en a été autrement convenu par la disposition ou
partage.

I I I.

Si aucun a joüi publiquement ou paisiblement à
juste tître & de bonne foy, tant pour luy que ses prédecesseurs, dont il a le droit par dix ans entre presens & vingt ans entre absens, & par quarante ans
contre l'Eglise, & autres privilegiez d'un heritage avec
droit de Servitude, avec la proprieté de l'heritage ;
& en ce cas la prescription vaut tître, pourvû que le
droit soit accompagné de quelque ouvrage exterieur
& apparent, destiné pour l'usage de la Servitude.

I V.

Et sans tître par écrit celuy qui a joüi du droit de

vûë, goutiere ou égout, fur la maifon ou heritage d'autruy, ou du paffage & décharge des eaux pluvialles
ou particulieres de fa maifon, par un évier traverfant
le mur métoyen, ou partie du voifin, durant l'efpace
de trente ans contre des particuliers majeurs, & de
quarante ans contre l'Eglife & autres perfonnes privilegiées, il a pareillement acquis & prefcrit le droit
de Servitude, & cette prefcription vaut aufli tître.

V.

Et le femblable fera obfervé pour les autres Servitudes qui fe trouveront accompagnez de quelque ouvrage exterieur & apparent, deftiné pour l'ufage des
mêmes Servitudes.

V I.

Le proprietaire d'un heritage peut difpofer ainfi que
bon luy femblera de l'eau dont la fource fe trouve
dans fon fond, encore que durant un temps fuffifant
pour acquerir prefcription elle ait paffé fur les heritages inferieurs.

V I I.

Celuy qui a droit d'égout fur les heritages voifins,
peut élever ou abaiffer la couverture de fa maifon ainfi
que bon luy femble.

V I I I.

Mais le proprietaire de l'heritage inferieur eft tenu de recevoir l'eau, & luy donner fon cours ordinaire deffus fon heritage, fans la pouvoir retenir ny
divertir ailleurs.

I X.

Pour les Servitudes occultes & latentes, & pour

celles qui ne font acompagnées de quelque ouvrage fervant à l'ufage de la Servitude, le tître par écrit eft neceffaire ; & la poffeffion même de cent ans n'eft fuffifante.

X.

La liberté fe peut réacquerir contre le tître de la Servitude, continuë ou difcontinuë, fi celuy à qui elle appartient a ceffé d'en joüir en majorité durant l'efpace de trente ans, pourvû que celuy qui veut fe fervir de la prefcription ait fait quelqu'ouvrage ou autre acte de contradiction ; & fi la Servitude appartient à l'Eglife ou autres privilegiez, la prefcription ne peut être moindre de quarante ans.

X I.

L'adjudication par decret d'une maifon ou autre heritage, avec expreffion du droit de vûe ou autre Servitude fur l'heritage voifin, ne vaut tître, & ne peut donner à l'adjudicataire un droit de Servitude fi elle n'eft d'ailleurs fondée en tître par écrit, ou autre chofe équipolente à tître, comme deffus.

X I I.

Il n'eft neceffaire de s'oppofer à un decret pour la confervation des Servitudes vifibles & apparentes, mais les Servitudes latentes font purgées par le decret s'il n'y a eû oppofition formée pour les conferver.

X I I I.

Quiconque a le fol appellé létage du rez de chaufée d'aucun heritage, il doit avoir le deffus & le deffous de fon fol, & peut édifier par deffus & au deffous des caves, puits, aisements & citernes, s'il n'y a titre au contraire.

XIV.

Celuy qui a droit d'avoir une cave, citerne, ou aisements dans l'heritage d'autruy, est obligé de s'opposer au decret de l'heritage pour la conservation de son droit, & aprés l'adjudication sans opposition il demeurera déchû de son droit.

XV.

Qui a le droit de Servitude sur une maison ou autre heritage mis en decret, n'est point obligé de s'opposer pour la conservation de son droit, pourvû que la Servitude soit apparente & de la qualité de celle mentionnée en l'Article cy dessus; mais l'opposition est necessaire pour la conservation des Servitudes latentes & occultes.

XVI.

Chacun peut avancer l'égout de sa couverture sur une vûë, chemin, sentier & place publique, pourvû que l'extremité de la couverture soit élevée de vingt-deux pieds au dessus du lieu où elle a son égout.

XVII.

On peut aussi ouvrir des vûës sur une ruë & sentier public, encore qu'il n'y ait six pieds de distance entre les maisons des deux côtez de la ruë & sentier.

XVIII.

La convention faite entre les proprietaires des maisons, étant des deux côtez d'une ruë ou sentier, par laquelle ils s'obligent respectivement, ou l'un d'eux, de n'avancer leur bâtiment qu'à certaine diftance de la ruë ou fentier, eft valable.

X I X.

On peut auffi acquerir des Servitudes pour des bâ-timens qui ne font point encore faits, ou les charges de Servitudes.

X X.

Le proprietaire d'un heritage fur lequel le voifin a droit de vûë, peut élever fur fon fond des bâtimens, & planter des arbres, pourvû qu'il y ait fix pieds de diftance entre le mur & le pied des arbres.

X X I.

Et fi dans le tître de la Servitude il a été convenu que l'on ne pourra obfcurcir ou donner empêchement au mur du voifin, le proprietaire de l'heritage laiffera les lieux en l'état qu'ils étoient lors de l'impofition, fans y faire aucun plan d'arbres ny bâtiment nouveau, & fans pouvoir auffi élever les anciens bâtimens.

X X I I.

Le proprietaire d'un heritage qui ne joint à un chemin public, peut contraindre l'un de fes voifins à luy donner une iffuë pour enlever les fruits de fon he-ritage à l'endroit le moins dommageable, en indem-nifant neanmoins le voifin du dommage qu'il pourra fouffrir à caufe du paffage pris fur fon heritage.

X X I I I.

En mur métoyen l'un des voifins ne peut, fans l'ac-cord & confentement de l'autre, faire fenêtres & au-tres ouvertures pour vûës, même à verre dormant ou autrement , en quelque maniere que ce foit.

X X I V.

Mais fi aucun a un mur appartenant à luy feul, joignant fans moyen à l'heritage d'autruy , il peut ouvrir des fenêtres & vûës à neuf pieds de haut, au deffus du rez de chauffée pour le premier étage , & de fept pieds de haut pour les autres étages au deffus ; le tout à fer maillé & verre dormant.

X X V.

Fer maillé eft un treillis dont les ouvertures ne peuvent être que de quatre pouces en tout fens ; & verre dormant eft un verre attaché & fcellé qu'on ne peut ouvrir.

X X V I.

Et neanmoins fi le mur métoyen ou particulier joint à un Cimetiere, le voifin pourra y faire des vûës de telle hauteur & largeur que bon bon luy femblera , avec le fer maillé & verre dormant , fauf à les boucher au cas que ceux qui auront acquis le Cimetiere y faffent élever un bâtiment à l'endroit des vûës.

X X V I I.

Chacun peut dans un mur à luy appartenant avoir des vûës au deffus de la couverture de la maifon voifine , de telle hauteur que bon luy femble , fans fer maillé ny verre dormant.

X X V I I I.

Il peut auffi dans fon mur ouvrir des fenêtres & vûës ayans leur afpect fur l'heritage du voifin , pourvû qu'il y ait fix pieds de diftance entre le mur où les vûës & fenêtres qui ont été faites & l'heritage du voisin.

X X I X.

Et peut aussi avoir des vûës & fenêtres ayant leur aspect de côté sur l'heritage voisin, pourvû qu'il y ait deux pieds de distance entre l'ouverture de la fenêtre étant du côté du voisin, & l'heritage appartenant au voisin.

X X X.

Mais il est loisible au voisin d'élever à ses dépens le mur métoyen, ou le mur particulier, à luy appartenant, de telle hauteur que bon luy semble, ou de planter des arbres sur son fond, pourvû que les branches ne tombent point sur le mur métoyen.

X X X I.

Tous murs séparant les maisons, courts, jardins, & autres heritages appartenans à differens proprietaires, sont réputez métoyens, s'il n'y a titre ou marque au contraire.

X X X I I.

Les filets, plumets, corbeaux, atteintes & autres marques laissez dans un mur, faisant séparation des maisons de deux voisins, ne sont suffisantes pour attribuër à l'un d'eux la proprieté de la totalité ou d'une portion du mur, si les filets, plumets & autres marques ne sont accompagnez de pierres sortans du corps du mur.

X X X I I I.

Entre les proprietaires d'une même maison qui ont
leurs

leurs portions diftinguées par étages, il eft permis
de faire à chacun dans fon étage ce que bon lui femble.

X X X I V.

Qui fait étable, où écurie contre un mur métoyen,
il doit faire un contre-mur de huit pouces d'époiffeur
& de hauteur, jufques au rez de la mangeoire.

X X X V.

Les contre-murs feront faits à chaux & à fable.

X X X V I.

Aucun ne peut enfoncer de cheminées ny âtres
dans le corps du mur métoyen, & pour les appliquer
contre le mur il doit être fait un autre mur de tuillots
ou autre chofe fuffifante, de deux pieds d'époiffeur.

X X X V I I.

On ne peut faire appliquer de nouveau une che-
minée contre le mur métoyen, à l'endroit où les poultres de la maifon voifine fe trouvent pofées d'ancienneté.

X X X V I I I.

Si les proprietaires de deux maifons voifines pofent
leurs poultres au même endroit, chacune poultre ne
pourra exceder la moitié de l'époiffeur du mur métoyen, mais fi les poultres font pofées en differens endroits, elles pourront comprendre l'époiffeur entiere
du mur.

X X X I X.

Aucun ne peut faire four, forges & fourneau du
côté du mur métoyen, s'il ne laiffe un demy pied de
vuide & intervale entre le mur métoyen & le dehors

II. Partie.　　　　　　　　　　　　　T

du mur du four , forge & fourneau ; & doit avoir ledit mur un pied d'époiffeur.

X L.

Qui veut faire ayfances & puits contre un mur
métoyen , il doit faire un contre-mur d'un pied d'é-
poiffeur dans toute l'étenduë de la chauffée , même lors
qu'il y a des conduits de terre cuitte & autre matiere
où le voifin auroit d'ancienneté de fon côté un puits
ou ayfance proche , & dans la diftance de deux pieds
du mur métoyen ; celuy qui fait de nouveau un puits
ou ayfance doit faire un mur de maffonnerie de quatre pieds d'époiffeur , fans y comprendre les époiffeurs
des autres murs.

X L I.

Tranfcrire les Articles de la Coûtume de Paris 192.
193. en ajoûtant & autres bourgs clos de murs 194.
195. 196. 197. 198. 203. 204. 206. 207. 208. 209.
210. en ajoûtant que pour faire un mur de féparation on peut prendre fur le voifin la moitié du fond
neceffaire pour la fondation du mur , comme cela eft
décidé par plufieurs Coûtumes , à caufe des fraudes
de ceux qui attendent que le bâtiment foit fait , pour
obliger le voifin de recevoir le my-denier du fond &
des bâtimens ; ainfi ils confervent leur fond entier:
ce qui eft fouvent de conféquence 211. 212. 213. 214.
Cloaques , Citernes 217.

X L I I.

On ne peut mettre fur fon heritage des hayes vi-
ves ou feches , qu'à la diftance d'un pied & demy de
l'heritage voifin.

XLIII.

Aucun ne peut planter des arbres fur fon heritage
qu'il n'y ait quatre toifes de diftance entre le pied
de l'arbre & l'heritage voifin.

XLIV.

On ne peut faire fur fon heritage un puits, citernes, ayfances ny cloaques qu'il n'y ait contre-mur d'un
pied du côté du voifin.

XLV.

Les Servitudes dûës à une maifon ou autre heritage appartenant par indivis à divers particuliers, ne
peuvent être éteintes par prefcriptions ny par convention pour aucun des proprietaires, mais le droit fub-
fiftant pour un feul il demeure confervé pour tous les
autres.

Des Actions Perfonnelles & Hypo-
téquaires.

I.

Obligations, Contracts & autres Actes paffez fous
nôtre Scel, ou autres authentiques, emportent
Hypotéque, encore qu'elle ne foit ftipulée en toute
l'étendué de nôtre Royaume & terres de nôtre obeïffance, pourvû qu'ils foient paffez dans le détroit des
Notaires ou Tabellions qui les auront reçûs, nonobftant que les contractans n'y foient demeurans, & fans
qu'il foit befoin d'aucun nantiffement, mife de fait,

saifine , réalifation , Controlle & autres formalitez re-
quifes par aucunes Coûtumes que nous abrogeons.

I I.

Cedulle privée emporte Hypotéque du jour de la
reconnoiffance faite en jugement , ou par devant Notaires , tant pour le principal que pour les interêts , même pour ceux dont la demande aura été faite depuis
la reconnoiffance.

I I I.

Actes paffez ou reconnoiffances faites par devant
les Notaires & Secretaires de nos Parlemens ou Chan-
celiers , n'emportent Hypotéque.

I· V.

Il eft requis pour l'Hypotéque que les Actes & reconnoiffances foient reçûs de deux Notaires dans les
Villes où il y a Parlement , ou Evêché & Préfidial ,
& il fuffit ailleurs d'un Notaire & deux Témoins do-
micilez & fçachans figner.

V.

Les Notaires & Tabellions d'un Bailliage, Duché,
ou autre Seigneurie , peuvent inftrumenter valablement à l'éfet de l'Hypotéque dans l'etenduë dudit
Bailliage , Duché ou Seigneurie , encore que leur réfidence foit fixée & bornée en aucun lieu de ladite
Seigneurie.

V I.

Obligations ou reconnoiffances de promeffes faites par devant Notaires n'emportent l'Hypotéque ,
fi elles ne font fignées tant du Créancier que du de-

biteur ; & en cas qu'ils ne puiſſent ſigner, mention
en ſera faite en la maniere accoûtumée.

VII.

Tous Actes au deſſus de cinq cens livres, dont il
ne ſera demeuré minutte chez les Notaires, n'emportent Hypotéque ; & nous deffendons aux Notaires
de ſe déſaiſir de la minutte deſdits Actes à peine d'interdiction.

VIII.

Teſtamens, même ceux qui ont été reçûs par des
Notaires, n'emportent Hypotéque pour les diſpoſitions
& reconnoiſſances y contenuës.

IX.

Hypotéque generale ou indéfinie, comprend tous
les biens immeubles preſens & à venir.

X.

La ſpecialle Hypotéque ne déroge point à la generale, ny la generale à la ſpeciale, ſans convention.

XI.

Les Hypotéques en Actes faits avant midy, ſont
préferez à celles des Actes faits aprés midy, & tous
les Actes faits avant midy viennent par concurence
d'Hypotéque, encore que les heures ſoient differentes.

XII.

Les Contracts dans leſquels il n'eſt point dit s'ils
ont été faits avant ou aprés midy, ſont réputez faits
aprés midy.

XIII.

Des dettes Hypotéquaires Contractez par un mineuf , ratifiez par luy en majorité , ou confirmez par Sentence ou Arrêt , ou par le laps de dix ans de la majorité , l'Hypotéque a lieu du jour du Contract , & non du jour de la ratification ou confirmation.

X I V.

Les Contracts faits en vertu de Procuration ſpeciale paſſée par devant Notaires , emportent Hypotéque ſeulement du jour qu'ils ſont paſſez , & non du jour de la Procuration , mais les Contracts faits en vertu de Procuration generale , ou par quelque perſonne ſe faiſant ou portant fort de la partie abſente , & depuis ratifiées par un Acte authentique , emportent Hypotéque du jour de la ratification.

X V.

Dans les partages faits en juſtice ou par devant Notaires , les lots ſont Hypotéquez les uns aux autres ſans ſtipulation expreſſe ; & ſi les partages ſont ſous ſein privé , l'Hypotéque a lieu entre les coheritiers ſeulement , & non à l'égard des tierces perſonnes.

X V I.

Contre-lettres , quoyque faites ou reconnuës par devant Notaires , ou en jugement , n'emportent hypotéque , ſinon entre les perſonnes qui y ont ſigné & leurs heritiers , & non contre des tierces perſonnes qui auront Contracté avant ou depuis la datte d'icelles.

X V I I.

Le Notaire ou Tabellion qui a reçû un Contract , ſans déclarer les precedentes Hypotéques , portez par autres Contracts auſſi reçûs de luy , eſt tenu des dom-

mages & interêts des parties, & de payer la dette en
fon nom, fauf fon recours fi les Contracts ont été par
luy reçûs dans une même année ; finon il fera déchû
feulement de l'Hypotéque qu'il pouvoit avoir en fon
nom à l'égard des Créanciers pofterieurs dont il a reçû
les Contracts.

X V I I I.

Quand il y a prorogation tacite ou expreffe d'un
Bail, Commiffion ou autres Actes femblables, l'Hypotéque a lieu feulement du jour de la prorogation.

X I X.

Le vendeur a Privilege fur l'immeuble qu'il a vendu à luy appartenant, encore qu'il ne l'ait point expreffement refervé ou ftipulé par le Contract ; & s'il
a reçû partie du prix il ne laiffe pour le reftant d'être
preferé fur tout le prix de la chofe venduë : mais
celui qui a prêté fes deniers pour racheter un immeuble, n'a aucun Privilege fur l'immeuble fans ftipulation d'employ expreffe & un acte d'employ, encore
que ce fuffent deniers pupillaires.

X X.

Entre les Créanciers privilegiez du fond font ceux
qui l'ont vendu ou baillé à rente, & les Créanciers
privilegiez qui ont conftruit ou réparé les bâtimens,
ou fourny l'argent pour faire les bâtimens & réparations pour conftruire ou réparer le fond.

X X I.

L'infinuation d'une donation faite aprés le quatriéme mois, ne fait aucun préjudice aux Créanciers lé-

gitimes, survenus depuis la donation & avant l'insinuation ; mais si l'insinuation a été faite dans les quatre
mois elle a un effet retroactif au jour de la donation,
laquelle est preferable aux Créanciers posterieurs.

X X I I.

Si dans l'estimation du fond le Créancier du fond
ne trouve dequoy se payer, il viendra sur les bâtimens du jour de son Contract, après que les Créanciers privilegiez des bâtimens auront été préalablement payez.

X X I I I.

Sentences diffinitives & de provision emportent hypotéque, soit qu'elles ayent été donnez par nos Juges
ou les Juges des Seigneurs, du jour de la prononciation ; toutefois dans les Sentences par deffaut l'Hpo-
téque n'a lieu que du jour de la signification.

X X I V.

La Sentence par laquelle la cedule est tenuë pour
reconnuë, même sur un seul deffaut, emporte Hypotéque du jour de la signification.

X X V.

Si le debiteur assigné en reconnoissance de cedule,
compare & l'a dénie, & qu'ensuite elle soit verifiée
par le Créancier, l'Hypotéque aura lieu du jour de la
Dénégation.

X X V I.

La reconnoissance ou la Dénégation doit être faite
en Jugement ou au Greffe, par le debiteur en. personne ou par Procureur fondé de Procuration speciale,
laquelle

laquelle Procuration demeurera au Greffe avec l'acte
de reconnoiffance ou dénégation, finon n'auront aucun effet.

XXVII.

Tout Juge féculier en la Jurifdiction duquel le debiteur eft trouvé, eft competent pour la reconnoiffance
d'une cedule ou verification d'icelle en cas de dénégation, même à l'égard des perfonnes Ecclefiaftiques.

XXVIII.

Les Sentences données par les Officiers des Eaux
& Forêts, Elûs, Grenetiers, & autres Juges extraordinaires, en des matieres qui ne font de leur compe-
tence, n'emportent Hypotéque.

XXIX.

L'Hypotéque d'une Sentence, confirmée par Arrêt,
a lieu du jour de la Sentence.

XXX.

Actes & Contracts reçûs par Notaires Apoftoli-
ques, jugemens rendus par Juges d'Eglife, Actes,
Contracts, & jugemens paffez & rendus hors le pays
de nôtre obeïffance, font écritures pures, privées
quand aux biens fcituez dans nôtre Royaume, &
n'emportent Hypotéque, encore que ce fuffent Contracts de mariage & Actes de Tutelle, mais efdits cas
l'Hypotéque aura lieu feulement du jour de la céle-
bration du mariage & de la geftion du Tuteur.

XXXI.

Sentences Arbitrales n'emportent Hypotéques,
encores qu'elles foient renduës par des perfonnes étans

II. Partie. V

en charge, & qu'il y ait claufe dans le compromis pour leur donner l'Hypotéque ; mais fi lefdites Sentences font dépofez entre les mains de Notaires, du confentement des parties qui ont figné en perfonne, ou par Procureur fondé de Procuration fpéciale l'Acte de dépôt, elles emportent l'Hypotéque du jour dudit dépôt.

X X X I I.

Les Sentences Arbitralles, omologuées en juftice, & celles aufquelles les parties ont acquiefcé par un Acte paffé par devant Notaires, n'auront hypotéque que du jour du jugement d'omologation & Acte d'acquiefcement.

X X X I I I.

Cedulle reconnuë aprés la mort de l'obligé, n'emporte hypotéque contre fes heritiers que pour la part & portion dont chacun eft tenu comme heritier.

X X X I V.

Sentence contradictoire ou par deffaut obtenuë depuis le décez ou abfence de l'obligé, contre les Curateurs à la fucceffion vacance, ou pour l'abfence, emporte Hypotéque, mais les Jugemens confentis par lefdits Curateurs, & les reconnoiffances par eux faites par devant Notaires n'emportent Hypotéque.

X X X V.

Hypotéque pour fupléement de prix ordonné par jugement, a lieu feulement du jour qu'il a été ordonné, le Privilege neanmoins pour le fupléement demeurant fur la chofe.

XXXVI.

Pour la reſtitution des choſes volées , ruïnées , brûlées ou endommagées , réparations civiles , amen-des , dommages & interêts & dépens , & pour les ſommes ajugées au demandeur en faux par la con-damnation du fauſſaire , l'Hypotéque eſt acquiſe ſeu-lement du jour de la condamnation.

XXXVII.

Quant aux dépens de la coûtumace , l'Hypotéque a lieu du jour du jugement de coûtumace , encore que depuis la repreſentation du condamné la coûtumace ait été miſe au neant.

XXXVIII.

Sont nulles toutes obligations Hypotéques , alie-nations , donations & diſpoſitions faites & contractées par l'acuſé depuis le crime commis , ſi la condamna-tion s'en eſt enſuivie ; ce qui aura lieu à l'égard des Actes faits avant le crime , quand ils ont été faits dans la vûë & penſée du crime.

XXXIX.

Hypotéque pour ſommes principales , interêts , dépens , dommages & interêts , ajugez par Sentence tant en matiere Civile que Criminelle , aura lieu du jour de la Sentence juſques à la concurrence des ſom-mes ajugées par l'Arrêt.

XL.

Lors qu'il y a un Contract précedent , un autre Acte authentique emportant hypotéque , l'Hypoté-que pour les interêts & dépens aura lieu du jour du

Contract, encore que par le Contract il ne soit dit à peine de tous dépens , dommages & interêts.

X L I.

Les interêts des dépens ne peuvent être demandez sinon du jour du commandement qui sera fait , en vertu de l'Arrêt portant condamnation des interêts.

X L I I.

L'heritier pur & simple qui ne trouve aucun immeuble en la succession , n'est tenu que de payer sa part & portion des dettes du deffunt; mais si dans la succession il y a aucuns immeubles , il ne sera reçû à delaisser par Hypotéque la portion dudit immeuble pour se décharger de l'action Hypotéquaire.

X L I I I.

L'action Hypotéquaire peut être exercée contre l'heritier qui a été une fois saisi d'une portion de l'immeuble delaissé par le deffunt, encore que par le partage il n'ait eû dans son lot aucun immeuble, ou qu'il ait depuis disposé de ceux qui luy étoient échûs par son partage.

X L I V.

Les Créanciers Hypotéquaires & Chirographaires d'un deffunt , même ceux qui n'ont qu'une simple action , & les légataires, ont Hypotéque sur les immeubles particuliers de l'heritier pur & simple , ou par benefice d'inventaire , du jour qu'il a fait acte d'heritier , en quelque maniere que ce soit, hors Jugement & ministere d'un Notaire ou autre personne publique , & peuvent se pourvoir sur les droits &

effets mobiliers dudit heritier : le tout jufques à la
concurrence de la portion hereditaire, mobiliaire &
immobiliaire dudit heritier.

X L V.

Et du jour que l'heritier pur & fimple aura paffé
tître nouvel, & fouffert un Jugement de condamnation, le Créancier aura Hypotéque fur le furplus des
immeubles de l'heritier, & pourra fe pourvoir fur les
droits & effets mobiliers, fans déroger à l'Hypotéque
tacite acquife fur les immeubles de l'heritier, du jour
qu'il a fait acte d'heritier, laquelle hypotéque tacite
demeurera confervée jufques à la concurrence de la
valeur de la portion hereditaire dudit heritier.

X L V I.

Et feront les Créanciers du deffunt Hypotéquaires,
Chirographaires, & par fimple action, préférez fur
tous les biens meubles & immeubles dudit deffunt,
aux Créanciers particuliers de l'heritier, même aprés
cinq ans, fans qu'il foit neceffaire faire une demande
précife pour la feparation des biens ; & entre les Créanciers & les légataires les Créanciers feront préferez
aux légataires.

X L V I I.

Les heritiers par benefice d'inventaire, détempteurs
des immeubles du deffunt, font tenus Hypotéquairement pour le tout, jufques à la concurrence defdits
immeubles.

X L V I I I.

Le debiteur & fes heritiers prefcrivent par trente

ans l'action Hypotéquaire & perfonnelle , encore qu'elles foient jointes enfemble.

X L I X.

L'un des coheritiers ou coobligez qui a payé toute la dette , à fon recours folidaire contre chacun des coheritiers ou coobligez , fa part confufe en cas de ceffion ou fubrogation de droit ou Hypotéque , & non autrement ; mais ils font tous obligez de partir & divifer entre eux la part des infolvables.

L.

Le coheritier qui a payé fa part ne peut obliger le Créancier , qui le pourfuit Hypotéquairement pour le furplus , de difcuter les autres coheritiers.

L I.

L'hypotéque des Créanciers fur la portion indivife de fon debiteur , dans une fucceffion commune , ceffe à l'égard de ce qui échet pour partage au coheritier du debiteur , & eft transferé fur ce qui avient au lot de fon debiteur , pourvû que le partage foit fait fans fraude ; & pour empêcher la fraude peut le Créancier demander d'affifter au partage.

L I I.

Pour la dette particuliere d'un coheritier on peut avant partage decretter fa portion indivife , fans qu'on foit obligé d'attendre l'évenement de partage.

L I I I.

L'hypotéque créé par le mary durant la Communauté , demeure fur les conquêts immeubles échûs à la femme.

L I V.

L'enfant qui renonce aux droits succeſſifs à luy échûs moyennant une ſomme qui luy a été promiſe en faveur de mariage ou autrement, a pour ladite ſomme une Hypotéque privilegiée ſur les biens de la ſucceſſion, même ſans ſtipulation ny reſerve juſques à concurence de la valeur de ſa part hereditaire, & eſt préferable aux Créanciers particuliers des autres heritiers.

L V.

Celuy qui renonce par Contract de mariage à une ſucceſſion à échoir, a hypotéque ſur les biens du jour du Contract de mariage.

L V I.

La veuve qui détient les biens de la Communauté ne peut être pourſuivie Hypotéquairement pour les dettes de la Communauté, ſinon juſques à concurrence de ce qu'elle demande de la Communauté.

L V I I.

Pour ſuccéder à l'hypotéque d'un Créancier, il eſt beſoin d'avoir ceſſion de ſes droits; ou que les deniers ſoient fournis aux debiteurs, avec ſtipulation expreſſe de l'employ d'iceux au payement de la dette, & d'être ſubrogé à l'hypotéque du Créancier, & que dans le corps de la quittance ou par un acte ſeparé étant au pied de la quittance, faite à l'inſtant par devant les mêmes Notaires, ſans lequel la quittance ne puiſſe être délivrée, il ſoit fait mention expreſſe de la ſomme qui aura été fournie par le Créancier à l'éfet de ladite ſubrogation.

LVIII.

Deffendons aux Notaires de délivrer les quittances sans les Actes faits à l'inftant, ny les Actes faits à l'inftant sans les quittances, à peine de faux.

LIX.

Mais fi la dette eft acquitée des deniers du Fidejuffeur par fes mains ou par celles du debiteur, le Fidejuffeur conferve fon hypotéque du jour de l'indemnité, fans autre ceffion ny fubrogation.

LX.

L'acquereur d'un heritage hypotéqué à divers créanciers, à la charge de leur payer le prix, demeure de plein droit fubrogé à l'hypotéque ou Privilege des Créanciers par luy payez, nonobftant qu'il n'y ait ceffion, déclaration & fubrogation.

LXI.

L'hypotéque eft acquife à la femme fur les biens du mary du jour du Contract de Mariage, ou de la reconnoiffance des Articles faits par devant Notaires, tant pour la reftitution des deniers dotaux, doüaire préfix & préciput, que pour le remploy des Propres alienez, & l'indemnité des dettes aufquelles elle s'eft obligée ; fuppofé même qu'il n'y ait aucune convention pour ce regard dans le Contract ou Articles de mariage.

LXII.

La femme n'a aucun privilege fur les biens meubles ou immeubles de fon mary pour la reftitution de fa dot, & autres conventions matrimoniales au préjudice

des

des Créanciers anterieurs & posterieurs au Contract de Mariage, mais le prix des immeubles doit être distribué selon l'ordre des hypotéques, & le prix des meubles par l'ordre des saisies & des hypotéques par contribution, selon l'usage de chacune Province.

LXIII.

S'il n'y a point de Contract de Mariage, l'hypotéque pour les conventions matrimoniales, même pour le remploy des Propres & l'indemnité des dettes, a lieu du jour de la Benediction nuptiale faite publiquement, avec les solemnitez requises.

LXIV.

Dans l'ordre des hypotéques de la femme, la restitution des deniers dotaux est colloquée & payée avant les autres conventions ; le Doüaire préfix vient au second ordre ; le remploy des Propres alienez au troisiéme ; le préciput suit le remploy & l'indemnité des dettes sans que l'ordre de l'écriture dans un même Contract donne aucune priorité pour l'hypotéque.

LXV.

Les Créanciers pour les arrerages du doüaire viennent par contribution avec les Créanciers pour le fond du même doüaire.

LXVI.

La préference de la dot ou doüaire & autres, a lieu non-seulement en la personne de la femme, mais aussi de ceux qui ont cession de ses droits.

LXVII.

Pour ce qui échet ou est donné à la femme durant

II. Partie. X

le mariage, elle prend ſon hypotéque du jour du Contract de Mariage, ou de la Benediction nuptiale en
deffaut de Contract, & vient concuremment avec le
remploy des Propres.

L X V I I I.

Femme ſeparée de biens a hypotéque pour ſa pro-
viſion allimentaire, en attendant l'ouverture du doüaire du même jour & au même rang que pour ſon
doüaire.

L X I X.

La terre du mary qui eſt ſaiſie réellement ſera ajugée à la charge du doüaire de la femme, pour en
joüir par elle lors & tandis que doüaire a lieu, pourvû qu'entre les Créanciers oppoſans il ne s'en trouve aucuns qui ayent hypotéque anterieure à celle du
doüaire; ſinon elle ſe pourvoira ſur le prix & entrera
en ordre pour ſon doüaire ſelon la datte de ſon hypotéque, ſans que l'on puiſſe contraindre la veuve à
recevoir l'eſtimation dudit doüaire quand elle eſt premiere Créanciere. Mais s'il y a des Créanciers Hypotéquaires, même autres que le Roy, anterieurs à la
veuve, pour modique que ſoit leur créance la terre
ſera venduë entierement, ſauf à elle à ſe pourvoir
ſur le prix pour l'eſtimation de ſon doüaire, & ſera
faite l'eſtimation ſelon l'âge de la doüairiere, ſçavoir
depuis l'âge de vingt ans juſques à trente-cinq, à
la moitié; depuis trente-cinq juſques à cinquante, au
tiers; depuis cinquante juſques à ſoixante cinq, au
quart du fond: depuis ſoixante-cinq juſques à ſoi-

xante & dix, cinq années : & depuis foixante & dix,
trois années feulement.

L X X.

Et la même proportion fera fuivie lors que le doüaire Coûtumier ou préfix entrera dans une contribution des droits & effets mobiliers du mary.

L X X I.

Si le doüaire eft préfix, le fonds d'iceluy fera eftimé
au denier vingt & delivré au dernier Créancier fur lequel finira l'ordre, à la charge de bailler bonne & fuffifante caution pour le payement du doüaire.

L X X I I.

Et le doüaire Coûtumier qui eft viager fera eftimé
eû égard au fond.

L X X I I I.

Le Créancier du mary & de la femme obligez conjointement, fera mis en ordre du jour du Contract de
Mariage, & en deffaut d'iceluy du jour de la Benediction nuptiale.

L X X I V.

Et neanmoins fi la femme s'eft obligée avec fon
mary depuis la faillite, où peu de jours avant le traité
fait avec fes Créanciers, & depuis la Sentence de feparation de biens, ou depuis la faifie generale des
immeubles de fon mary, n'aura hypotéque pour fon
indemnité que du jour & datte des obligations aufquelles elle fera entrée.

L X X V.

Au deffaut des biens libres, la femme a fur les biens

subſtituez de ſon mary, dans tous les degrez de la ligne directe ſeulement, une hypotéque ſubſidiaire pour ſa dot & ſon doüaire, & non pour les autres conventions, non pas même pour les bagues & joyaux.

L X X V I.

L'hypotéque ſur les biens des Eccleſiaſtiques pourvûs de Beneſices pour les réparations des bâtimens & autres actions qui peuvent être exercez contre eux à cauſe des Beneſices, eſt acquiſe du jour de leur priſe de poſſeſſion.

L X X V I I et L X X V I I I.

Mineurs ont hypotéque ſur les biens de leurs Tuteurs & Curateurs pour les comptes qu'ils doivent rendre du jour de l'acte de Tutelle & Curatelle, l'hypotéque des enfans ſur les biens du ſurvivant a lieu du jour de l'ouverture de la ſucceſſion du premier decedé.

L X X I X.

Les biens du parent ou étranger qui s'eſt ingeré ſans acte de Tutelle ou de Curatelle, ou avant iceluy dans l'adminiſtration des biens des mineurs, leur ſont hypotéquez du jour qu'il a commencé de faire la fonction de Protuteur, encore qu'il n'ait point pris aucune qualité.

L X X X.

En cas d'inſolvabilité des Tuteurs ou Curateurs, ou Protuteurs, les mineurs ont contre ceux auſquels ledits Tuteurs, Curateurs & Protuteurs ont baillé commiſſion ou Procuration pour gerer les biens des mineurs, pareille action perſonnelle ou Hypotéquaire que leſdits Tuteurs, Curateurs & Protuteurs pouvoient exercer contr'eux, sans que lesdits Commissaires & Procureurs puissent passer pour Protuteurs, ny être prétenduë sur leurs biens aucune Hypotéque tacite.

L X X X I.

L'hypotéque acquise aux mineurs sur les biens de leurs Tuteurs, Curateurs & Protuteurs, continuë même pour ce qui a été geré aprés la majorité & la fin de la Tutelle, jusques à la clôture & appurement du compte.

L X X X I I.

L'hypotéque contraire des Tuteurs, Curateurs & Protuteurs, sur les biens des mineurs, n'a lieu que du jour du jugement de condamnation donné à leur profit, aprés la clôture & appurement du compte.

L X X X I I I.

Les furieux, insensez, prodigues, interdits & autres personnes qui sont sous la Curatelle d'autruy, ont hypotéque sur les biens de leurs Curateurs du jour de l'acte de leur Curatelle seulement, & non du jour de la gestion.

L X X X I V.

Les immeubles de celuy qui a administré les biens du posthume, avant & depuis sa naissance, sont hypotéquez du jour de son administration; & neanmoins si le posthume venoit au monde mort ou avant le terme veritable il n'y aura plus d'hypotéque tacite sur ses biens, & pourra seulement être poursuivy personnellement à rendre compte de ce qu'il aura reçû.

L X X X V.

Les Tuteurs honoraires qui auront donné feulement leurs avis fur l'adminiftration des biens des mineurs, ne pourront être pourfuivis perfonnellement ny hypotéquairement pour la geftion du Tuteur ou Curateur oneraire, mais s'ils fe font immiffez dans la joüiffance & geftion des biens des mineurs, ils feront fujets aux mêmes actions & hypotéques que les mineurs peuvent avoir contre leurs Tuteurs oneraires.

L X X X V I.

Quand la mere ou l'ayeule Tutrice paffe à de fecondes nôces fans avoir fait pourvoir de Tuteur aux mineurs, le fecond mary demeure chargé de la Tutelle, & fes biens hypotéquez du jour du fecond mariage pour l'avenir feulement.

L X X X V I I.

Les Villes & les Communautez ont une hypotéque tacite fur les biens de leurs Receveurs, du jour qu'ils ont prêté ferment.

L X X X V I I I.

Les biens des Officiers de Judicature ou de Finance, pour ce qui dépend du fait de leurs charges, font hypotéquez du jour de leur reception en leurs Offices par Privilege.

L X X X I X.

L'hypotéque paffe avec les immeubles en quelques mains qu'ils foient tranfportez, mais les meubles ceffent d'être le gage du Créancier au moment qu'ils font hors de la poffeffion du debiteur, ou de fon heritier fans fraude.

X C.

Ce que deſſus a lieu même à l'égard des meubles qui ont été ſpecialement obligez, nonobſtant qu'il y eût clauſe expreſſe que leſdits meubles ne pouroient être mis hors la poſſeſſion du debiteur.

X C I.

Celuy qui a prêté à aucun un meuble en eſpece, ou qui le baille en depôt, demeure toûjours proprietaire dudit meuble & en retient la poſſeſſion civile, de ſorte que ſi le dépoſitaire ou celuy auquel le meuble a été prêté diſpoſe dudit meuble, le proprietaire le pourra vendiquer en quelques mains qu'il ſe trouve, nonobſtant la bonne foy & le changement des poſſeſſeurs, pourvû qu'il vienne dans les trente ans.

X C I I.

Qui vend par écrit ou autrement aucune choſe mobiliaire ſans jour & ſans terme prendre, eſperant être payé promptement, a droit de la pourſuivre dans un an en quelque lieu qu'elle ſoit tranſportée, & entre les mains de tous les acquereurs, pour la faire vendre & être payé par privilege du prix, interêts, frais & loyaux coûts.

X C I I I.

Toutefois quand la choſe mobiliaire ainſi venduë, prêtée ou baillée en depôt, a été depuis venduë par autorité de juſtice, ou dans une Foire, en plein marché, ou par l'entremiſe d'un Courtier, ou autre perſonne publique, elle ne peut plus être pourſuivie ny vendiquée par l'ancien proprietaire, ſinon en rendant à l'acquereur le prix de ladite vente publique, avec les frais & loyaux coûts.

X C I V.

La choſe peut être ainſi vendiquée quand elle eſt extante en nature, mais ſi elle eſt conſommée, convertie & employée en une autre eſpece il n'y a plus de vendication, & le proprietaire n'a qu'une ſimple action contre celuy avec lequel il a traité ſans privilege.

X C V.

Si le vendeur a donné terme ou pris caution il ne peut ſuivre la choſe quand elle ſe trouve entre les mains du tiers acquereur de bonne foy, mais ſi elle eſt ſaiſie ſur le premier acheteur, le vendeur ſera preferé ſur icelle pour le prix de la vente, interêts & frais & loyaux coûts.

X C V I.

Et n'eſt tenu en ce cas le vendeur d'entrer en l'acord, compoſition, & remiſe faite entre l'acheteur, & ſes autres Créanciers.

X C V I I.

La preference ſur la choſe mobiliaire ainſi ſaiſie ſur le premier acheteur n'a lieu qu'au profit du vendeur & de ſes heritiers, & non à l'égard de la caution, quand même elle auroit payé & ſe feroit fait ſubroger aux droits & privileges du vendeur.

X C V I I I.

Soit que le vendeur ait donné terme ou non, il ſera preferé au proprietaire qui a ſaiſi pour les loyers des maiſons au lieu où la choſe venduë à été trouvée.

X C I X.

XCIX.

Le propriétaire est préféré sur les deniers provenans des fruits saisis tant pour l'année courante que pour les loyers & moissons des années précedentes, encore que le locataire ou le Fermier en eut fait sa promesse ou passé obligation, pourvû qu'elle soit causée pour lesdits loyers & moissons.

C.

Le bâteau sert de gage & est garant par privilege des marchandises voiturées dans iceluy, au préjudice du propriétaire dudit bâteau & de ceux qui l'ont fabriqué & vendu, lequel gage & privilege cessera du moment que les marchandises auront été destinées, & le bâteau sorty du port pour s'en retourner.

C I.

La marchandise est le gage des frais de voiture qui doivent être pris sur icelle, même au préjudice du vendeur ou propriétaire de la marchandise, & peut être la marchandise saisie ailleurs que sur le port pour les frais de voiture.

C I I.

Celuy qui est propriétaire d'une maison, ou qui en joüit par usufruit, usage ou autrement, peut faire saisir par un Sergent sans permission du Juge, & sans enlevement & transport, les meubles trouvez en ladite maison servant à garnir, & à l'usage du locataire, même ceux qui ont été prêtez ou baillez en dépôt au locataire, encore qu'il n'y ait aucun bail par écrit, non pas même sous le seing privé.

II. Partie.   Y

C I I I.

Lors que le bail eſt paſſé par devant Notaires, ou qu'il y a Sentence de condamnation, l'execution peut être entiere & conſommée par le tranſport & la vente des meubles.

C I V.

Les meubles d'un tiers auquel le principal locataire a loüé une portion de ſa maiſon, ne peuvent être ſaiſis que pour les loyers de ſon logement.

C V.

Le bailleur peut ſuivre les meubles qui étoient en la maiſon, encore qu'ils ſoient tranſportez en une autre maiſon, & les ſaiſir & arrêter juſques à la vente d'iceux, pour être payé ſur iceux d'une année de loyer & des charges du bail, pourvû & non autrement que le bailleur vienne dans les trois mois, à compter du jour que le locataire ſera ſorty de ſa maiſon.

C V I.

Les meubles du Fermier étans dans la maiſon des champs compriſe dans le bail, peuvent être pareillement ſuivis & ſaiſis pour la derniere année du fermage & moiſſon, & ce qui ſera dû pour les années precedentes ſera payée ſur les meubles du locataire ou Fermier, ſans privilege.

C V I I.

Le privilege de ſaiſie & le droit de ſuite aura lieu ſur les fruits procedans des terres affermées tant pour la derniere année que pour les fermages & charges des années précedentes , encore que le Fermier en ait fait fa promeffe ou paffé obligation , pourvû que dans icelle il foit fait mention que la fomme y contenuë procede defdites charges & des fermages.

C V I I I.

Le bailleur pour joüir de fon privilege tant fur les meubles que fur les fruits , il fuffit & eft requis qu'il s'opofe avant la délivrance des meubles & des fruits , foit que la vente foit forcée par authorité de juftice , ou volontaire & fans fraude , mais fi la vente & delivrance a été faite fans oppofition de fa part , il demeurera déchû de fon privilege & de tous fes autres droits fur lefdits meubles.

C I X.

Quand les meubles ont été faifis à la requête d'un autre créancier , avant le bail & occupation de la maifon , le bailleur n'a aucun privilege fur iceux pour les loyers , fermages & moiffons.

C X.

Celui qui a livré au fermier des grains pour femer , eft préferable au proprietaire fur les fruits qui en font provenus.

C X I.

Aprés le bail fini quand le bailleur fouffre que le preneur continuë fon exploitation , il y a réconduction tacite pour un an à l'égard des Villes , & pour trois pour les maifons & heritages de la campagne , avec droit de privilege pour les meubles & frais , comme deffus ; mais fi le bail avoit été paffé par devant Notaires, l'hypotéque fur les immeubles du preneur n'aura lieu pour le tems de la réconduction que du jour qu'elle a commencé.

C X I I.

La réconduction tacite a lieu au bail judiciaire.

C X I I I.

Quand le bailleur fouffre que le locataire aprés le bail finy tranfporte fes meubles, & fe contente de tirer de luy une promeffe ou obligation pour les loyers, il perd fon privilege & le droit de fuite, nonobftant toutes conventions.

C X I V.

Le locataire qui aura reloüé la totalité ou portion de la maifon à un autre, peut dans le temps de fon bail ufer de pareille voye de faifie & execution, & aura la même préference fur les meubles étans dans la maifon, ou dans les portions occupées par les fouslocataires.

C X V.

Le premier faififfant eft preferé fur les meubles aux autres créanciers, quoy que plus anciens en ordre d'hypotéque.

C X V I.

Le créancier qui fait réellement déplacer & tranfporter des meubles, bien qu'il foit le dernier en execution, eft réputé le premier faififfant, & eft preferé au plus ancien faififfant, qui s'eft contenté d'une fimple faifie fans tranfport, encore que lors de la premiere faifie le debiteur, ou un tiers, eut été inftitué gardien , & par l'exploit eût tenu les meubles pour déplacez & tranſportez.

CXVII.

Saiſie mobiliaire faite avant midy eſt preferée à celle d'aprés midy , mais toutes les ſaiſies faites avant midy ſont ſujetes à contribution , encore que les heures ſoient differentes.

CXVIII.

En cas de déconfiture , quand les biens meubles & immeubles ne ſuffiſent pour payer tous les créanciers apparens , il n'y a point de préference , encore que la femme fut premiere ſaiſiſſante , même pour les deniers dotaux & augment de dot.

CXIX.

Le dépôt trouvé en nature , les meubles baillez en gage au créancier dont il ſe trouve ſaiſi ne viennent en contribution , pourvû & non autrement qu'il apparoiſſe par écrit du gage ou dépôt s'il eſt volontaire ; la preuve par Témoins demeurant à l'égard du dépôt neceſſaire ſeulement.

CXX.

Les ſommes ajugées dans les ordres ou dans les ſous-ordres à un créancier oppoſant, ſeront diſtribuez en ſous-ordre entre les créanciers de l'oppoſant par ordre d'hypotéque, pourvû que les créanciers ſe ſoient oppoſez au Greffe avant le ſcel du decret , avec expreſſion pour être diſtribué ſur les collocations du créancier oppoſant.   CXXI.

Si au lieu d'une oppoſition au Greffe , aucuns créan-

ciers se sont contentez d'une simple saisie & Arrêt
entre les mains du Receveur des Consignations, ou
si l'opposition est posterieure au sceau du decret, &
si l'opposition est faite simplement sur le saisi, sans
exprimer qu'elle soit aussi formée sur les droits du
créancier opposant, en ce cas les deniers du créancier originaire se distribueront entre lesdits créanciers
particuliers par l'ordre des saisies & oppositions.

C X X I I.

Ce que dessus aura lieu entre les créanciers de la
femme qui est opposante au decret des heritages de
son mary, encore que le decret ait été poursuivy sur
le mary & la femme conjointement.

C X X I I I.

Quand le detteur n'a pas de biens suffisans pour
satisfaire tous ses créanciers, les deniers procedans
de la vente des meubles & des effets mobiliers de facile discution, seront distribuez les premiers, ensuite
le prix des Offices, & en dernier lieu le prix du fond
des rentes & heritages.

Addition & Réformation au Tître des Hypotéques.

SUr les Articles 16. Contre-lettres 17. le Notaire
ou Tabellion 18. quand il y a 19. le vendeur 20.
entre les créanciers.

I.

COntre-lettres , quoy que faites ou reconnuës par devant Notaires ou en Jugement, ne porteront Hypotéque , & n'auront aucun effet finon entre ceux qui les auront paffez , & leurs heritiers , & non contre des tierces perfonnes qui auront contracté avant ou depuis la datte des Contre-lettres.

I I.

Le Notaire ou Tabellion qui recevra un Contract fans déclarer les Hypotéques qu'il peut avoir de fon chef fur les biens des perfonnes obligez par le même Contract , il en demeurera déchû à l'égard des autres parties.

I I I.

Il fera tenu pareillement de déclarer & notifier aux parties les Hypotéques acquifes à autres perfonnes par les Contracts par luy reçûs pendant l'année immediatement précedente, à peine de tous dépens , dommages & interêts.

I V.

Quand il y a prorogation tacite ou expreffe d'un bail , commiffion ou autre acte de pareille qualité , l'Hypotéque pour le tems de la prorogation commence feulement du jour de la prorogation.

V.

Les immeubles alienez à tître de vente ou échange font Hypotéquez par privilege aux conventions & conditions du Contract, tant en principal qu'interêts,

encore qu'il n'y ait aucune ſtipulation expreſſe d'Hypotéque ny de privilege.

V I.

Le vendeur qui a reçû une partie du prix, ſera
preferé pour le reſte ſur la totalité de l'heritage.

V I I.

Les ouvriers qui ont travaillé au bâtiment ou re-
tabliſſement d'un édifice, ſont auſſi préferez pour leur
dû tant en principal qu'interêts.

V I I I.

Le créancier qui a baillé l'argent pour payer le prix
de l'acquiſition ou des ouvrages & bâtimens, doit auſſi
être payé par privilege tant du principal que des interêts; pourvû que dans l'acte de prêt l'employ ait été
ſtipulé, & que dans la quittance du payement ou
dans un acte étant enſuite paſſé à l'inſtant, il ſoit fait
mention expreſſe que les deniers procedent du créancier, encore qu'il n'y ait aucune clauſe de ſubrogation
d'Hypotéque ou privilege.

I X.

Quand à la ſuite d'un Contract, quittance ou acte,
de quelque qualité qu'il ſoit, il y a un autre acte
conçû aux termes & à l'inſtant, les Notaires ne pourront les délivrer ſéparement, à peine de répondre
en leurs noms des dépens, dommages & interêts des
parties.

X.

Le vendeur pour le reſte du prix de la vente eſt
preferé au créancier qui a prêté l'argent pour payer
le ſur-

le furplus du prix, fuppofé même que le vendeur ait fubrogé le créancier en fes droits & privileges, fi ce n'eft que la concurence & préference ait été expreffement accordée par le vendeur.

X I.

Et le femblable fera obfervé entre les ouvriers qui ont travaillé à un bâtiment, & les créanciers quiont prêté de l'argent pour payer partie du prix des ouvrages.
X I I.

Entre plufieurs créanciers qui ont privilege les uns fur le fonds, & les autres fur la fuperficie, ventilation fera faite du fond & de la fuperficie, pour être chacun payé par privilege fur la chofe.

X I I I.

Et fi le prix du fond n'eft fuffifant pour payer tout ce qui eft dû aux créanciers privilegiez fur le même fond, ils feront préferez pour le refte fur la fuperficie, aprés que les créanciers privilegiez de la même fuperficie auront été preferablement payez ; & pareillement les créanciers privilegiez fur la fuperficie feront payez fur le fond pour le refte de leur dû, aprés que les créanciers privilegiez fur le fond auront été préferablement payez.

X I V.

L'heritier par benefice d'inventaire qui paye une dette de la fucceffion, ne fuccede ny à l'Hypotéque ny au privilege.

X V.

Le Fidejuffeur qui acquitte la dette à laquelle il

II. Partie.   Z

s'cft obligé, demeure fubrogé de plein droit aux droits, hypotéques, & privileges du créancier ; mais il ne pourra s'aider de cette fubrogation ny même de la conventionnelle ou judiciaire, fi aucune luy à été acordée ; au préjudice du créancier, pour les fommes à luy dûës pour autres caufes.

DES TRANSPORTS.

I.

LE fimple Tranfport d'une dette active, mobiliaire, ou d'une rente conftituée, ne faifit & n'a effet à l'égard du debiteur, & des autres tierces perfonnes, que du jour qu'il a été bien & dûëment fignifié, & copie baillée au debiteur.

I I.

Le Tranfport, pour être valable, doit être auffi paffé ou reconnu par devant Notaires, ou en juftice.

I I I.

Le payement fait au cedant avant la fignification du Tranfport eft valable, & le debiteur quitte & déchargé.

I V.

En concurence de deux Ceffionnaires d'une même rente, fi le fecond a le premier fait fignifier fon Tranfport, le premier n'aura point d'Hypotéque pour la garantie de fon Tranfport fur la rente cedée, fauf à luy à fe pourvoir par action perfonnelle contre fon cedant, & hypotéquairement fur les autres immeubles.

V.

Le créancier du cedant, même celuy qui a une hypotéque pofterieure au Tranfport, peut avant la fignification du Tranfport faire faifir & arrêter la fomme cedée & les arrerages de la rente échûs avant la fignification, & fera preferé au Ceffionnaire fur ce qui reftoit à payer par le debiteur lors de la faifie & arrêt, & peut auffi fe pourvoir pour le payement de fon dû fur le principal de la rente, fi elle étoit en nature au jour de la faifie.

V I.

La prefcription de dix ans entre prefens, & vingt ans entre abfens, ne commence fon cours en faveur du Ceffionnaire que du jour de la fignification du Tranfport.

V I I.

Si le Ceffionnaire d'une rente, fur un particulier ou fur les maifons communes des Villes ou affignée fur un heritage, a été payé des arrerages au jour de l'affignât d'une année de la joüiffance, & qu'elle foit juftifiée par un acte public & authentique, équipole à la fignification du Tranfport.

V I I I.

Celuy qui a cedé une dette active mobiliaire ou une rente conftituée à prix d'argent, fans parler de la garantie, eft neanmoins garand que la chofe cedée eft veritablement & légitiment dûë.

I X.

Si le Tranfport eft fait avec la claufe fans garantie

ou avec la simple garantie des faits & promesses du cedant, il sera aussi garand de l'existance & validité de la dette ; neanmoins si lors du Transport il étoit en bonne foy & avoit sujet de croire que la dette est veritable & légitime, il demeurera déchargé de la garantie des faits & promesses, pourvû que le vice ne procede de son fait ou de ceux dont il est heritier, donataire ou légataire universel.

X.

Quand le Transport est fait avec la simple clause de garantie, le cedant est garand de la solvabilité du debiteur, au tems du Transport, & n'est garand de l'insolvabilité depuis survenuë.

X I.

Si outre la clause de garantie le cedant s'est obligé de fournir & faire valoir la dette active mobiliaire ou la rente par luy cedée, il demeure garand de l'insolvabilité du debiteur, supposé même qu'elle soit survenuë depuis le Transport.

X I I.

Et neanmoins le Cessionnaire ne peut contraindre le cedant au payement de la dette ou rente par luy cedée, sinon discution préalablement faite des biens du debiteur.

X I I I.

La discution est pareillement necessaire lors que le cedant s'est obligé au payement de la rente en son nom, tant en principal qu'arrérages, si ce n'est qu'il ait promis payer après un simple commandement, auquel cas la difcution n'eft point neceffaire.

X I V.

Si avant le Tranfport fait avec la claufe de four-nir & faire valoir, ou de payer en fon nom, les im-meubles du debiteur avoient été alienez ou faifis réel-lement, le Ceffionnaire aura, en cas d'infolvabilité, fon recours contre le cedant, nonobftant que la pref-cription du tiers acquereur ait été accomplie, ou le de-cret interpofé depuis le Tranfport.

X V.

Mais fi l'alienation ou la faifie réelle ont été faites depuis le Tranfport, il n'y aura aucun recours de garantie, en faifant voir que le Ceffionnaire pouvoit être payé par une oppofition formée au decret, ou par une interruption de la poffeffion du tiers acque-reur fi ce n'eft que le cedant fe fut chargé expreffe-ment de faire les oppofitions & interruptions necef-faires.

X V I.

La promeffe de garantir les retranchemens qui pour-ront être faits fur les rentes dûës par les Corps & Communautez des Villes & autres femblables, eft valable, & oblige le cedant de payer en fon nom ce qui fera retranché.

X V I I.

Si l'un de plufieurs heritiers prend ceffion d'une tier-ce perfonne de quelque droit ou action fur la fuc-ceffion commune, il peut être contraint d'en faire part à fes coheritiers, en rembourfant les fommes qui auroient été par luy payées veritablement & ſans fraude, avec les frais & loyaux coûts.

X V I I I.

Entre pluſieurs coheritiers ſi aucuns ne veulent participer au Tranſport, il ſera en la faculté du Ceſſionaire d'admettre les autres pour partager également entr'eux & le Ceſſionaire les droits à luy cedez , ou de leur donner ſeulement leurs portions contingentes , en rembourſant à proportion le prix & les frais du Tranſport.

X I X.

L'heritier des Propres qui a acquis de ſon coheritier ſa portion hereditaire , n'eſt tenu d'en faire part aux autres coheritiers de la même ligne ; & le ſemblable ſera obſervé contre les heritiers des meubles & acquêts , & entre ceux qui ſont appellez à la ſucceſſion univerſelle de tous les biens d'un deffunt.

X X.

L'heritier des Propres ſera tenu de faire part à ſes coheritiers des droits par luy acquis des heritiers des meubles & acquêts , & des heritiers des Propres d'une autre ligne , & l'heritier des meubles & acquêts tenu de faire part à ſes coheritiers des droits par luy acquis des heritiers des Propres , le tout dans le temps & en la maniere cy-deſſus ordonnée.

X X I.

Le Tranſport de la ſucceſſion d'un homme vivant, même de ce qu'on peut prétendre en vertu d'une inſtitution contractuelle , eſt nul , & ſuppoſé même qu'il y ait donné ſon conſentement.

X X I I.

Et le semblable sera observé pour tous les autres droits non encore acquis, & qui dépendent d'un évenement incertain.

X X I I I.

Le Cessionaire des heritages & autres droits immobiliers & mobilieres, de quelque qualité qu'ils soient étant en litige, peut être contraint par celuy sur lequel le Transport a été pris de le subroger en ses droits, en remboursant au Cessionaire ce qu'il a effectivement payé pour le prix du Transport, avec les loyaux coûts & les frais & dépens faits depuis la signification du Transport.

X X I V.

Le remboursement doit être offert dans six mois aprés la signification du Transport faite à personne ou domicile, en la forme cy-dessus, & le temps passé les droits cedez demeureront assurez au Cessionaire sans jugement ny sommation.

X X V.

Si dans le delay de six mois le Procez est jugé, l'offre du remboursement pourra être fait dans le reste du temps du delay.

X X V I.

Déclarons nuls & vicieux les Transports d'heritages & de tous autres droits immobiliers étans en litige, faits à des Juges, Avocats, Procureurs, Greffiers, Huissiers, & à leurs Clercs, aux Sergens, Soliciteurs & autres personnes employez au ministere de

la juftice , en leur nom & fous le nom de perfonnes
interpofez , fuppofé même que les Procez foient pourfuivis ailleurs qu'és Siéges ou les Ceffionnaires font
l'exercice de leurs charges & emplois. Voulons que
les Ceffionaires demeurent déchûs des droits par eux
acquis fans repetition des fommes payées , & que les
fins & conclufions de ceux contre lefquels les Tranfports ont été pris leurs foient ajugez avec dépens ,
dommages & interêts contre le cedant & le Ceffionaire folidairement , à la charge du recours du cedant contre le Ceffionaire, & une amende Arbitrale
envers Nous & la Partie , eu égard à la qualité de
l'affaire.

Des Cautions conventionelles & ju-diciaires , & des Certificateurs.

I.

LEs mineurs de vingt-cinq ans , & ceux qui ont
été en Curatelle par autorité de juftice par prodigalité ou autres caufes , ne peuvent s'obliger pour
autruy.

I I.

Les Cautionnemens faits par les femmes mariées ,
veuves & filles , font nuls és lieux où les femmes ne
peuvent hipotéquer ou aliener leur Dot, ny s'y obliger.

I I I.

La femme & le fils peuvent s'obliger valablemens
en mi-

en minorité, pour retirer de prison son mary, les peres & meres, ou l'un d'eux.

I V.

Ceux qui sont sourds & muets ensemble, & les aveugles, ne peuvent se rendre Cautions & Certificateurs, ny pareillement les sourds ny les muets, s'ils ne sçavent lire & signer.

V.

Le créancier ne peut être contraint de recevoir une Caution & un Certificateur, s'ils n'ont des immeubles suffisans pour répondre de la cause pour laquelle ils ont été ordonnez.

V I.

L'obligation du Fidejusseur doit être par écrit, & ne peut être verifiée par Témoins, même au dessous de la somme de cent livres.

V I I.

Le Cautionnement & la Certification faite en jugement à l'Audience, sont valables & obligatoires, encore qu'ils ne soient signez de la Caution & Certificateurs ; mais si la soûmission est faite au Greffe ou en la presence du Juge hors de l'Audience, leur signature est necessaire, à peine de nullité.

V I I I.

L'obligation de la Caution faite au profit du créancier en l'absence & l'insçû du detteur, est valable.

I X.

L'obligation du Fidejusseur est nulle si la dette principale est prescrite, ou bien faite sans cause, ou pour

II. Partie. A a

une caufe pour laquelle l'action n'eft recevable en juftice, & peut la caution fe fervir fans le confentement, & même contre la volonté du detteur, de
toutes les exceptions & les deffenfes qui pourroient
être par luy propofées.

X.

Le Cautionnement fait par un furieux & infenfé,
ou par celuy qui a été mis en Curatelle pour caufe de
prodigalité, ou autre, eft nul ; mais la Fidejuffion
faite par un mineur de vingt-cinq ans eft valable.

X I.

Les conventions faites fur le fujet d'un crime,
entre ceux qui en font coupables, font nulles ; mais
la Fidejuffion faite pour le payement des amendes, réparations civiles & dépens, eft valable.

X I I.

L'obligation de la caution peut être moindre par
la convention, ou de l'ordre du Juge, que celle du
detteur, mais elle ne peut s'étendre plus avant que la
dette principale, foit pour la quantité ou qualité de
la fomme & chofe promife, ou pour le temps, les
lieux, les charges & conditions du payement ; & fi
le detteur a obtenu de fes créanciers, ou en juftice,
des termes pour le payement, fes Cautions joüiront
des mêmes termes.

X I I I.

Mais la remife accordée par les créanciers ou ordonnée en juftice, n'empêche point de fe pourvoir contre la Caution pour la dette entiere.

X I V.

Entre pluſieurs Fidejuſſeurs l'obligation ſe diviſe
par portions égales, ſuppoſé même que l'un d'eux ſoit
reſtitué pour minorité ou autre cauſe, ou qu'elle demeure inſolvable en quelque temps que ce ſoit, ſi ce
n'eſt qu'ils ſoient obligez ſolidairement, auquel cas
chacune Caution peut être pourſuivie pour la totalité
de la dette, encore qu'il n'y ait point de renonciation aux benefices de diviſion & de diſcution.

X V.

Le Fidejuſſeur ne peut être pourſuivy & recherché
pour le ſtellionnat commis par le detteur principal.

X V I.

L'obligation de la Caution pour les ſommes qui ſeront fournies à l'avenir au detteur principal, eſt valable.

X V I I.

La Caution conventionnelle ne peut être pourſuivie qu'aprés la diſcution des immeubles du detteur
principal, ſi elle n'eſt obligée ſolidairement à la dette;
mais la Caution judiciaire ne peut uſer du benefice de
diſcution.

X V I I I.

Le Certificateur d'une Caution baillée en juſtice ou
par un traité particulier, ne peut être contraint &
pourſuivy ſinon Diſcution préalablement faite des immeubles du detteur & de la Caution, s'il n'y a obligation ou ſoûmiſſion contraire.

X I X.

Le Fidejuſſeur qui a racheté une rente conſtituée

à prix d'argent, peut contraindre le detteur principal au remboursement de tout ce qu'il a payé, mais il ne peut demander aux autres Cautions qui étoient avec luy que la continuation de la rente pour leurs portions personnelles & les arrerages de cinq années, si ce n'est que la prescription ait été interrompuë.

X X.

La Caution obligée solidairement en payant la dette, demeure subrogée de plein droit aux hypotéques & privileges du créancier, pour les exercer contre le detteur, contre les autres Cautions & les Certificateurs, sans autre cession ny subrogation.

X X I.

De tout ce qui a été payé par la Caution & le Certificateur, tant en principal, qu'interêts & dépens, elle en doit être remboursée avec l'interêt, selon nos Ordonnances, du jour du payement, sans qu'elle soit obligée d'en faire demande en justice, ny que l'on puisse luy opposer la prescription de cinq années de rente.

X X I I.

Le detteur ne peut faire cession à l'égard de la Caution & du Certificateur conventionnel & judiciaire, qui se sont obligez pour luy.

X X I I I.

Le Certificateur qui a payé, peut repeter de la Caution qui a été par luy certifiée solvable, les sommes par luy payées, avec les interêts du jour du payement.

XXIV.

La Caution demeure déchargée de plein droit du moment que la dette est demeurée éteinte par la novation de la dette, encore qu'elle soit faite en l'absence & à l'insçû de la Caution, & aussi pour la confusion, décharge & liberation, en quelque maniere & pour quelque cause qu'elle soit faite.

XXV.

La décharge accordée par le créancier à l'une des Cautions obligées solidairement, profite aux autres.

XXVI.

Aprés la soûmission faite par la Caution, même judiciaire, elle peut être révoquée avant qu'elle ait été notifiée au créancier.

XXVII.

Le Fidejusseur ne peut contraindre le créancier de poursuivre le payement de son dû contre la personne ny sur les biens du detteur.

XXVIII.

La Caution & le Certificateur conventionnels peuvent se décharger en faisant cession & abandonnement de leurs biens, mais à l'égard des Cautions & Certificateurs judiciaires, la cession des biens n'est recevable.

XXIX.

Ceux qui ont promis de representer une personne dans un certain temps, demeureront déchargez de plein droit si la personne est décedée avant le terme, mais si le décez est arrivé aprés le temps, la Caution & le Certificateur sont tenus des dommages & interêts.

X. X X.

Caution qui a promis de reprefenter trois perfonnes fous une certaine peine, après la reprefentation
de deux perfonnes, doit la peine entiere à faute de
reprefenter la troifiéme.

X X X I.

L'obligation de reprefenter un prifonnier eft éteinte
du jour de la premiere comparation par luy faite en
juftice, pourvû qu'elle ait été notifiée à celuy qui l'a
fait arrêter, & fi il eft derechef élargi aux Cautions
par luy baillées, les premieres Cautions ne font point
obligées fans nouvelle foûmiflion.

DE LA DISCUTION.

I.

L E tiers détempteur d'un immeuble étant pourfuivy en déclaration d'hypotéque pour une fomme ou rente conftituée par fon autheur, eft tenu de
paffer condamnation, mais il ne peut être contraint
au payement finon Difcution préalablement faite des
heritages & rentes foncieres, étant en la poffeffion
du detteur originaire & de fes cautions ou de leurs
heritiers, de quelque qualité & condition qu'ils
foient.

I I.

Les rentes conftituées à prix d'argent, même celles
dûës par affignat, ne font fujettes à Difcution.

I I I.

Le créancier ne peut ſaiſir directement ſur le tiers detempteur les immeubles qui lui ſont hypotéquez, mais il doit ſe pourvoir par action.

I V.

Le benefice de Diſcution doit être demandé avant la condamnation difinitive, & ne peut être ſuplée d'Office par le Juge.

V.

Les heritages & rentes foncieres du detteur & de ſes heritiers, doivent être diſcutez par les créanciers avant que de s'adreſſer au Fidejuſſeur, & ceux du Fidejuſſeur & de ſes heritiers, avant que de venir au tiers détempteur des heritages du Fidejuſſeur & de ſes heritiers, le tout pourvû qu'il n'y ait point d'obligation ſolidaire.

V I.

L'hypotéque ſpeciale du detteur n'empêche la Diſcuſion, encore que dans le Contract il y ait prohibition expreſſe d'aliener l'hypotéque ſpeciale.

V I I.

Le créancier n'eſt tenu de diſcuter les derniers acquereurs avant que de s'adreſſer aux plus anciens, ſauf à celuy qui eſt appellé en déclaration d'hypotéque à ſe pourvoir contre les autres acquereurs.

V I I I.

L'heritier pourſuivy perſonnellement pour ſa part & portion, & hypotéquairement pour le tout, ne peut ſe ſervir du benefice de Diſcution pour ce qui excede fa portion perfonnélle, même aprés avoir payé fa portion.   I X.

Le tiers détempteur doit comprendre dans un même acte tous les biens du debiteur, des cautions, ou de leurs heritiers, qu'il entend être difcutez, aprés la Difcution defquels il ne fera recevable à faire une feconde judication.

X.

Le tiers détempteur fera tenu d'avancer au créancier une fomme convenable & fuffifante pour faire les frais de la Difcution.

X I.

Si aprés la Difcution parachevée il ne fe trouve un fond fuffifant pour payer le créancier, le tiers detemteur en déguerpiffant l'heritage raportera les fruits échûs depuis la demande en déclaration d'hypotéque.

X I I.

Si plufieurs créanciers ont pourfuivy le tiers détemteur, les fruits feront raportez au profit particulier du premier demandeur du jour de fon exploit, jufques au jour de la feconde demande ; & ceux échûs depuis, jufques au troifiéme exploit, feront partagez par contribution entre le premier & le deuxiéme demandeur, & ainfi des autres à proportion du temps de chacun exploit, jufques au jour de la faifie réelle ; & du jour de la faifie réelle, les fruits feront diftribuez par ordre d'hypotéque.

X I I I.

La déclaration faite par le Contract d'acquifition
que

que l'heritage eft hypotéqué à quelques dettes, n'eft
fuffifante pour exclure la Difcution; mais fi l'acquifition eft faite à la charge de payer certaines dettes, la
Difcution n'aura lieu à l'égard des dettes exprimées au
Contraƈt.

X I V.

*En l'aƈtion hypotéquaire, les meubles, droits &
effets mobiliers ne font fujets à Difcution.

X V.

La Difcution n'a lieu contre le créancier d'une rente
fonciere & de bail d'heritage, pour les arrerages échûs
depuis ou avant l'acquifition, pareillement pour les
rentes de don & legs, & pour celles conftituées à prix
d'argent, lors que par le titre le payement des arrerages eft affigne fur le revenu des heritages poffedez
par le tiers détempteur.

X V I.

Difcution n'a lieu lors que les obligez font notoi-
rement infolvables, l'infolvabilité juftifiée par Procez
verbal de perquifition de leurs biens.

X V I I.

Les immeubles d'un debiteur qui a fait ceffion de
biens, ne laiffent d'être fujets à Difcution s'ils n'ont
point eté decretez.

X V I I I.

Les heritages d'un debiteur abfent font fujets à
Difcution, & à cét effet luy fera creé un Curateur.

X I X.

Ne font fujets à Difcution les immeubles fcituez

II. Partie. B b

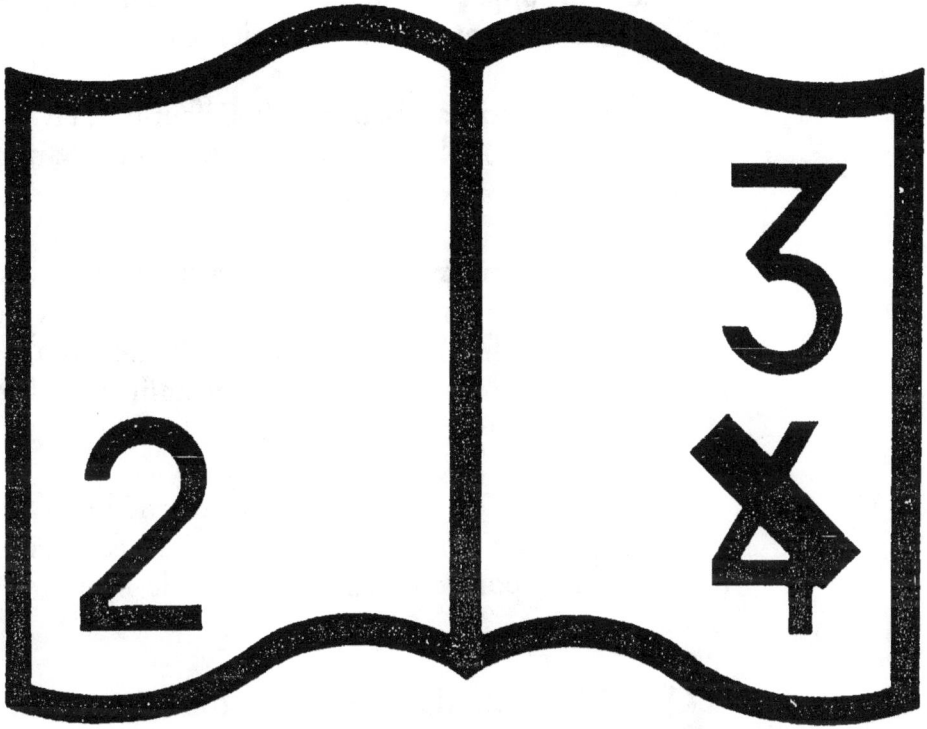

Pagination incorrecte — date incorrecte

NF Z 43-120-12

hors le Royaume , & même ceux qui font hors le reffort du Parlement où le créancier a fon domicile.

X X.

La renonciation au benefice de Difcution , eft va-lable entre les coobligez & de leurs cautions , & non à l'égard du tiers détempteur.

X X I.

Le tiers détempteur ne peut fe fervir du benefice de Difcution fi avant l'acquifition l'heritage avoit été faifi réellement fur le debiteur , ou délaiffé par for-me d'engagement au créancier , ny auffi quand le créancier a une hypotéque privilegiée fur l'heritage.

X X I I.

La Difcution n'eft point neceffaire quand le créan-cier agit par une fimple interruption ou déclaration d'hypotéque , pour empêcher le cours de la prefcri-ption.

X X I I I.

Quand les biens du detteur font tombez entre les mains du Seigneur par confifcation ou desherence , le créancier eft obligé de les difcuter avant que de s'adreffer aux cautions ou au tiers détenteur.

X X I V.

Le créancier ne peut faire vendre l'Office de fon debiteur , qu'il n'ait difcuté auparavant les immeubles de l'Officier qui fe trouvent en fa poffeffion , & en-fuite ceux qui ont été alienez depuis l'hypotéque du créancier.

Addition au Titre de la Difcution.

I.

LE créancier qui a fait condamner un tiers acque-reur , Difcution préalablement faite , peut diffe-rer la Difcution autant qu'il luy plaira.

I I.

Si de deux obligez folidairement l'un aliene quel-que heritage , on demande fi le créancier qui agit hy-potéquairement contre le tiers acquereur , fera tenu de difcuter non-feulement les heritages reftans en-tre fes mains , mais tous les heritages du cooblige qui n'a rien aliené.

I I I.

La Novelle 4. Chapitre 2. dit qu'il faut difcuter.

I V.

Pour les rentes foncieres , il eft conftant que le créancier peut s'adreffer à fon fonds qui fe trouve entre les mains du tiers acquereur.

V.

La femme , aprés la Communauté , ne peut être pourfuivie hypotéquairement pour la moitié dûë par la fucceffion de fon mary , d'une dette à laquelle elle n'a parlé qu'à la charge de la Difcution.

V I.

La Difcution des hypotéques fpeciales , avant les generales , n'eft point neceffaire.

DEGUERPISSEMENT.

I.

LE tiers détempteur du total, ou partie, devenu heritage chargé de rente fonciere, eft obligé perfonnellement de payer tous les arrerages échûs durant le temps de fa détention, & peut être pourfuivi & contraint pour les arrerages précedens, encore que la rente excede la valeur des fruits par luy perçûs.

II.

Le créancier de la rente ne peut agir contre le Fermier, finon par faifie & Arrêt entre fes mains, de ce qu'il peut devoir de fa ferme, ny contre le Curateur aux biens vacans, Commiffaire étably à l'heritage faifi, & autres de pareille qualité, finon jufqu'à concurrence de ce qu'ils ont entre leurs mains.

III.

Tous les heritiers du detteur font tenus perfonnellement des arrerages qui ont couru du temps du défunt, mais les arrerages échûs depuis le décez, ne peuvent être demandez qu'à ceux qui ont joüi de la totalité ou d'une portion de l'heritage.

IV.

Ceux qui ont acquis du preneur ou tiers détempteur, la totalité ou partie de l'heritage, à la charge de la rente, ou qui en avoient d'ailleurs connoiffance, font tenus perſonnellement & ſolidairement payer tous les arrerages dûs par leurs autheurs , & en continuër le payement à l'avenir, pendant le temps de leur déten- tion , ſauf leur recours contre leur autheur , & des uns envers les autres.

V.

L'acquereur n'eſt cenſé avoir eû connoiſſance de la rente , ſi cela ne paroît par un acte ſigné de luy.

V I.

Mais ſi l'heritage a été acquis de bonne foy ſans avoir connoiſſance de la rente, le créancier n'a qu'une action hypotéquaire contre les acquereurs , tant pour les arrerages du paſſé, que pour ceux échûs de leur temps.

V I I.

Le preneur de l'heritage demeure déchargé de la rente du moment qu'il a ceſſé de la poſſeder par le déperiſſement entier , ou par une alienation volon- taire , ou par le Déguerpiſſement.

V I I I.

Aprés la ruïne entiere de l'heritage , le preneur de l'heritage demeure déchargé de plein droit de la redevance pour l'avenir , ſans qu'il ſoit beſoin de Dé- guerpiſſement, mais ſi le déperiſſement n'eſt arrivé qu'en la ſuperficie , & que la place en tout ou partie ſoit demeurée en la poſſeſſion du détenteur , la charge de la redevance entiere ſubſiſte juſques au Déguer- piſſement de ce qui reſte.

I X.

Le preneur qui a aliené l'heritage , demeure déchargé de la rente à l'avenir, pourvû que l'heritage ait été delaiffé en bon & fuffifant état à une perfonne apparemment folvable & de facile convention, à la charge de la rente, & que le proprietaire de la rente en ait été bien & dûément averti & payé de tous les arrerages.

X.

Peut auffi le preneur pour fe décharger de la rente déguerpir l'heritage, encore que par le Contract il ait promis perfonnellement de payer la rente tant qu'elle aura cours à perpetuité, avec affignat fur tous fes biens ou partie d'iceux, la fournir & faire valoir, mettre amendement fur l'heritage, & l'entretenir en bon état, tellement que la rente y puiffe toûjours être perçûë; & s'entendent telles promeffes en tels termes qu'elles foient conçûës, tant & fi longuement qu'il fera détempteur de l'heritage en tout ou partie.

X I.

La renonciation au Déguerpiffement n'eft valable, & nonobftant icelle en quelques termes & manieres qu'elle foit conçûë, le preneur fera recevable à Déguerpir.

X I I.

Toutefois s'il y a claufe de mettre amendement fur l'heritage, le Déguerpiffement ne fera reçû que l'amendement n'ait été mis, ou la valeur d'iceluy payé.

X I I I.

L'heritier du preneur & le tiers détempteur qui a acquis à la charge de la rente, ou qui en auroit d'ail-

leurs connoiſſance peuvent auſſi Déguerpir , encore
qu'ils ayent paſſé tître nouvel ou ſouffert condamnation , & que par le tître nouvel ils ayent renoncé expreſſement au Déguerpiſſement.

XIV.

Celuy qui a acquis à la charge expreſſe de la rente,
ou quand il en avoit connoiſſance à la même , & non
plus grande difficulté de Déguerpir que le preneur &
heritier du preneur.

XV.

Le Déguerpiſſement , pour être valable , doit être
fait par le détempteur en perſonne ou par Procureur
de luy fondé de Procuration ſpeciale , en jugement
l'Audience tenant, le proprietaire de la rente preſent
ou dûëment appellé , dont ſera baillé acte qui ſera
mis & enregiſtré au Greffe , à peine de nullité.

XVI.

Celuy qui Déguerpit doit fournir l'acte à ſes dépens
au proprietaire de la rente.

XVII.

Le Déguerpiſſement n'eſt valable ſinon en abandonnant la totalité des heritages chargez de la
rente.

XVIII.

Et s'il y a pluſieurs détempteurs , chacun d'iceux
pourra ſe décharger de ſa part de la rente , en abandonnant la portion qu'il avoit dans l'heritage, laquelle
portion acroîtra de plein droit aux Codétempteurs ,
à la charge de payer la totalité de la rente , ſi mieux

n'aime le créancier reprendre la part Déguerpie & re-
duire la rente à proportion.

X I X.

Le tiers détempteur, même celuy de bonne foy,
qui n'avoit connoiffance de la rente, n'eft recevable à
Déguerpir qu'il ne rende l'heritage en bon & fuffifant
état, & quitte des charges que luy ou fes autheurs y
ont impofez.

X X.

Le Déguerpiffement n'eft recevable finon en payant,
ou en cas de refus confignant tous les arrerages échûs,
avec l'année courante.

X X I.

Et neanmoins le tiers détempteur qui n'avoit connoiffance de la rente, pourra Déguerpir avant & depuis la condamnation, en rendant feulement les fruits
perçûs & qu'il a pû & du perçevoir depuis la demande, fi ce n'eft qu'il ait paffé tître nouvel, auquel cas
il ne fera reçû à Déguerpir, finon en payant tous les
arrerages de la rente, même ceux échûs avant fa détention, avec l'année courante.

X X I I.

Le tiers détempteur qui ne rapporte fon Contract
eft reputé de mauvaife foy, & avoir eu connoiffance
de la rente.

X X I I I.

Le créancier d'une rente conftituée à prix d'argent,
ou d'une fomme dûe par Obligation, Contract ou
Jugement, peut fuivre le fond qui luy eft hypotéqué,

discution

difcution préalablement faite, fi elle eft demandée.

XXIV.

Mais le détempteur, fuppofé même qu'il ait eu connoiffance de l'hypotéque, peut, fans requérir la Difcution, délaiffer l'heritage en l'état qu'il étoit au jour de la demande, auquel cas les fruits qu'il aura perçûs luy demeureront, & ne fera tenu payer aucuns arrérages & interêts.

XXV.

Délaiffement par hypotéque fera fait judiciairement, ainfi que le Deguerpiffement.

XXVI.

Le détempteur pourfuivi pour une charge fonciere, ou pour une rente conftituée, ou autre fomme ayant fon garand, avant le Deguerpiffement ou délaiffement par hypotéque, obtiendra contre luy des dommages & interêts, outre la reftitution du prix; & fi la fommation eft faite depuis le Déguerpiffement ou delaiffement, il n'aura que la reftitution du prix.

XXVII.

Quand le Déguerpiffement a été accepté par le proprietaire de la rente fonciere, ou que le fond delaiffé par hypotéque a été vendu par decret, celuy qui a Deguerpi ne peut reprendre la chofe abandonnée.

XXVIII.

Entre plufieurs qui ont diverfes rentes foncieres fur l'heritage Deguerpi, le proprietaire de la plus ancienne peut accepter l'heritage, fi mieux n'aime le

II. Partie.   C c

proprietaire des autres rentes prendre l'heritage & se
charger de la continuation de la premiere, & du payement des arrérages du passé.

X X I X.

Aprés le Déguerpissement ou délaissement les hypotéques & les servitudes que l'acquereur avoit sur
l'heritage avant son acquisition, & qui étoient demeurées confuses pendant la détention, reprennent leur
force & demeurent au premier état.

X X X.

Ne pourra celuy qui Déguerpit un heritage chargé
de rentes foncieres, emporter, retenir, déduire, ou
repeter les amendemens, méliorations & augmentations par luy faites, encore qu'il n'y fut point obligé,
mais celuy qui delaisse par hypotéque peut s'opposer
pour être remboursé par préference des amendemens,
méliorations & augmentations.

De la solidité & division des Dettes
actives & passives.

I.

ENtre plusieurs qui se sont obligez ou promis une
somme en argent, ou autre chose consistant en
nombre, poids & mesure, l'obligation se divise entre les créanciers, & aussi entre les detteurs, selon le
nombre des personnes, par portions égales, pourvû
qu'il n'y ait point de convention contraire.

I I.

Si aucuns des detteurs ſe trouvent inſolvables, où qu'ils ayent été reſtituez pour cauſe de minorité ou autrement, l'obligation demeure inutile pour le regard; & les autres ne peuvent être recherchez que pour leurs portions perſonnelles.

I I I.

Le mary & la femme qui interviennent avec d'autres dans un Contract, obligation ou promeſſe, ne ſont conſiderez que pour une ſeule perſonne, ſi le contraire n'a été convenu par clauſe expreſſe.

I V.

Chacun des detteurs qui ſont obligez ſolidairement peut être pourſuivi & contraint pour le tout, encore que dans l'acte ils n'y ayent point renoncé aux benefices de diviſion & de diſcution.

V.

Les dettes paſſives d'une ſucceſſion ſont diviſées de plein droit entre les heritiers, & ne peut l'un d'eux être pourſuivi pour la part de ſon coheritier, pourvû que par le partage il ne luy ait été baillé aucuns immeubles, où qu'avant l'action contre luy intentée il ait été dépoſſedé de ceux compris dans ſon partage, pour un Déguerpiſſement ou ſaiſie réelle faite par une dette paſſive de la ſucceſſion, ou autre alienation neceſſaire.

V I.

L'heritier peut ſe décharger de l'action hypoté-quaire contre luy formée pour les portions des coheritiers , en abandonnant ſa portion indiviſe dans les heritages communs , & ceux qui luy ſont échûs en partage.

V I I.

Les heritiers de celuy qui s'étoit obligé de faire quelque choſe laquelle ne peut être executée pour partie , peuvent être pourſuivis ſolidairement chacun pour le tout , ſauf le recours des uns contre les autres.

V I I I.

Et le ſemblable ſera obſervé entre les perſonnes qui ſe ſont obligées conjointement à une choſe qui ne peut être diviſée.

I X.

Mais ſi dans l'acte il y a une peine ſtipulée en argent, ou autre choſe qui puiſſe être diviſée , chacun des heritiers & des coheritiers peut ſe décharger en payant ſa part de la peine.

X.

Les réparations civiles & amendes pour crimes, & les dépens ajugez pour tenir lieu de réparation civile , peuvent être demandez ſolidairement à chacun des accuſez , ſauf ſon recours contre les autres.

X I.

Les dépens en matiere criminelle ajugez purement & ſimplement, & ceux ordonnez en matiere civile, ſont diviſées entre les Parties condamnées, & ne peut une des Parties être pourſuivie pour les portions des autres.

X I I.

Les provisions d'alimens en matiere civile & criminelle, & les amendes ajugées pour crime, & les amendes du fol appel, de requêtes civiles, & pour d'autres caufes en matiere civile, peuvent être demandez folidairement à chacune des parties condamnées, fauf le recours des uns contre les autres.

X I I I.

La demande des interêts faite à l'un des detteurs, ou à l'un de plufieurs heritiers qui peuvent être pourfuivis folidairement, vaut auffi contre les autres, & la pourfuite faite contre l'un interrompt la prefcription à l'égard des autres.

X I V.

En matiere de fervitudes, droits honorifiques, & autres droits femblables qui ne peuvent recevoir de divifion, la minorité ou l'interruption faite par l'un de ceux aufquels ils appartiennent empêche la prefcription entre les autres.

X V.

Mais lors qu'il s'agit d'une fimple hypotéque qui eft commune & divifible entre plufieurs créanciers ou coheritiers, la minorité & l'interruption faite par aucuns d'eux ne profite aux autres.

X V I.

Les cautions judiciaires en matiere civile & criminelle peuvent être contraints folidairement de fatisfaire à ce qu'ils ont promis, fauf auffi le recours des uns contre les autres.

XVII.

Entre associez chacun d'eux est contraint solidairement au payement des dettes passives, & peut poursuivre la totalité des effets & dettes actives de la societé.

De l'extinction des Hypotéques.

I.

L'Hypotéque demeure éteinte par la résolution du droit qu'avoit le detteur sur le fond par luy hypotéqué, quand la résolution procede d'une cause necessaire & anterieure à l'Hypotéque.

I I.

Si la maison hypotéquée a été démolie & depuis rebâtie, l'Hypotéque subsiste tant sur le sol que sur le nouveau bâtiment.

III.

Le créancier retient & conserve son Hypotéque sur l'heritage aliené par son debiteur, encore qu'il ait agréé l'alienation par quelques actes & signé le Contract, avec déclaration que l'heritage étoit franc & quitte de toutes Hypotéques, si ce n'est que par une clause expresse & speciale il ait renoncé à son Hypotéque.

I V.

En cas de renonciation expresse celuy au profit duquel elle est faite entre dans l'Hypotéque de celuy qui a renoncé, & celuy qui a fait sa renonciation succede à l'Hypotéque de l'autre de plein droit, par une fubrogation tacite & mutuelle, fans autre ftipulation, jufques à fommes concurrentes.

V.

L'obligation demeure éteinte de plein droit dés l'inftant du payement, bien que le créancier ait encore en fa poffeffion l'inftrument de l'obligation entiere & non cancellée.

V I.

Le créancier ne peut être contraint de recevoir en payement autre chofe que ce qui luy eft dû, ou de prendre des meubles ou des fonds pour une fomme qui doit luy être payée en argent.

V I I.

Si le créancier eft évincé du total, ou de partie des fonds qu'il a pris en payement, il rentre de plein droit en fes premiers droits & Hypotéques.

V I I I.

Le créancier eft obligé de recevoir par les mains du Fidejuffeur, fi mieux il n'aime décharger le Fidejuffeur du cautionnement.

I X.

Les payemens faits ou reçûs par l'heritier chargé de Fidci commis, avant le temps de la reftitution, font valables.

X.

Les cedules, obligations & autres dettes payables à temps, peuvent être acquittez avant l'écheance du terme, s'il n'y a convention expreffe ou contraire;

& neanmoins les Lettres de change ne peuvent être payées au créancier contre sa volonté avant le jour de l'écheance.

X I.

Le Sentence de condamnation des interêts & l'exploit de signification, ne sont suffisans si l'on ne raporte l'exploit de demande des interêts, encore qu'il soit énoncé dans la Sentence.

X I I.

Celuy qui doit une rente constituée à prix d'argent, ou une somme qui de sa nature & de plein droit porte interêts, comme les deniers dotaux, soulte des partages, prix des immeubles vendus, reliqua de compte de Tutelle dû aux mineurs, & autre de même qualité, ne peut contraindre le créancier de recevoir son principal avant le payement des arrérages & interêts.

X I I I.

Le créancier d'une rente constituée à prix d'argent, ou d'une rente fonciere, ne peut être contraint de recevoir partie de son principal, s'il n'y a convention expresse.

X I V.

Le créancier d'une somme qui porte interêts de sa nature, ne peut être contraint de recevoir partie de sa dette, si on ne luy offre au moins la moitié, avec les interêts de la somme entiere.

X V.

Si la somme ne porte interêts que du jour de la demande judiciaire, le créancier peut être contraint de rece-

de recevoir le tiers du principal, avec les interêts de
la fomme entiere, s'ils ont eté demandez & ajugez
en juftice, & le payement du refte du principal ne
pourra plus être divifé.

X V I.

Les payemens faits abfolument fans imputation au
créancier d'une rente, ou d'une fomme portant interêts de fa nature, doivent être imputez fur les arrérages & interêts echûs lors du payement, & le refte fur
le principal.

X V I I.

Mais fi l'interêt n'eft dû que du jour de la demande
judiciaire, les payemens faits fans defignation particuliere feront imputez premierement fur le principal, & le refte fur les interêts.

X V I I I.

Quand les qualitez du créancier & debiteur fe ren-
contrent en une même perfonne, les rentes foncieres
& réelles & conftituées à prix d'argent, & les fommes
dûes par obligations, promeffes, jugemens ou autrement, foit qu'elles portent hypoteque ou non, &
generalement tous les droits tant réels & immobiliers
que perfonnels, demeurent éteints de plein droit par
la confufion même des perfonnes des mineurs, le tout
jufques à fommes concurentes.

X I X.

Et neanmoins fi la confufion fe fait par la réünion
de droits differens, qui peuvent être dans la fuite des-
unis & feparez & remis en leur premier état, la con-

II. Partie. D d

fuſion ceſſe au moment que la ſéparation arrive, pourvû que ladite ſéparation procede d'une cauſe ancienne & anterieure à celle qui a donné lieu à la confu-
ſion.

X X.

Il n'y aura dorénavant aucune novation s'il n'y a
convention expreſſe, ceſſant laquelle les premieres
obligations perſonnelles & hypotéquaires demeurent
en leur entier.

X X I.

Compenſation a lieu d'une dette claire & liquide,
à une autre pareillement claire & liquide, & non autrement.

X X I I.

Nos Lettres ne ſont neceſſaires pour la compenſation, elle a lieu du jour qu'elle eſt propoſée en juſtice ou par un acte paſſé par devant Notaires, bien &
dûëment ſignifié, & quand une fois elle a été demandée elle a un effet rétroactif au jour de la rencontre
des deux ſommes.

X X I I I.

Si le créancier doit à ſon debiteur une ſomme-cer-
taine ſans interèts, la dette active du créancier qui
produit interèt demeure éteinte tant en principal
qu'interèts échûs juſques à concurence de ſa dette
paſſive.

X X I V.

La dette ſous condition ou à certain jour, n'eſt reputée claire & liquide à l'effet de la compenſation avant

l'écheance ; & neanmoins fi le debiteur qui a terme
de payer y renonce par un acte paffé par devant Notaires bien & dûément fignifié , la compenfation aura
lieu du jour de la fignification.

X X V.

Si la dette eft pure & fimple en fon origine, & que
le debiteur ait obtenu du créancier ou en juftice un
delay de payer , le delay ne peut empêcher la compenfation.

X X V I.

La compenfation a lieu de deniers dotaux, de conventions matrimoniales , & autres fommes privilegiées, avec des fommes dûes qui n'ont aucun privilege.

X X V I I.

Et neanmoins les deniers publics, droits Seigneuriaux & feodaux , alimens, penfions & nouritures,
recelez, vols & larcins, prêt en efpece de meubles ,
dépôt volontaire & neceffaire , ne font fujets à compenfation.

X X V I I I.

En matiere de délit , compenfation n'a point de
lieu , mais l'intérêt civil ou autre réparation pécuniaire
ajugee à la partie civile , eft fujette à compenfation.

X X I X.

La caution peut demander la compenfation de ce
qui eft dû par le creancier ou debiteur principal.

X X X.

La compenfation a lieu pour efpece de pareille nature , mais elle n'eft reçûe pour des efpeces de diffe-

rente qualité ny de deniers à efpece ; & neanmoins le créancier à qui l'efpece eft dûë peut en demander la compenfation avec la fomme par luy dûë en argent, à la charge de faire faire l'appréciation de l'efpece dans trois mois, à compter du jour que la compenfation en aura été propofée.

X X X I.

Ce qui a été ajugé par provifion, ne peut être compenfé avec une dette claire & liquide.

X X X I I.

Le debiteur ne peut demander compenfation de ce que fon créancier doit à un tiers, encore que le créancier y confente.

X X X I I I.

La compenfation n'a lieu du principal d'une rente conftituée avec une fomme de deniers, fi ce n'eft qu'elle foit propofée par le debiteur de la rente ; mais les arrerages font fujets à compenfation.

X X X I V.

Le legs fait par le debiteur à fon créancier, n'eft compenfé avec la fomme qui étoit dûë par le deffunt au légataire, pour quelque caufe & quelque titre que ce foit, fi le teftateur n'a expreffement ordonné le contraire.

DE LA PRESCRIPTION.

I.

LEs heritiers & autres ſucceſſeurs à tître univerſel , peuvent continuer la Preſcription qui a
commencé & couru du vivant de celuy auquel ils ont
ſuccedé.

I I.

L'uſufruitier , fermier , ſequeſtre , précaire , em-
phiteote , & autres de pareille qualité , ne peuvent chan-
ger à leur profit la cauſe de leur poſſeſſion , encore
qu'ils faſſent des actes de proprietaire.

I I I.

L'acquereur qui eſt en bon foy au temps de l'acquiſition, peut commencer de ſon chef la Preſcription
de dix & vingt ans, nonobſtant que ſon autheur
fut en mauvaiſe foy ; & la mauvaiſe foy ſurvenuë depuis le Contract, même avant la priſe de poſſeſſion ,
n'empêche & n'interompt le cours de la Preſcription.

I V.

Le Domaine de nôtre Couronne , ne peut être
preſcrit pour quelque temps & pour quelque cauſe que
ce ſoit.

V.

La faculté de racheter une rente conſtituée, ou une
rente de bail d'heritage ſtipulée rachetable , & la foy
& hommage , le gage , le dépôt, la choſe furtive , ou

priſe par violence, ne ſont ſujets à aucune Preſcription.

V I.

Droit de ſervitude de quelque nature qu'elle ſoit, ne peut être prétendu ſans tître, & ne s'acquiert par longue joüiſſance, même de cent ans ; mais la liberation contre le tître de Servitude eſt preſcriptible par trente ans entre âgez & non privilegiez.

V I I.

Pour les Servitudes non continuées & qui ſont de faculté, la Preſcription de trente ans, pour la déliberation, court du jour de la premiere contradiction.

V I I I.

Les rentes de bail d'heritages, dons & legs, même pour cauſes pies, payables en deniers ou eſpeces ſur les maiſons des Villes où il y a Parlement, Evêché ou Préſidial, ſont rachetables toutefois & quantes au denier trente, encore qu'elles ſoient les premieres aprés le Cens, ſtipulez non rachetables, pourvû que le remploy du fond de celle de don & legs pour cauſes pies ſoit fait avec nôtre Procureur Général ou nôtre Procureur ſur les lieux, & l'acte de remploy enregiſtré au Greffe, ſinon le rachat ſera nul.

I X.

L'uſure ne peut être couverte par aucune Preſcription de quelque temps que ce ſoit, & tandis que la dette ſubſiſte, imputation peut être faite ſur le principal des interêts uſuraires qui ont été payez même avant trente ans ; mais ſi le principal & les arrérages ont été payez, l'action pour la reſtitution de ce qui aura été payé pour les interêts ufuraires, doit être intentée dans trente ans, à compter du jour du dernier paye- ment du principal.

X.

Le Cens payé par dix années confecutives, ou reconnu par un acte public & authentique, eft imprefcriptible.

X I.

La quotité du Cens eft prefcriptible par trente ans, & les arrérages n'en peuvent être demandez que pour les vingt-neuf années dernieres, s'il n'y a eu pourfuites faites & continuées en juftice pour les précedens.

X I I.

Et dans les lieux où il n'y a point de Franc-Alleu fans tître, en deffaut de preuve de la qualité ou quotité de la cenfive, elle fera payée à proportion de celle qui eft levée annuellement fur les heritages voifins de pareille nature, nonobftant la poffeffion de la fran- chife & liberté durant plus de cent années, & de tous ufages contraires.

X I I I.

Chofe litigieufe venduë, peut être prefcrite par l'acquereur qui étoit lors de fon acquifition en bonne foy & ignoroit le litige.

X I V.

Les Taverniers & Cabartiers n'ont aucune action pour vin, & autres chofes par eux venduës en détail par affiette en leurs maifons.

X V.

Lettres de Change doivent être proteftées dans les

dix jours de l'écheance, finon elles demeurent aux rifques, perils & fortunes du porteur, fans aucun recours contre celuy qui l'a tirée.

X V I.

Droits Domaniaux doivent être demandez dans les fix mois du jour de la ferme expirée, finon ils demeureront prefcrits & couverts par le temps.

X V I I.

Les Marchands, gens de métier & autres vendeurs de marchandifes & denrées en détail, comme Boulangers, Paticiers, Confituriers, Selliers, Bouchers, Boureliers, Paffementiers, Maréchaux, Rotiffeurs, Cuifiniers & autres femblables, ne peuvent faire action aprés fix mois du jour de la derniere delivrance de leurs marchandifes & denrées, finon qu'il y ait compte arrêté par écrit, fommation ou interpellation judiciaire, cedule ou obligation.

X V I I I.

Les Drapiers, Merciers, Epiciers, Orfevres, & autres Marchands, Maffons, Charpentiers, Couvreurs, Barbiers, Serviteurs, Laboureurs & autres mercenaires, ne peuvent faire action ny demande de leurs marchandifes, falaires & fervices aprés un an paffé, à compter du jour de la délivrance de leurs marchandifes ou vacation, finon qu'il y ait arrêté de compte, interpellation judiciaire, obligation ou cedule, comme deffus.

X I X.

Les Medecins, Chirurgiens & Apotiquaires, doivent
vent

vent intenter leur action dans un an à compter depuis la fin de la maladie, & aprés l'année ne font recevables.

X X.

Ceux qui veulent fe fervir de la Prefcription contre les Marchands en gros & en détail, & autres dénommez aux précedens Articles, feront tenus d'affirmer que ce qui leur eft demandé a été payé, finon la fin de non-recevoir aura lieu.

X X I.

Poffeffion d'un an fuffit pour la Prefcription des chofes mobiliaires.

X X I I.

Les enfans qui renoncent en majorité à la fucceffion échûë de leurs peres & meres & autres afcendans, font reftituables dans trois ans à compter du jour de la renonciation, fupofé même qu'il n'y ait eu aucun dot, fraude, furprife, erreur ou ignorance; & neanmoins les procedures & autres actes faits de bonne foy pendant les trois ans contre ceux qui étoient en poffeffion de la fucceffion, demeurent en leur entier & fans que les créanciers en puiffent fouffrir aucun préjudice.

X X I I I.

On ne peut demander que cinq années des arrérages des rentes conftituées à prix d'argent, & des fommes pour une fois payer, de quelque nature qu'elles foient, s'il n'y a une demande judiciaire fuivie d'un jugement de condamnation; & ne fera la Prefcription

II. Partie. E e

de cinq années interrompuë par un fimple exploit de commandement.

XXIV.

La demande contre les Avocats & les Procureurs vi-vans pour la reftitution des productions des inftances des Procés jugez, doit être faite dans les cinq ans, & pour les inftances indécifes, dans dix ans ; & fi les Avocats & Procureurs font décedez, l'action concer-nant leurs veuves & heritiers, & autres en leurs droits, tant pour les Procés jugez que pour ceux qui font indécis, doit être formée dans cinq ans ; le tout à compter des jours des recepicez : & pour les pieces envoyées aux Procureurs ils n'en pourront être re-cherchez aprés cinq ans, à compter auffi du jour des recepicez miffives, ou autres Actes par lequel ils s'en trouveront chargez.

XXV.

L'action des Procureurs pour leurs falaires, & mê-me pour ce qu'ils ont débourfez pour leurs Parties, de-meurera prefcrite par trois ans, à compter du jour de la derniere procedure de chacune inftance, Procés ou Caufe, encore qu'ils ayent occupé pour les mê-mes Parties en d'autres affaires.

XXVI.

Seront tenus les Procureurs d'avoir un Regiftre commun, continu & en bon ordre, de toutes les fom-mes qu'ils recevront de leurs Parties, le reprefenter & le communiquer quand ils en feront requis, finon déclarez non recevables à demander leurs falaires &

débourſez , même durant les trois années.

XXVII.

Maſſons, Charpentiers, & autres ouvriers, demeurent garands du vice qui ſe rencontre aux ſimples ouvrages pendant trois ans , & pour les gros ouvrages pendant dix ans.

XXVIII.

Deniers dotaux ſont reputez payez aprés dix ans , pourvû que le mariage ait duré pendant ledit temps ſans ſeparation,& que celui qui a promis la dot ait vécu durant les dix années , laquelle Preſcription n'aura lieu qu'en faveur de la femme & de ſes heritiers , & non au profit des debiteurs de la dot.

XXIX.

Quand aucun a poſſedé & joüy par luy, ſes predeceſſeurs & autres , dont il a le droit de quelque immeuble à juſte tître , ſoit onereux ou lucratif & de bonne foy , franchement , paiſiblement , & ſans inquiétation, par dix ans entre preſens & vingt ans entre abſens, majeurs de vingt-cinq ans & non privilegiez , il a acquis Preſcription contre ceux qui pourroient prétendre la proprieté ou quelque droit d'hypotéque ou rente ſur l'immeuble ; & en ce cas il n'y aura à l'avenir plus grande ny moindre Preſcription.

XXX.

La Preſcription pour les rentes aura cours en faveur du tiers detempteur , encore qu'elles ayent été payées au créancier par le detteur ou autre , au déçû du tiers detempteur.

X X X I.

Et neanmoins si le créancier de la rente a eu juste cause d'ignorer l'alienation, parce que le detteur est demeuré en possession de l'heritage par la cession, retention d'usufruit, constitution de précaire, ou autre chose semblable, la Prescription n'aura cours durant la joüissance de l'ancien proprietaire.

X X X I I.

Les privilegiez sont les Eglises & Communautez qui joüissent des droits des mineurs, mais les biens & droits particuliers des personnes Ecclesiastiques demeurent sujets à la Loy commune de la Prescription.

X X X I I I.

Sont reputez presens ceux qui ont leur domicile dans un même Bailliage ou Senéchaussée principale de chacune Province, & les autres sont reputez absens.

X X X I V.

Si aprés la Prescription commencée celuy qui étoit present transfere son domicile hors le Bailliage ou la Senechaussée, le temps qui manque aux dix années sera doublé pour parfaire la Prescription.

X X X V.

La vente faite par la femme sans l'authorité de son mary, n'est point un juste titre pour prescrire.

X X X V I.

Si aucun a joüi d'un heritage ou rente ou autre chose prescriptible par l'espace de trente ans continuels, tant pour luy que ses predecesseurs & autheurs, fran-

chement , publiquement , & fans aucune inquiétation , il a acquis Prefcription entre âgez & non privilegiez , encore qu'il ne faffe apparoir de tître, & nonobftant que l'action hypotéquaire foit jointe à la
perfonnelle.

XXXVII.

La faculté de racheter à toûjours un heritage , fe
prefcrit à trente ans de plein droit, fans qu'il foit neceffaire d'obtenir aucun jugement.

XXXVIII.

Et fi la faculté de rachepter eft limitée au temps
moindre de trente ans , l'acquereur ne pourra fe conferver la proprieté de l'heritage , fi après la grace expirée il n'obtient un jugement contre le vendeur ou
fes heritiers, portant prorogation de la grace qui ne
pourra exceder un an ; lequel temps paffé ils en demeureront déchûs de plein droit , fans qu'il foit befoin d'autre jugement , le delay d'un an ne commencera à courir que du jour de l'Arrêt.

XXXIX.

Le temps de la grace accordé par un Contract
de vente fait par un majeur, court & continuë contre fes heritiers nonobftant leur minorité.

XL.

Si celui qui a acquis un heritage à la charge du
réméré, le revend purement & fimplement à un tiers
qui poffede la chofe de bonne foy , publiquement &
paifiblement , pendant dix ans entre prefens & vingt
ans entre abfens , le premier vendeur demeurera dé-

chû de la faculté de rentrer dans l'heritage, sauf à se
pourvoir pour ses dommages & interêts contre l'acquereur.

X L I.

Biens d'Eglise allienez au profit d'autres personnes
que parens ou alliez du Titulaire qui a fait l'allienation, demeurent prescrits par une possession de quarante ans, quand le titre de l'allienation ne paroît
point ; mais si par la representation du titre l'allienation se trouve nulle par le deffaut de la clause ou des
formalitez, le vice ne se découvre point en la personne de l'acquereur ou de ses successeurs à titre universel, par quelque temps que ce soit, moindre de
cent ans, & quant au tiers acquereur de bonne foy,
il prescrit par quarante ans.

X L I I.

Le temps de la prescription ne court du vivant du
titulaire ou du mauvais administrateur qui a alliené.

X L I I I.

La Prescription d'une Eglise contre une autre Eglise, est de quarante ans.

X L I V.

Simple sommation, dénonciation ou interpellation,
n'est suffisante pour interrompre la Prescription de dix
ans & au dessus, mais est requis un ajournement li-
bellé qui sert d'interruption, encore qu'il soit donné
par devant un Juge incompétant.

X L V.

La Prescription ne commence à courir au profit de

celui qui a promis garantir un heritage ou une rente , sinon du jour que l'acheteur a été troublé & que
l'on a cessé de payer les arrérages de la rente.

X L V I.

Le temps de la Prescription pour le tiers possesseur
contre un substitué, ne court que du jour que la substitution a été ouverte au profit du substitué.

X L V I I.

On ne peut demander que vingt-neuf années d'une
pension annuelle & viagere.

De la Peremption d'instance.

I.

L'Instance non poursuivie par le laps de trois ans
continus, demeurera perie & n'aura aucun effet,
comme si elle n'avoit point été intentée ; ce que nous
voulons être observé en toutes les Jurisdictions de
nôtre Royaume.

I I.

S'il n'y a qu'une simple demande & assignation non
suivie de comparation ou contestation, la Peremption
a lieu.

I I I.

La Peremption a lieu , même dans nos Cours ,
dans les instances mises en état dans les Causes des
Appelations verballes, Requêtes civiles, & deman-
des mises aux Rôles ordinaires & extraordinaires ; &

dans les Procez par écrit qui auront été conclus, la ceſſation des trois ans ſera comptée du jour de la derniere procedure faite ſur le principal ou ſur l'incident qui a été joint.

I V.

La mort du Procureur n'empêche point la Peremption, mais la mort de l'une des Parties en arrête le cours.

V.

La Peremption acquiſe par la ceſſation de trois ans, n'eſt point couverte par les procedures volontaires faites depuis par les Procureurs, s'il n'y a acte ſigné de la Partie, ou s'il n'aparoît d'un ordre exprés donné au Procureur.

V I.

Quand il y a commandement avec aſſignation aprés la Peremption de l'aſſignation, le commandement demeure ſans effet.

V I I.

Le Juge ne peut, d'Office, déclarer l'inſtance perie, mais la demande en Peremption doit être formée & inſtruite à l'ordinaire.

V I I I.

Les dépens des procedures faites és inſtances peries, ne ſont ajugez de part ny d'autre.

I X.

Et neanmoins les Enquêtes, Interrogations, Procez verbaux de ſcellez de comptes, & tous les actes probatoires, demeurent en leur entier; & les frais qui

ont

ont été faits pour les mêmes actes dans l'instance perie, ne laisseront d'entrer en taxe dans la nouvelle
instance entre les mêmes Parties & leurs heritiers &
successeurs à titre universel.

X.

Les actions qui doivent être intentées dans l'an &
jour, ou dans un moindre temps, sont prescrites par
la cessation des procedures durant un pareil temps,
pourvû qu'il n'y ait point de contestation en cause;
mais après la contestation la Peremption n'est acquise
que par la cessation de trois années entieres, à compter
du jour de la derniere procedure.

X I.

L'Appel d'une Sentence ayant pery, la Sentence
demeure confirmée, & il n'est loisible à l'un & à l'autre des Parties d'en apeller de nouveau.

X I I.

Les Requêtes civiles obtenuës & signifiées, ne demeurent peries que par une cessation de trois ans.

X I I I.

L'instance sur des Lettres de Restitution, ou de Ré-
cision, ou de Requête civile, étant perie, le demandeur
n'est recevable à demander de nouvelles Lettres.

X I V.

Un Appel non relevé est sujet à Peremption.

X V.

L'Appel d'une Sentence interlocutoire étant pery,
l'instance principale tombe aussi en Peremption,
pourvû qu'il n'y ait point de deffences particulie-

II. Partie. F f

res de paſſer outre à l'inſtruction du principal.

X V I.

Les Cauſes concernant nôtre Domaine & nos droits, ne tombent point en Peremption, & ne pourront s'en aider les particuliers contre nôtre Procureur Général & ſes Subſtituts, & nôtre Procureur Général, contre les particuliers.

X V I I.

Les inſtances des Officiers pour le réglement de leurs Charges, ne ſont pareillement ſujettes à Peremption.

X V I I I.

Les ſaiſies réelles & les inſtances de criées, ne tombent point en Peremption lors qu'il y a établiſſement de Commiſſaire.

X I X.

Les Procez criminels pourſuivis extraordinairement ne tombent en Peremption, mais ſi les accuſez ſont reçûs en Procez ordinaire & qu'ils ſoient pourſuivis à fins civiles, la Peremption à lieu.

X X.

La Peremption n'a lieu dans les inſtances qui concernent l'état & la condition des perſonnes.

X X I.

Elle n'a lieu pareillement pour les appellations comme d'abus.

X X I I.

Saiſies & arrêts de deniers demeurent ſans effet, encore qu'elles n'ayent été ſuivies d'aucune aſſigna-

tion ; si elles sont demeurées sans poursuites pendant
un an ; mais sur les saisies où il y a assignation la Peremption ne sera acquise qu'après une cessation de
trois ans.

XXIII.

Les procedures faites par devant les Arbitres , &
même le compromis, encore qu'il n'ait été suivy d'aucune procedure , arrête le cours de la Peremption.

XXIV.

Si la femme qui est Partie en une instance se marie, la Peremption est interrompuë du jour du mariage.

XXV.

Une simple signification , quoyque surabondante
& inutile , empêche la Peremption.

XXVI.

La Peremption à lieu contre les Communautez
Ecclesiastiques & Laïques sans esperance de restitution , pourvû toutefois qu'il ne s'agisse pas de l'alienation du fond des biens de l'Eglise.

XXVII.

La Peremption court contre les mineurs qui sont
pourvûs de Tuteurs ou Curateurs , sans espoir de
restitution , sauf leurs recours pour leurs dommages
& interêts contre leurs Tuteurs & Curateurs.

XXVIII.

Et neanmoins en cas d'insolvabilité des Tuteurs &
Curateurs qui auront laissé perir l'instance , seront
accordées aux mineurs nos Lettres de restitution pour
être rétablis en leurs premiers droits.

Des Cessions de biens & Repits.

I.

ABrogeons l'usage des cessions de biens & les Ordonnances, Loix & Coûtumes qui en font mention, même és cas pour lesquels les contraintes par corps ont été reservées & reçûes par nôtre nouvelle Ordonnance.

I I.

Répit n'a lieu pour les sommes & autres choses ajugées par Sentence diffinitive & contradictoire, loyers de maison & heritages des Villes & de la Campagne, payables en argent, ou en grain, ou autres especes, ny pour les arrérages des rentes & les dettes crées au profit des mineurs durant leur minorité.

I I I.

Ne seront expediées aucunes Lettres de Répit, sinon pour être examinées & regiftrées en connoissance de Cause avec les créanciers, ou eux dûëment appelez.

I V.

Les Répits ne peuvent être ordonnez en justice sans Lettres qui pouront être prises en nôtre grande Chancellerie, ou és petites Chancelleries étans proche nos Parlemens ; & en attendant l'obtention des Lettres, le Juge pourra donner au detteur un delay compétent pour les obtenir, & les faire signifier à ses créanciers

& entériner avec eux, & pendant le delay, furçoiront toutes pourfuites & les executions & rentes des biens du detteur.

V.

Pourront neanmoins les créanciers, ou aucuns d'eux, durant les delais des affignations & des procedures qui feront faites fur l'entérinement des Lettres de Répit, faire faifir les meubles, droits & effets mobiliers de leur detteur; & y établir des Gardiens pour empêcher le divertiffement d'iceux, jufques à ce qu'il y ait été pourvû par le Juge, avec connoiffance de caufe avec les Parties intereffées.

V I.

Les Lettres de Répit feront adreffez au Bailliage & Senéchauffée, ou au Siége particulier dans lequel le detteur a établi fon domicile & fait fon principal féjour avec fa famille, durant les trois dernieres années, avant l'obtention des Lettres. Deffendons à nos Cours & aux Requêtes de l'Hôtel & du Palais, Juges confervateurs, & à tous autres Juges de quelque qualité qu'ils foient, d'en prendre connoiffance; & aux Parties de s'y pourvoir, à peine de nulité.

V I I.

Les créanciers peuvent fans Lettres accorder à leur detteur un ou plufieurs termes, faire telle remife que bon leur femblera, & convenir entr'eux des conditions pour le payement de leur dû, & ce qui fera convenu & arrêté avec le plus grand nombre des créanciers à la pluralité des voix, fera executé à l'égard des autres.

VIII.

La pluralité des voix ne fera point confiderée par le nombre des perfonnes, mais par la quantité des fommes dûës à chacun créancier ; & s'il fe trouve dû à un ou deux créanciers plus qu'à tous les autres enfemble, leur propofition fera fuivie ; & en cas d'egalité de créance, l'opinion où il y aura plus grand nombre de créanciers, prévaudra ; & fi le nombre des perfonnes & la quantité des fommes à eux dûës font pareilles, fera fuivi le fentiment qui fe trouvera plus doux & favorable pour le foulagement du detteur.

IX.

Au nombre des créanciers qui donneront leurs suffrages, ne feront compris les parens ou alliez du detteur, jufques au degré de coufin germain, incluſivement.

X.

Aucun ne fera reçû à propofer aucune chofe fur les Répits pourfuivis en juftice ou en des affemblées particulieres, qu'il n'ait auparavant baillé un état de ce qui luy eft dû tant en principal qu'interêts, frais & dépens, reprefenté les pieces juftificatives de fa dette, & affirmé en perfonne, ou par Procuration fpeciale, que les fommes par luy demandées luy font véritablement & légitimement dûës ; & pareille affirmation fera faite par le detteur.

XI.

En cas de conviction de parjure, le créancier demeurera déchû de plein droit de fa dette entiere, &

payera pareille fomme que celle qui avoit été par luy demandée aux autres créanciers, pour être diftribuée entre les autres créanciers par contribution au fol la livre ; & le detteur qui fe trouvera avoir fait une fauffe affirmation, demeurera déchû du benefice de Répit, fera condamné & contraint par corps comme Stellionataire au payement des fommes dûës aux autres créanciers.

X I I.

Le temps de Répit pourfuivi en Juftice ne pourra aller au delà de cinq années, mais il pourra être réduit à moindre temps, fi le Juge aprés avoir oüi les créanciers, & avec connoiffance de caufe, le trouve à propos ; & le Répit accordé hors jugement dans les affemblées particulieres des créanciers ne pourra auffi exceder cinq années, fi ce n'eft que tous les créanciers d'une commune voix jugent à propos de donner un plus long delay.

X I I I.

Le detteur qui a obtenu une fois un Répit en juftice ou par traité fait avec fes créanciers, n'eft recevable à en demander un fecond, encore que le premier eût été moindre de cinq années.

X I V.

Les ventes, échanges, donations, & autres allienations faites par les detteurs, & pareillement les obligations & promeffes par luy contractées, & les tranfports de fes meubles, droits & effets faits avant l'obtention des Lettres de Répit, ou l'acte de la premiere aſſemblée de ſes créanciers, n'auront aucun effet au préjudice des créanciers précedens.

De la communauté de Biens entre mary & femme.

I.

LA communauté de biens entre conjoints par mariage, és pays où elle a lieu, commence du jour des epouſailles & Benediction nuptiale, encore qu'ils n'ayent demeuré enſemble par an & jour.

I I.

S'il n'y a Contract de Mariage, la communauté ſera reglée, & les droits qui en dependent, par la Loy & Coûtume du lieu où le mary avoit ſon domicile lors de la Benediction nuptiale ; & s'il y a Contract de Mariage, ſera conſideré le domicile du mary au jour du Contract, ſi ce n'eſt que dans le Contract il y ait ſoûmiſſion expreſſe à un autre droit ou coûtume, le tout ſans avoir égard à la tranſlation du domicile faite depuis la Benediction nuptiale ou le Contract de mariage.

I I I.

Quand il y a communauté de biens entre le mary & la femme, y entreront les acquiſitions faites dans les lieux où la communauté n'eſt reçûë.

I V.

On peut, par le Contract de Mariage, déroger à la comla communauté introduite par la Coûtume, & en exclure la femme où l'obliger de se contenter d'une certaine somme pour tous droits de communauté.

V.

Toutes contre-lettres faites au préjudice de ce qui a été convenu & accordé par le Contract de Mariage, sont nulles, même à l'égard de ceux qui ont signé les contre-lettres, & ne peuvent les conjoints, durant le mariage, y déroger par aucun acte de quelque qualité qu'il soit, même en la presence & par l'avis de tous les parens qui ont assisté au Contract de Mariage, supposé même que la réformation soit faite pour réduire les conventions au droit commun de la Coûtume.

V I.

Et neanmoins les contre-lettres faites par devant Notaires, avant la celebration du mariage, du consentement des futurs conjoints, en la presence de leurs principaux & plus proches parens, sont valables.

V I I.

Les conventions faites par Contract de Mariage pour le réglement des biens que les conjoints veulent respectivement mettre en communauté, & pour les portions qu'ils y doivent prendre, quoy qu'extraordinaires & avantageuses à l'un des conjoints, sont valables sans insinuation.

V I I I.

Dans la communauté entrent tous les biens meubles, droits & effets mobiliers, presens & à venir, les acquêts, immeubles faits par les deux conjoints,

II. Partie.   G g

ou séparement par l'un d'eux , durant le mariage , &
toutes les dettes passives mobilieres & immobilieres
creées durant le mariage , & non les dettes immobilieres, actives & passives creées par l'un des conjoints
avant la Benediction nuptiale , le tout s'il n'y a convention contraire dans le Contract de Mariage.

I X.

Si par le Contract de Mariage il est convenu que
le total ou une partie des effets mobiliers de deux conjoints, ou de l'un d'eux, leur tiendra nature de propre,
la convention n'aura aucun effet , s'il n'en a été fait
inventaire avant la celebration du mariage, ou le même
jour, par devant Notaires ou d'autres personnes publiques, signé des conjoints, ou avec déclaration de ne
sçavoir signer , & en deffaut d'inventaire celuy avec
lequel a été faite la convention né reprendra que ce
qu'il justifiera par écrit luy avoir appartenu lors du
mariage.

X.

Le prix dû à l'un des conjoints lors de la Benediction nuptiale pour la vente d'un immeuble par luy
faite auparavant , n'entre point en Communauté.

X I.

Si avant le mariage l'un des conjoints a acquis un
immeuble , le prix qui en sera dû lors de la celebration du mariage sera payé sur les biens particuliers
de l'acquereur , & non sur le fond de la communauté.

X I I.

Les acquisitions faites par l'un des conjoints depuis

le Contract de Mariage avant la Benediction nuptiale,
entreront en communauté, ſi ce n'eſt que les acquiſitions ayent été faites en execution des clauſes du Contract de Mariage, auquel cas elles ſeront reglées ſuivant les conventions du Contract de Mariage.

X I I I.

En pays de droit écrit & és Coûtumes où la communauté de biens entre mary & femme n'eſt reçüë,
la ſocieté ſtipulée par le Contract de Mariage ne comprend que les immeubles & les meubles acquis durant
le mariage, ſi ce n'eſt que dans le Contract il y ait
une convention expreſſe au contraire.

X I V.

Et neanmoins s'il n'a été fait inventaire en la forme
cy-deſſus avant le mariage, ou le jour de la celebration du mariage, les meubles, droits & effets mobiliers qui appartiendront à chacun des conjoints, n'entreront en la ſocieté conventionelle, à la reſerve de
ceux que l'on juſtifiera par écrit leur avoir appartenu
au temps de la Benediction nuptiale.

X V.

Si le mary ou la femme ſe trouvent obligez avant
leur mariage ſolidairement avec quelques autres perſonnes en quelques dettes mobilieres, le créancier
peut ſe pourvoir pour le tout ſur les biens de la communauté, ſauf le recours des conjoints contre les
coobligez.

X V I.

Si par le Contract de Mariage il eſt convenu que

les conjoints payeront féparement leurs dettes faites
avant le mariage, la convention aura fon effet entre les conjoints, encore que lors du mariage il n'ait
été fait inventaire des meubles & effets mobiliers de
celuy du chef duquel procedent les dettes.

X V I I.

Les créanciers en deffaut d'inventaire pourront fe
pourvoir fur les biens de la communauté, fauf le recours du conjoint qui n'étoit obligé contre l'autre.

X V I I I.

Les dettes paffives creées avant le mariage pour le
fond d'une Banque ou négoce de marchandifes, fui-
vent le fond ou négoce, & feront acquitez par celuy
des conjoints qui aura creé les dettes, fi le fond de la
Banque ou négoce n'a été de la communauté, & par
la communauté, fi les effets de la Banque ou négoce
font entrez en communauté.

X I X.

Si par le Contract de Mariage il eft convenu que
les conjoints payeront féparement les dettes, les comptes des Tutelles & Curatelles dont ils font chargez,
en ce qui concerne l'adminiftration faite avant le mariage, feront rendus & reliquat payé par celuy qui en
a la charge, & la communauté tenuë de compter de
l'adminiftration pofterieure.

X X.

Les meubles, droits & effets mobiliers échûs à tître
de fucceffion à l'un des conjoints durant le mariage,
entreront en communauté, & les immeubles luy de-

meureront propres , & les dettes paſſives de la ſucceſſion doivent être payées , ſçavoir les mobilieres ſur
les biens particuliers de celuy qui a recüeilli la ſucceſſion , encor qu'entre luy & ſes coheritiers les dettes
mobilieres ayent été payées à proportion de l'émolument , le tout s'il n'y a convention contraire dans le
Contract de Mariage.

XXI.

Les créanciers de la ſucceſſion échûë au mary durant le mariage , pourront ſe pourvoir ſur tous les biens
de la communauté pour le payement des ſommes à
eux dûës , ſauf aprés la diſſolution de la communauté
à la femme & à ſes heritiers à prendre ſur les biens du
mary la récompenſe de ce qui a été pris ſur la part
de la communauté , pour acquiter le total des dettes
immobilieres , & les dettes paſſives mobilieres , en
ce qu'elles ſe trouveront exceder la valeur des meubles & effets mobiliers de la même ſucceſſion qui ſont
entrez dans la communauté.

XXII.

Et le ſemblable ſera obſervé pour les dettes des ſucceſſions échûës à la femme , quand elle a été autoriſée par ſon mary pour les recüeillir.

XXIII.

Mais ſi elle prend la ſucceſſion par autorité de juſtice au refus de ſon mary , les effets mobiliers de la
ſucceſſion n'entreront en communauté , & les créanciers ne pourront ſe pourvoir que ſur la nuë proprieté
des immeubles particuliers de la femme, & ſur les biens

mobiliers & immobiliers de la succeſſion de leur detteur.

XXIV.

S'il n'eſt dit par le Contract de Mariage que les conjoints payeront ſéparement leurs dettes , le mary durant le mariage eſt tenu , & peut être contraint ſolidairement avec la femme , au payement des dettes mobilieres par elle creées avant le mariage , & aprés la diſſolution le mary & ſes heritiers ſeront contraints ſeulement pour une moitié , au cas que la communauté ſoit acceptée par la femme ou ſes heritiers , & pour le tout en cas de renonciation de la communauté.

XXV.

La communauté demeure chargée des dettes auſquelles les conjoints ſont reſpectivement obligez par un devoir de pieté & par une obligation naturelle , comme ſont les allimens dûs à leurs peres & meres & autres décendans , & aux enfans iſſus de leurs precedens mariages , lors que leur revenu n'eſt pas ſuffiſant pour leur ſubſiſtance , ſans que les conjoints puiſſent prétendre l'un contre l'autre aucun recours ou récompenſe pour ce regard.

XXVI.

Les réparations d'entretenement faites ſur le propre de l'un des conjoints , ſont chargez de la communauté , mais ce qui a été payé pour les groſſes réparations doit être raporté à la communauté par le proprietaire de l'heritage.

XXVII.

Et s'il y a des augmentations & ameliorations , elles

feront raportées , eu égard à ce que l'heritage eſt devenu meilleur & de plus grand prix , ſuivant l'eſtimation qui en ſera faite , encore que les quittances des
ouvriers montent à plus grande ſomme , ſi mieux n'aime le proprietaire raporter les ſommes qui auront été
payées ſuivant les marchez & quittances.

X X V I I I.

Les dépens & frais de Procés qui ont été faits par
le propre de l'un des conjoints , doivent être rappor-
tez à la communauté par le proprietaire de l'heritage ,
ſi les frais ſont notables & de conſéquence , eu égard
à la qualité de la choſe , & à la qualité des parties ;
mais les frais mediocres doivent être compenſez avec
les fruits & joüiſſances dont la communauté a amendé.

X X I X.

Le mary & la femme qui ſont intervenus dans
un Contract de conſtitution de rente , ou dans une
obligation de rente , ou dans une obligation active &
paſſive , & conjointement avec une tierce perſonne ,
ne ſont conſiderez que pour une ſeule perſonne, & par-
ticipant pour moitié au profit & à la charge de la dette.

X X X.

Les arrérages échûs durant la communauté des rentes dont le mary & la femme étoient redevables avant
leur mariage , doivent être pris ſur le fond de la communauté.

X X X I.

La moitié dûë par les heritiers de l'un & de l'autre
des conjoints des dettes paſſives , mobilieres & immo-

bilieres de la communauté, doit être acquitée par l'heritier des propres qui sont tenus d'y contribuër.

XXXII.

Les dépens des Procés criminels, & les amendes & réparations ajugées contre une femme mariée, ne se prennent sur la communauté, ains sur les propres de la femme, à la charge de l'usufruit du mary durant la communauté, sur la part de la femme dans les meubles & conquêts de la communauté.

XXXIII.

Mais les dépens, amendes & réparations des Procés criminels jugez contre le mary, sont pris sur les biens de la communauté, sinon lors que la peine ordonnée contre le mary emporte dissolution de la communauté; comme celle de mort, ou de galleres, ou de bannissement perpetuel.

XXXIV.

La confiscation ordonnée pour crime contre le mary, ne comprend que sa moitié dans les biens de la communauté, & non la moitié de la femme.

XXXV.

La femme & ses heritiers qui ont pris la communauté, ne sont responsables des dommages & interêts ajugez contre le mary pour faute commise en l'exercice de sa charge.

XXXVI.

La femme & ses heritiers ne sont tenus des dettes de la communauté qui a été par eux acceptée, que jusques à concurrence de ce qu'ils ont amendé de ladite

dite communauté, pourvû que bon & loyal inventaire ait été fait dans trois mois du jour de la diffolution de la communauté.

X X X V I I.

La femme & fes heritiers qui ont renoncé à la communauté en faifant la reprife accordée par le Contract de Mariage de tout ce qui a été apporté par la femme, doivent fouffrir la déduction de ce qui a été payé des deniers de la communauté, pour les dettes paffives par elles creées avant fon mariage ; mais fi la reprife eft rétrainte à une portion de ce qu'elle a apporté, toutes fes dettes paffives demeurent à la charge de la communauté, fi ce n'eft que dans le Contract de Mariage il y ait convention contraire.

X X X V I I I.

Le deüil de la veuve & de fes domeftiques, fait part des frais funeraires, & le tout doit être pris fur les biens du mary & non fur la communauté.

X X X I X.

Les legs que le mary a déclarez par fon Teftament avoir été par luy faits pour la décharge de fa confcience, doivent être acquitez fur le fonds de la communauté, fi ce n'eft qu'il y ait preuve que la déclaration a été faite en fraude de la femme.

X L.

Les deniers procedans de la vente de grands bois qui ont été mis en coupes ordinaires d'ancienneté pour être exploitez en quatre-vingt ou cent années, ne font fujets à remploy.

II. Partie. H h

X L I.

Quand aucune rente dûë par l'un des conjoints ou
sur les heritages avant son mariage , est rachetée des
deniers de la communauté , la rente demeure éteinte ,
& celuy qui en étoit redevable doit raporter à la communauté en deniers ce qui a été payé en son acquit
pour le rachat, ou moins prendre.

X L I I.

La chose retirée par retrait lignager, feodal ou
censuel, est propre à celuy des conjoints au nom duquel le retrait a été exercé , à la charge de raporter
à la communauté ce qui a été payé pour parvenir au
retrait en principal, frais & loyaux coûts.

X L I I I.

Les choses retirées par droit de retrait feodal ou
censuel en vertu de la cession prise par le mary durant
la communauté du Seigneur de Fief , appartiennent
à la communauté ; mais si le retrait a été exercé durant la communauté en vertu d'une action prise avant
le Contract de Mariage , les choses retirées demeureront au Cessionnaire, en rapportant à la communauté
les sommes qui ont été tirées pour l'execution du retrait.

X L I V.

Ce qui est acquis à prix d'argent durant la communauté dans la Censive , Fief ou Seigneurie de l'un
des conjoints, est conquêt de la communauté , sauf
à luy ou à ses heritiers à exercer l'action du retrait
de my-denier dans un an après la dissolution du mariage.

X L V.

Si durant la communauté le mary acquiert aucuns heritages en la Cenfive du Fief à luy apartenant, ou aucuns Fiefs mouvans d'un autre Fief à luy appartenant, la réünion de la Cenfive au Fief, & du Fief fervant au dominant, eft cenfée faite dés l'inftant de l'acquifition pour la moitié que le mary doit prendre dans la communauté, & même pour le tout, fi dans la fuite la femme ou fes heritiers renoncent à la communauté.

X L V I.

Et fi l'acquifition eft faite d'un heritage étant dans la Cenfive de la femme, ou d'un Fief mouvant d'un autre Fief à elle appartenant, la réünion ne s'en fait à fon égard qu'aprés la diffolution de la communauté, & en cas d'acceptation d'icelle.

X L V I I.

L'heritage dont l'un des conjoints étoit en poffeffion avant le mariage, & dont le droit luy a eté confirmé par Tranfaction faite durant le mariage, moyennant une fomme tirée du fond de la communauté, luy demeure pour le tout, en rapportant à la communauté la fomme qui a été payée ; mais fi lors du mariage l'heritage étoit encore entre les mains de la perfonne avec laquelle on a tranfigé, il fera compris au nombre des conquêts de la communauté.

X L V I I I.

Les fruits naturels qui font pendans par les racines lors de la diffolution de la communauté, par mort

civile ou naturelle, ou par séparation de biens sur les
heritages qui appartenoient à l'un des conjoints avant
le mariage, demeurent au proprietaire ou à ses heritiers, en rendant à la communauté les frais des labours, amendemens & semences.

XLIX.

Si l'un des conjoints ayant recüeilli une succession
pour se décharger du payement des legs faits par le
deffunt, abandonne aux légataires les meubles & acquêts & la portion des propres dont la coûtume per-
met de disposer, il ne sera dû à l'autre des conjoints
aucune récompense à cause de l'abandonnement des
meubles, pourvû que l'abandonnement soit utile à
l'heritier & fait sans fraude.

L.

Les sommes & autres choses données par les conjoints par mariage, ou par le mary en la presence ou
absence de sa femme, ou par la femme en presence
ou sous l'autorité du mary, aux enfans issus de leurs
precedens mariages, doivent être raportez à la communauté par le pere ou la mere des donataires, soit
qu'il y eût des enfans issus du mariage commun ou
non; mais les interêts & fruits des choses données
ne sont sujets à rapport, sinon du jour de la dissolution de la communauté.

LI.

Et neanmoins s'il n'y a point d'enfans issus du mariage commun, & que l'autre des conjoints déclare
expressement par la donation qu'il entend donner de

ſon chef, les choſes données ne ſeront ſujetes à rapport.

L I I.

Et le ſemblable ſera obſervé pour les donations faites aux heritiers préſomptifs de l'un des conjoints lors du mariage, ou quelque rente racheté ; le prix de la rente & du rachat eſt ſujet à remploy, & ſi le remploy n'en a été fait, les deniers ſeront repris avant partage ſur les biens de la communauté.

L I I I. & L I V.

Le remploy n'eſt valable s'il n'a été fait avec déclaration expreſſe en preſence des deux conjoints, & accepté par celuy qui étoit proprietaire de l'heritage & créancier de la rente.

L V.

Homme & femme conjoints par mariage, encore qu'ils ſoient mineurs de vingt-cinq ans, ſont réputez uſans de leurs droits & effets mobiliers, & pour l'adminiſtration des fruits de leurs immeubles, & non pour vendre, aliener ny engager le fond des immeubles.

L V I.

Le mary eſt Seigneur des meubles & conquêts de la communauté, & peut ſans le conſentement de ſa femme les vendre, aliener, hypotéquer, & en diſpoſer entre vifs à ſon plaiſir & volonté, en faveur de telle perſonne que bon luy ſemble, autre que ſon heritier préſomptif & ſans fraude, mais il n'en peut diſpoſer à cauſe de mort.

L V I I.

Le mary eſt Seigneur des droits mobiliers & poſ-

ſeſſoires, actifs & paſſifs, procedans du chef de la femme, & peut le mary ſeul ſans ſa femme agir & deduire
ſes droits en juſtice en demandant & deffendant.

LVIII.

Mais la femme doit être en cauſe quand il s'agit
d'une action réelle, ou d'une action mixte, pour la
réciſion ou reſtitution en entier, contre un Contract
d'alienation de l'immeuble de la femme.

LIX.

Il peut auſſi luy ſeul faire les baux à loyer ou moiſſon
des heritages de ſa femme, ſçavoir des maiſons &
des heritages aſſis dans les Villes & Fauxbourgs pour
ſix ans, des maiſons & heritages de la Campagne
pour neuf ans, & ſera tenuë la femme aprés la diſſolution de la communauté d'entretenir les baux.

LX.

Si les baux ont été faits par anticipation, ſçavoir
ceux des Villes & Fauxbourgs plus de neuf mois, &
ceux de la Campagne plus de dix-huit mois avant la
fin des precedens baux, la femme pourra dépoſſeder
les Locataires & Fermiers aprés la diſſolution de la
communauté, ſi ce n'eſt que la femme ſoit interve-
nuë dans les baux, & que le temps de l'anticipation
ſoit expiré avant la diſſolution de la communauté.

LXI.

Des bois taillis appartenans à la femme, le mary
ne peut en l'abſence & ſans le conſentement de la
femme avancer les coupes, mais il peut en faire des
baux pour le temps des coupes ordinaires, ſelon

l'ufage de chacune Province , eû égard à la qualité des bois.

LXII.

Le mary ne peut vendre , échanger , faire partage , ou licitation , obliger, ny hypotéquer le propre heritage de fa femme fans fon confentement.

LXIII.

Et neanmoins il peut en l'abfence de fa femme, étant en communauté, recevoir les rachats des rentes à elle dûës.

LXIV.

Si par la Loy du bail à Cens ou par la difpofition de la Coûtume , l'heritage doit tomber en commife par la ceffation du payement du devoir pendant trois années confecutives , le propre heritage de la femme ne tombera en commife par la négligence du mary, fauf au Seigneur & au bailleur de l'heritage à fe pourvoir fi bon luy femble contre le mary & fur les biens de la Communaté , pour la peine qui fera arbitrée par le Juge.

LXV.

En tous les pays de Coûtume & de droit écrit, la femme mariée, majeure ou mineure , même celle qui eft feparée de biens, ne peut donner entre vifs, vendre , alliener ny hypotéquer fes immeubles , pour quelque caufe que ce foit , fans autorité expreffe de fon mary , à peine de nullité tant à l'égard du mary qu'entre les contractans.

LXVI.

Le deffaut d'autorifation du mary ne peut être

couvert par une ratification posterieure, mais l'autorité peut être donnée dans le même Contract par le mary present, ou en vertu de sa Procuration speciale ou generale, anterieure au Contract.

LXVII.

La simple presence du mary n'est suffisante, mais l'autorité expresse ou formelle est necessaire.

LXVIII.

Le don mutuel fait entre le mary & la femme, n'est valable si la femme n'est autorisée de son mary, & le deffaut d'autorisation rend le don mutuel de part & d'autre nul.

LXIX.

Obligation de la femme faite sans l'autorité du mary pour le délivrer de prison, de victuailles, & provisions ordinaires de la maison, pour marchandises de drap, linge, & autres étoffes servant à l'usage necessaire & ordinaire, est valable.

LXX.

La femme marchande publique, qui fait un trafic separé & different de celuy de son mary, s'oblige valablement, & pareillement son mary sans son consentement, pour le fait & les dépendances de son négoce, même au dessus de la valeur du fond du négoce.

LXXI.

La femme separée de biens peut, sans l'autorité & consentement de son mary, disposer de ses meubles & effets mobiliers, agir & êter en jugement, & faire tous actes ordinaires concernant l'administration de ses biens.

LXXII.

LXXII.

Elle peut aussi acquerir sans l'autorité de son mary, pourvû que l'acquisition soit faite à prix comptant ; mais si elle est faite à credit elle ne le peut si elle n'est autorisée de son mary, ou par justice à son refus.

LXXIII.

Si la femme separée de biens desire disposer de ses immeubles pour pourvoir ses enfans, elle peut en cas de refus du mary se faire autoriser par justice sur l'avis de deux de ses plus proches parens.

LXXIV.

La separation de biens d'entre le mary & la femme n'est valable, si elle n'est ordonnée en justice avec connoissance de cause & sur enquête, la Sentence mise au Greffe prononcée & executée par une vente serieuse des meubles du mary, ou par un acte public & authentique, registré au Greffe, contenant le payement du total ou d'une partie notable des droits & conventions de la femme, ou par des poursuites effectives faites par la femme pour le payement de ses conventions.

LXXV.

La femme separée doit être payée des remplois & reprises de ses biens qui luy ont été accordées en cas de survivance par son Contract de Mariage, mais le Doüaire, habitation, preciput, gain de survie, ameublissement, bagues & joyaux, & autres avantages procedans de la liberalité du mary, ne peuvent être demandez qu'aprés la mort naturelle du mary, sous

II. Partie. I i

les mêmes clauses, charges & conditions portées par
le Contract de Mariage, au cas que la femme ait
survêcu.

L X X V I.

Les créanciers de la femme ne peuvent, sans son
consentement, demander la séparation de biens.

L X X V I I.

Les séparations de biens ne seront valables si les
meubles n'ont été effectivement transportez hors la
maison du mary, & vendus en place publique au jour
du marché, & le Procés verbal signé de quatre personnes connuës.

L X X V I I I.

La pension alimentaire ordonnée à la femme par
la Sentence de séparation, attendant l'ouverture du
Doüaire accordé par le Contract de Mariage, sera
de la moitié du Doüaire, & si elle demeure chargée
des pensions, nouritures & entretenemens de tous
les enfans, elle aura pour cette charge l'autre moitié
du Doüaire ; & au cas qu'elle ne retienne avec elle
qu'une partie des enfans, elle aura pour leurs pensions, nouritures & entretenemens une portion dans ladite moitié, eû égard au nombre de tous les enfans
qui se trouveront vivans au temps de la séparation.

L X X I X.

La femme separée de biens ne peut demander les
arrérages des pensions destinées pour elle & ses enfans,
tandis qu'elle & ses enfans auront demeuré dans la
maison du mary & auront vêcu à sa table ; & nean-

moins elle ne laissera d'avoir les interêts de ses deniers
dotaux, & remplois des propres, du jour de la prononciation de la Sentence de séparation.

L X X X.

Aprés la prononciation & execution forcée ou volontaire de la Sentence de séparation, la femme ne peut
rentrer en communauté de biens sans le consentement de son mary, mais la communauté peut être
rétablie du consentement commun du mary & de la
femme, pourvû que cela soit fait par un acte au
Greffe du Siége où la Sentence de séparation a été
donnée, ou par un acte public & authentique passé
par devant Notaires, ou un Notaire & deux Témoins,
& la minute laissée chez le Notaire, & la grosse registrée au Greffe.

L X X X I.

Par le moyen du rétablissement de la communauté
tous les actes faits auparavant & depuis la séparation
demeurent nuls & anéantis, & les choses réduites au
même état que s'il n'y avoit jamais eu de séparation.

L X X X I I.

La femme, en cas de séparation, ou ses heritiers
aprés son deceds, ne peuvent exercer la contrainte
par corps contre le mary ny contre ses heritiers pour
le payement des droits de la femme, tant en principal qu'interêts.

L X X X I I I.

Si durant le Mariage l'un des conjoints est banny
à perpetuité hors le Royaume, ou le mary condamné

aux galeres perpetuels, la communauté demeure diffoluë du jour de la prononciation de la condamnation, pourvû qu'elle foit contradictoire, & fi elle eft
par deffaut & coûtumace, & que la partie condamnée
ne fe reprefente dans les cinq ans, la communauté
ne fera diffoluë qu'aprés la fin des cinq années.

L X X X I V.

La veuve, noble ou roturiere, peut renoncer à la
communauté, pourvû que la chofe foit entiere, &
qu'elle ne foit immifcée dans les biens, ou payé purement & fans proteftation les dettes de la communauté.

L X X X V.

La renonciation n'eft valable fi dans trois mois, à
compter du jour du deceds du mary, il n'a été fait
bon & loyal inventaire dès biens de la communauté,
avec les heritiers du mary ou eux dûement appellez,
ou qu'il n'ait été affirmé tel à la fin par la veuve en
perfonne, ou par Procureur fondé de Procuration
fpeciale, annexée à la minute de l'inventaire.

L X X X V I.

La renonciation de la veuve doit être faite dans
l'inventaire, ou par un acte feparé, inferé au pié de
la minute dans un mois aprés la derniere vacation de
l'inventaire, fans autres formalitez.

L X X X V I I.

En cas de prédeceds de la femme, fes heritiers ont
auffi la faculté de renoncer à la communauté dans le
même delay d'un mois, aprés la derniere vacation de

l'inventaire qui aura été fait à la diligence du mary, laquelle renonciation sera faite par un acte public & authentique passé par devant Notaires, dont sera laissé minute, & sera signifié au mary par un Huissier ou Sergent, en presence de deux Records qui signeront l'original & la copie de l'exploit, avec expression du lieu où le Sergent est immatriculé, des noms, surnoms, âges, qualitez & demeures des Records.

LXXXXVIII.

Si la veuve est convaincuë d'avoir recelé & diverti quelques effets de la communauté, ou d'en avoir disposé avant l'inventaire, ou qu'elle ait obmise sciemment d'y employer quelques effets considerables, eu égard à la condition des Parties, elle demeurera privée de la portion qu'elle eût pû prétendre dans les choses recelées, diverties & obmises, tant par le droit de communauté, don mutuel & autrement; & outre elle demeurera commune avec les créanciers & les heritiers du mary.

LXXXIX.

Si les heritiers de la femme ont diverti ou recelé quelques effets de la communauté, ou favorisé les recelez, divertissemens & obmissions volontaires faites par le mary, ils demeureront communs à l'égard des créanciers & tenus au payement des sommes à eux dûës.

XC.

La reprise accordée à la femme, en cas de renonciation à la communauté de ce qu'elle a apporté, ou qui luy eſt dû durant le mariage , ne paſſe à ſes heritiers collateraux ny à ſes enfans , ſans convention expreſſe.

X C I.

Par la renonciation faite par les heritiers de la femme prédecedée , la moitié qu'ils étoient fondez de prendre dans les biens de la communauté acroît au mary , & en cas de prédecés du mary la portion de la veuve qui renonce à la communauté acroit à l'heritier des meubles & acquêts , ou au légataire univerſel , à l'excluſion des heritiers des propres , & toutes les dettes paſſives de la communauté feront payées par l'heritier des meubles & acquêts , ou légataire univerſel.

X C I I.

Si la femme ou ſes heritiers depuis la renonciation par eux faite à la communauté , ont recelé & diverti quelques effets , ou favoriſé le recelé & le divertiſſement , la renonciation ne laiſſera d'être valable , & feront condamnez à la reſtitution du double de ce qui aura été recelé & diverti.

X C I I I.

On peut agir extraordinairement par voye d'information contre le mary & la veuve , & contre leurs heritiers pour les recelé & divertiſſement des effets de la communauté , mais ſur l'information on ne peut ordonner qu'un ſimple interrogatoire , aprés lequel l'affaire demeurera civiliſée & la pourſuite continuée aux fins d'une condamnation pecuniaire , ſans toutefois que les accuſez ſoient reçûs à faire enquête de leur part, ſauf à fournir de reproches contre les Témoins.

X C I V.

La veuve, nonobſtant la renonciation par elle faite à la communauté, eſt tenuë d'avancer de ſes deniers tout ce qui eſt dû aux Boulanger, Boucher, Epicier, Cabartier, & autres qui ont fourny leurs vivres durant la derniere année, & auſſi les ſalaires des Medecins, Chirurgiens, & le prix des medicamens de la derniere maladie du mary, pour en faire par elle le recouvrement ſur les biens de la ſucceſſion de ſon mary ſi bon luy ſemble.

X C V.

Il n'eſt dû aucuns droits Feodaux & Seigneuriaux pour le délaiſſement fait à la femme ou à ſes heritiers, des acquêts faits durant le mariage, en payement de ſes remplois, repriſes & autres conventions matrimonialles, ſuppoſé même que la femme ou ſes heritiers ayent renoncé à la communauté.

X C V I.

Mais ſi on delaiſſe à la veuve ou à ſes heritiers des propres du mary, les anciens droits Feodaux & Seigneuriaux en ſeront dûs.

X C V I I.

Par la vente faite depuis la diſſolution du Mariage, & avant le partage de la communauté par les heritiers du prédecedé au ſurvivant des conjoints, ou par le ſurvivant aux heritiers du prédecedé des acquêts faits durant le mariage, il n'eſt pareillement dû aucuns droits Feodaux ny Seigneuriaux.

XCVIII.

Pour licitation judiciaire ou conventionelle faite entre le survivant des conjoints & les heritiers du pré-decedé, ou entre les heritiers de l'un & de l'autre des heritages acquis durant la communauté, ne sont dûs aucuns droits Feodaux & Seigneuriaux, encore que les étrangers ayent été admis à la licitation, pourvû qu'ils ne soient adjudicataires.

XCIX.

Aprés le déceds de la femme le mary noble peut prendre les meubles corporels étans dans la commu-nauté, en payant toutes les dettes mobilieres & les frais des obseques de la deffunte, pourvû qu'il n'y ait enfans.

C.

Et neanmoins à l'égard des personnes domiciliez en la ville & fauxbourgs de Paris, les meubles y étans ne seront compris en la faculté cy-dessus accordée au survivant.

C I.

Quand l'un des deux conjoints par mariage decede delaissant aucuns enfans mineurs issus du même ma-riage, si le survivant ne fait faire inventaire des biens qui étoient communs au temps du trépas, avec per-sonne capable & légitime contradicteur, les enfans peuvent, si bon leur semble, demander continuation de communauté, laquelle dure, encore que le survi-vant se remarie.

C I I.

Pour la dissolution de la communauté l'inventaire
doit

doit être fait & proclamé dans trois mois , à compter
du jour de la mort du prédecedé ; clos & affirmé en
juftice dans trois autres mois , auquel cas la communauté demeurera diffoluë du jour du décéz.

C I I I.

Et neanmoins fi durant les trois mois le furvivant
fait quelque affirmation , il tiendra compte à fes enfans de la moitié des deniers qui y ont été employez ,
s'il ne fait aparoir qu'ils foient provenus d'ailleurs que
des effets de la communauté.

C I V.

La datte de l'inventaire fera prife du jour de la
derniere vacation , & fi la derniere journée fe trouve dattée hors les trois mois , l'inventaire en ce cas
fera cenfé fait aprés trois mois.

C V.

Les contradicteurs légitimes qui doivent être appelez à l'inventaire font les enfans parvenus en majorité , les émancipez par juftice , affiftez de leur Curateur & Tuteur des mineurs , autre que le furvivant :
& fi le furvivant eft leur Tuteur , fera appellé leur
fubrogé Tuteur , ou le Curateur à eux donné à l'effet
de l'inventaire.

C V I.

La préfence de l'executeur du Teftament du pre-
décedé , celle d'un Subftitut de nôtre Procureur General & de nos Procureurs fur les lieux , ou du Procureur de Seigneurie , n'eft fuffifante pour rendre
valable & folemnel l'inventaire auquel les con-

II. Partie. K k

tradicteurs légitimes n'ont été appellez.

C V I I.

Pour la validité de l'inventaire il est necessaire qu'il soit signé à la fin de chacune vacation des Notaires & autres Officiers presens, ou encore des Parties comparentes, ou que mention soit faite qu'elles n'ont pû ou voulu signer de ce interpellez.

C V I I I.

Il est aussi requis, pour faire un inventaire valable, que dans trois autres mois, après la derniere vacation, il soit clos & affirmé en justice.

C I X.

La clôture doit être faite au Greffe, & ne contient autre chose qu'une simple affirmation du survivant des pere & mere que l'inventaire est fidelle, & qu'il n'a été rien recelé ny obmis.

C X.

L'obmission volontaire & frauduleuse de quelque effet considerable, rend l'inventaire nul & insuffisant pour dissoudre la communauté.

C X I.

L'acte d'affirmation faisant la clôture de l'inventaire sera signé du survivant, des contradicteurs légitimes, & si aucun d'eux ne sçait signer il en sera fait mention sur le registre.

C X I I.

Si aucuns contradicteurs ont fait refus de comparoir à l'inventaire ou à l'acte de clôture ou affirmation, ou de signer l'un ou l'autre acte, sera obtenu

jugement contre luy, portant que dans le delay qui
fera ordonnée il fera tenu de comparoir, finon que
l'acte de clôture ou affirmation validera comme s'il
étoit figné, lequel jugement, avec l'exploit de fignification, demeureront au Greffe & feront tranfcrits
fur le regiftre.

C X I I I.

Le furvivant eft tenu de lever une groffe de l'acte
de clôture & d'affirmation annexée à la minute de
l'inventaire, pour être tranfcrite au pié des groffes
du même inventaire ; le tout à peine de nullité.

C X I V.

Si l'inventaire n'eft fait, clos & affirmé avec toutes
les formes cy-deffus ordonnées, il fera au choix des
enfans de faire courir & continuer la communauté
jufques à ce que le furvivant ait fait un inventaire
valable, bien & dûement clos & affirmé, ou bien
d'arrêter la communauté au jour de la mort du pre-
décédé des pere & mere, ou bien au jour de la derniere vacation de l'inventaire, ou au jour de la clôture ou affirmation.

C X V.

Mais fi l'inventaire & l'acte de clôture & affirmation font en bonne forme, & ont été faits hors les
delais cy-deffus, les enfans feront obligez de renoncer abfolument à la continuation de communauté, ou
de la prendre pour tant de temps qui aura couru depuis la mort du prédécédé des pere & mere, jufques au jour de l'acte de clôture & affirmation

qui aura été annexé à l'inventaire.

C X V I.

Les enfans qui ont été mariez du vivant des pere & mere, & ont renoncé par leur Contract de Mariage à leurs fucceffions, ou du moins à celle du prédecedé, ne peuvent demander la continuation de communauté.

C X V I I.

Si le furvivant des pere & mere a droit de prendre à quelque tître tous les meubles du prédecedé, & les fruits de tous les immeubles de tous fes enfans, il n'y aura point de continuation de communauté.

C X V I I I.

La communauté de biens entre le mary & la femme étant établie par la Coûtume ou par la convention du Contract de Mariage, la continuation de communauté aura lieu au profit des enfans, fous les conditions cy-deffus ordonnées, encore qu'il n'en foit fait mention dans la Coûtume ou dans le Contract de Mariage.

C X I X.

Si aucuns des enfans demandent la continuation de la communauté, & les autres la rejettent, ceux qui la prendront auront la portion entiere qui eût appartenu à tous les enfans fi elle eût été par eux acceptée.

C X X.

La continuation de la communauté ne peut être demandée par le créancier du mary ou de la femme qui avoit droit de la demander.

C X X I.

Si tous les enfans ſont majeurs ils ne peuvent demander la continuation de la communauté.

C X X I I.

Quand les enfans mineurs ou aucuns d'eux demandent la continuation de la communauté, les profits & les charges de la continuation ſe communiquent à tous les enfans majeurs & mineurs qui la demandent & qui la veulent prendre ; mais ſi les enfans mineurs ne demandent la continuation de la communauté, ceux qui ſont majeurs ne ſont point capables de la prendre de leur chef.

C X X I I I.

Si le mineur decede en minorité, les autres enfans qui étoient majeurs lors du décez du pere ou de la mere ſont recevables à prendre du chef du mineur decedé la continuation de la communauté, nonobſtant les déclarations contraires qui pourroient avoir été faites par le mineur, ou ſon Tuteur durant ſa minorité.

C X X I V.

Si l'enfant qui étoit mineur lors du décez de ſes pere & mere decede en majorité, les autres enfans qui étoient majeurs lors du décez du pere ou de la mere peuvent auſſi prendre la continuation de communauté du chef du mineur, pourvû qu'il n'ait fait en majorité aucune déclaration contraire.

C X X V.

La continuation de communauté qui a commencé avec des mineurs, ne cesse par leur majorité.

C X X V I.

Si au temps de la dissolution du mariage aucuns des enfans sont mariez, la communauté particuliere par eux contractée à cause de leur mariage, ne les empêche de participer à la continuation de communauté avec le survivant, & les acquisitions particulieres que font les enfans mariez, n'entrent point dans la continuation de la communauté.

C X X V I I.

L'enfant qui est mineur & marié lors du décez du pere ou de la mere, peut en son nom demander la continuation de communauté, quand même elle seroit refusée par les autres enfans.

C X X V I I I.

Si l'enfant a demandé la continuation de communauté, le droit ayant été une fois établi en sa personne il passe à ses créanciers, & pareillement à son mary ou à sa femme, pour en discuter les droits & y prendre ce qui pouvoit revenir à l'enfant, du chef duquel la continuation est demandée.

C X X I X.

S'il n'y a qu'un seul enfant, son heritier ou légataire universel, & ses créanciers, sont capables de demander du chef de l'enfant la continuation de communauté, & s'il y a communauté d'autres enfans, la portion du décédé acroît à ses freres & sœurs.

C X X X.

Si aucuns des enfans qui ont continué la communauté meurent, ou tous hors un, les furvivans, ou furvivant continuent la communauté, & prennent tous les biens de la continuation de communauté acquis devant & depuis le décez des enfans.

C X X X I.

Par le décez de l'un des petits enfans qui doivent prendre part dans la continuation de communauté, par reprefentation de leurs pere & mere, fa portion acroît à fes freres, & ne tombe dans la fucceffion de fes meubles & acquêts.

C X X X I I.

La portion qu'avoit l'enfant décedé dans les meubles de la communauté en l'état qu'ils étoient au temps de la diffolution du mariage, & les acquêts immobiliers, fi aucuns il y a, faits de fon chef, appartiennent au furvivant des pere & mere, en qualité d'heritier des meubles & acquêts du deffunt, & font les immeubles portez par le furvivant dans la continuation de communauté, & les acquêts immobiliers font propres au furvivant.

C X X X I I I.

La fucceffion de l'enfant décedé durant la continuation de communauté, n'eft tenuë des dettes paffives dont elle eft chargée.

C X X X I V.

Mais les autres dettes de l'enfant décedé, font portez par le furvivant des pere & mere en qualité d'heritier des meubles & acquêts, & par fes freres & fœurs heritiers des propres à proportion de ce qu'ils amendent de la succession, sans en ce comprendre la portion de la continuation de communauté qui revient aux freres & sœurs par droit d'acroissement, laquelle n'est tenuë de contribuër aux dettes.

C X X X V.

Les dettes passives de l'enfant decedé, dont le survivant des pere & mere est tenu comme son heritier mobilier, entrent dans la continuation de communauté jusques à la concurence de la valeur des meubles de l'enfant qui sont portez par le pere ou la mere dans la même continuation de commmunauté.

C X X X V I.

Si le survivant se remarie, la communauté est continuée par tiers avec le second mary ou la seconde femme.

C X X X V I I.

Aprés la dissolution du mariage si le predecedé avoit des enfans d'un premier lit, la communauté ne continuë pas avec eux.

C X X X V I I I.

Mais si le second mary, ou la seconde femme, ou des enfans d'un autre précedent mariage, avec lesquels ils vivoient en continuation de communauté, les enfans du premier lit sont admis à la continuation de communauté.

C X X X I X.

Et neanmoins tous les enfans des précedens mariages de chacun des conjoints, ne font ensemble qu'une tête, en sorte que des biens de la continuation

tion de la communauté, le mary en prend un quart,
la femme un autre quart, les enfans des précedens
mariages du mary un quart, qui sera subdivisé entr'eux
par tête & égales portions ; & les enfans des précedens
mariages de la femme un autre quart, à diviser pareillement entr'eux par égales portions.

C X L.

Si les enfans du premier lit prennent la continuation du temps de la viduité, ils ne peuvent refuser
d'entrer en celle du temps du second mariage.

C X L I.

La part qui revient aux enfans des conquêts immeubles faits durant le premier mariage, est propre
naissant en la personne des enfans, & n'entre point
en la continuation de la communauté, mais les portions des enfans dans les conquêts immeubles faits
durant la continuation de communauté du temps de
la viduité, leurs sont acquêts, & n'entrent point dans
la continuation de communauté.

C X L I I.

Les portions qui appartiennent au survivant des
conjoints dans les conquêts faits durant le premier
mariage, & dans ceux de la continuation de communauté, du temps de la viduité, lui tiennent lieu d'a-
quêts, & n'entrent point dans la continuation de communauté du second mariage.

C X L I I I.

Les fruits pendans par les racines au jour de la
dissolution du mariage, entrent dans les continuations

II. Partie. L l

de communauté , pourvû qu'ils soient exploitez & séparez du fond avant la dissolution de la continuation de communauté.

C X L I V.

Les remplois des Propres alienez durant le mariage & continuation de communauté , doivent être repris avant-partage au profit de celuy auquel les Propres appartiennent , & n'entrent dans la continuation de communauté.

C X L V.

Le Propre conventionel stipulé par le premier Contract , n'entre dans la continuation de communauté , & doit être observé à ceux en faveur desquels la stipulation des propres a été faite.

C X L V I.

Quand le survivant des pere & mere passe en secondes Nôces , & que dans le Contract de Mariage le second mary ou la seconde femme stipule qu'une partie de ses effets mobiliers luy tiendra nature de Propre , telle convention est valable , & doit être executée contre le mary & la femme , & non à l'égard des enfans du premier lit qui y prendront leur part.

C X L V I I.

Et le semblable sera observé pour la clause du préciput , stipulé par le second Contract de Mariage au profit du survivant des conjoints , qui sera executée entr'eux sur les portions qu'ils doivent prendre dans la continuation de communauté ; & à l'égard du préciput accordé par le premier Contract de Mariage ,

il demeure confus dans les continuations de communauté du temps de la viduité du fecond mariage.

C X L V I I I.

Les acquêts faits par les enfans en particulier,
durant la continuation de communauté, n'y entrent
point, ny les continuations de communauté chargées
de dettes particulieres contractées par chacun des
enfans.

C X L I X.

La continuation de communauté n'eft compofée
que des effets communs des pere & mere, & de ceux
que le furvivant acquiert des revenus des mêmes
biens, ou par fon induftrie.

C L.

Si par le premier Contract de Mariage il a été convenu que les immeubles des pere & mere, même les
Propres prefens & à venir, entreront en communauté, ou que les conjoints payeront féparement les dettes
mobilieres par eux creées auparavant, les conventions
feront executées tant pour la communauté du premier
mariage que pour les continuations de communauté,
du temps de la viduité & du fecond mariage; mais
les mêmes claufes inferées dans le fecond Contract
de Mariage, n'auront effet qu'entre les deux conjoints; & à l'egard des enfans iffus de leurs precedens
mariages, la continuation de communauté fera reglée
fuivant le droit commun étably par les Coûtumes.

C L I.

Les rentes conftituées dües par la communauté du

temps du mariage, n'entrent point dans la continuation de communauté du temps de la viduité, & celles qui font dûës par la communauté du temps de la
viduité, n'entrent point dans la continuation de communauté du temps du fecond mariage.

C L I I.

Mais la continuation de communauté du temps de
la viduité & du fecond mariage, eft tenuë de toutes
les dettes mobilieres creées auparavant.

C L I I I.

Aprés la diffolution de la continuation de communauté & avant le partage, les enfans raporteront la
fomme qui en a été tirée pour payer les frais funé-
raires du prédecedé de leur pere ou mere.

C L I V.

Le furvivant des pere & mere peut, durant la continuation de communauté, difpofer valablement, même par donation entre vifs, des immeubles par lui
acquis durant la continuation de la même communauté, mais ne peut du temps de la continuation de
la viduité difpofer des conquêts de la communauté
précedente ; comme auffi ne peut durant la continuation du temps du fecond mariage, difpofer des
conquêts faits durant le premier mariage ou devant
la viduité.

C L V.

Si les conquêts faits durant le premier mariage ont
été alienez durant les continuations de communauté,
des temps de la viduité & du fecond mariage, & ceux

faits durant la viduité ont été alienez durant le ſecond mariage, l'alienation eſt nulle pour les portions
des enfans, leſquels y pourront rentrer, ſauf à l'acquereur à ſe pourvoir pour ſes dommages & interêts
contre la perſonne & ſur les biens particuliers du vendeur, ſans que les enfans en puiſſent être recherchez,
ſupoſé même qu'ils ayent amendé de la continuation
de communauté, pendant laquelle l'alienation a été
faite.

C L V I.

Et neanmoins les fruits de la choſe alienée ne ſeront raportez aux enfans, ſinon du jour de la diſſolu-
lution de la continuation de communauté.

DES DOUAIRES.

I.

IL n'y aura pour les mariages qui ſeront contractez
cy-aprés en pays de Coûtume & de droit écrit,
autre Doüaire, augment de Dot, préciput & gain de
ſurvie, que celuy qui ſera convenu par le Contract de
Mariage.

I I.

S'il n'y a point de Contract de Mariage, il n'y aura
aucun Doüaire, ny augment de Dot, ny préciput, ny
gain de ſurvie.

I I I.

Si on donne à la femme pour ſon Doüaire la joüiſfance ou la propriété d'une portion par quotité de biens du mary, la convention fera nulle & la femme n'aura aucun Doüaire.

I V.

Mais on pourra affigner pour le Doüaire un ou plufieurs immeubles particuliers, une rente par affiette en fond de terre, & une rente annuelle & une fomme payable en argent.

V.

Si la Doüairiere eft troublée en la joüiffance du fond qui luy a été baillé par affiette ou affigné pour fon Doüaire, elle pourra fe pourvoir fur les autres biens du mary pour la garantir du trouble & pour la récompenfer en cas d'éviction.

V I.

La veuve joüira de fon Doüaire par ufufruit durant fa vie, fupofé même qu'elle ait paffé à d'autres Nôces.

V I I.

Et fi par le Contract de Mariage le Doüaire a été donné en pleine proprieté, la convention fera valable pourvû que le mary ne laiffe au jour du décez aucuns enfans du même ou d'un autre précedent mariage.

V I I I.

Si tous les enfans qui ont furvécu leur pere décedent du vivant de la Doüairiere, le Doüaire qui avoit été accordé en proprieté demeurera réduit à un fimple ufufruit, & le fond paffera aux heritiers des enfans.

I X.

Le Doüaire est propre aux enfans és Coûtumes qui l'ordonnent, nonobstant les dérogations & conventions contraires portées par les Contracts de Mariages; mais aux autres Coûtumes où le Doüaire n'est que viager pour la femme, on peut convenir par le Contrat de Mariage que le Doüaire sera Propre aux enfans.

X.

Le Doüaire qui est propre aux enfans par la Coûtume ou par la convention du Contract de Mariage, appartient aux enfans issus du même mariage en faveur duquel a été constitué le Doüaire.

X I.

Pour régler si le Doüaire sera propre ou viager aux enfans, sera suivie la Coûtume sous laquelle le mary étoit actuellement domicilié lors du Contract de Mariage, nonobstant que le Contract ait été passé ailleurs, & toutes les soûmissions, dérogations & conventions contraires.

X I I.

Le Doüaire acquis aux enfans du premier lit par la Coûtume ou par la convention du Contract de Mariage, ne sera retranché sous pretexte de la légitime des enfans issus des autres mariages, & pareillement le Doüaire des enfans du second & autres mariages, ne souffre aucune réduction pour la légitime des enfans issus des mariages posterieurs.

X I I I.

Mais si dans la succession du pere commun il ne

ſe trouve de biens ſuffiſans pour la légitime entiere des enfans des premiers lits, elle ſera fournie & ſupléée ſur les biens ſujets au Doüaire des derniers mariages contre les veuves & les enfans qui en ſont iſſus.

X I V.

Les enfans iſſus du mariage en faveur duquel le Doüaire a été conſtitué, peuvent auſſi, en deffaut d'autres biens, demander leur légitime & le ſuplément ſur le fond ſujet au Doüaire de leur mere, avec les revenus & interêts du jour du décez de leur pere.

X V.

Le Doüaire baillé en rente annuelle ou par aſſignat & aſſiette, ſera eſtimé & réglé ſur le pié de l'Ordonnance, qui aura lieu au jour de la diſſolution du mariage.

X V I.

La veuve aura ſon Doüaire & ſon augment de Dot, encore qu'elle n'ait rien apporté en mariage, ou que la Dot qui lui a été promiſe n'ait point été payée.

X V I I.

La veuve aura délivrance de ſon Doüaire à ſa caution juratoire, même du Doüaire qui eſt payable en argent.

X V I I I.

Mais ſi elle paſſe à un autre mariage, elle ſera tenue de bailler bonne & ſuffiſante caution à ceux auſquels le fond & la proprieté du Doüaire doit retourner.

X I X.

X I X.

La foûmiffion de la caution juratoire doit être faite au Greffe, & fignifiée aux enfans & heritiers du mort dans quarante jours, à compter du jour du décez du mary, & le temps paffé, fans autre fommation, elle perdra les fruits, arrérages & interêts de fon Doüaire, jufqu'à ce que la foûmiffion ait été faite & fignifiée.

X X.

Et au cas que la Doüairiere fe remarie, les fruits, arrérages & interêts du Doüaire, cefferont du jour du fecond mariage, jufqu'à ce qu'elle ait prefenté & fait recevoir fa caution.

X X I.

De la rente conftituée en Doüaire, ne pourront être demandez que cinq années, comme des rentes conftituées à prix d'argent.

X X I. I.

N'eft dû aucun Doüaire à la femme qui a été mariée & eft demeurée veuve avant l'âge de douze ans accomplis, & ne peut être auffi demandé le Doüaire qui a été promis par un mineur de quatorze ans, fi la diffolution du mariage eft arrivée avant l'âge de quatorze ans accomplis.

X X I I I.

Le Doüaire ne peut être dénié à la veuve fous prétexte de l'impuiffance du mary, de laquelle il n'y a eû aucune plainte par elle renduë durant le mariage ny depuis la diffolution d'iceluy.

II. Partie. M m

XXIV.

Mais le Doüaire ne sera dû si la femme, du vivant de son mary, s'est plainte de son impuissance, encore que l'affaire n'ait été jugée diffinitivement, pourvû que la plainte ait été portée en justice, & que le mary soit decedé durant le cours de la premiere procedure, ou de l'appel interjetté par la femme du jugement confirmatif du mariage.

XXV.

La confiscation & la commise arrivée par le fait du mary, durant le mariage, ne fait aucun prejudice au Doüaire de la femme & des enfans, ny à l'augment de Dot.

XXVI.

Les droits & profits de Fiefs dûs par le décez du mary, & pour les autres mutations durant le cours du Doüaire, du chef des heritiers & ayans cause du mary, doivent être payez par ses heritiers en l'acquit de la Doüairiere.

XXVII.

Le proprietaire du fond baillé en Doüaire peut faire couper & vendre les bois de haute futaye, & les autres grands arbres, sans le consentement de la Doüairiere & sans luy faire aucune récompense ; mais elle joüira des taillis & des autres fruits que le fond pourra produire.

XXVIII.

Le Doüaire & l'augment de Dot se prennent sur les biens du mary sans la diminution du droit de communauté , fi aucun appartient à la femme , ny du don mutuel fait entre les conjoints durant le mariage , & des autres donations faites par le mary à fa femme.

X X I X.

Les fruits , arrérages & interêts du Doüaire & de l'augment de Dot courent du jour du décez du mary, fans qu'il foit befoin de les demander en juftice.

X X X.

Mais à l'égard des tiers acquereurs , les fruits des heritages & les arrérages des rentes par luy acquifes , ne peuvent être prétendus que du jour de la demande contre luy faite en juftice.

X X X I.

Le fond baillé à la femme en Doüaire , par le Contract de Mariage , ayant été alliené fans fon confentement, elle peut le vendiquer ; mais fi elle a confenti à l'alienation , elle fe pourvoyera fur les biens de la fucceffion de fon mary pour le remplacement d'un fond de pareille qualité & valeur.

X X X I I.

La Doüairiere eft tenuë d'acquiter les Cens , rentes , champarts , terrages , dixmes & autres charges foncieres , impofées fur le fond qui luy a été baillé en Doüaire.

X X X I I I.

Mais l'heritier eft tenu d'acquiter la Doüairiere des droits de Ban & Arriere-Ban, francs-Fiefs , & nouveaux acquêts.

XXXIV.

Les hommages des vaffaux pour les mutations arrivées durant le cours du Doüaire, doivent être faits au propriétaire & non à la Doüairiere.

XXXV.

Si durant le mariage il a été fait des bâtimens & autres impenfes fur le fonds baillé en Doüaire, la Doüairiere prendra les chofes comme elles fe trouveront au jour du décez, fans rembourfement des impenfes & ameliorations.

XXXVI.

Mais fi les bâtimens ne font en bon état, ils feront réparez aux dépens de la fucceffion du mary.

XXXVII.

Et le femblable fera obfervé à l'égard des enfans Doüairiers qui prendront auffi les bâtimens en l'etat qu'ils fe trouveront à la fin de la joüiffance du Doüaire, après avoir été bien & dûëment réparez.

XXXVIII.

La Doüairiere prendra les fruits naturels pendans par les racines lors de l'ouverture du Doüaire, en rembourfant les labours, femences & façons ; & le femblable fera obfervé à l'égard de ceux qui entreront en joüiffance des fonds fujets au Doüaire, après l'extinction du Doüaire de la veuve.

XXXIX.

Les baux à ferme faits avant l'ouverture du Doüaire, feront entretenus par la Doüairiere, mais les baux par elle faits demeureront réfolus du jour de l'extinction du Doüaire.

X L.

La Doüairiere entretiendra les fonds à elle baillez de toutes réparations, hors les quatre gros murs,
des gros murs de refonds, efcaliers entiers, poultres,
voutes, couvertures entieres, & partie des couvertures lors qu'il faudra lever les lattes.

X L I.

Si la veuve a fait Profeſſion de Religieuſe, la joüiſſance du Doüaire ceſſera, ſauf au deffaut d'autres biens
à prendre ſur le revenu des heritages qui étoient ſujets au Doüaire, ſa penſion aux termes & ſur les conditions portées par les derniers Réglemens ou Ordonnances.

X L I I.

La femme qui a quitté & abandonné ſon mary &
n'étoit avec luy lors de ſon décez, demeurera déchuë
de plein droit de ſon Doüaire, encore que le mary
n'eut fait aucune plainte de ſon abſence, ſi ce n'eſt
qu'elle l'ait abandonné pour cauſe raiſonnable, dont
elle ait renduë ſa plainte en juſtice.

X L I I I.

L'accuſation d'adultere commencée & non abandonnée par le mary, peut être continuée par ſes heritiers aprés ſa mort, pour faire priver la veuve de ſon
Doüaire & de ſes autres conventions matrimonialles,
encore que le crime ſoit demeuré éteint par le décez
du mary.

X L I V.

Si le mary de ſon vivant ne s'eſt plaint en juſtice

de la conduite & des mœurs de ſa femme, ſes heritiers
ne ſeront reçûs à en faire la recherche, non pas même par voye d'exception pour la faire déchoir de ſon
Doüaire.

X L V.

La veuve convaincuë de ſuppoſition de part, ou
d'avoir vêcu impudiquement durant l'année de ſon
deüil, ſera privée de ſon Doüaire.

X L V I.

Les heritiers ne ſeront recevables à propoſer le fait
d'impudicité durant l'année de deüil, s'il n'y à d'ailleurs quelque commencement de preuve.

X L V I I.

Le Doüaire demeure éteint par les ſecondes Nôces durant l'an de deüil, à l'égard des enfans & des
heritiers.

X L V I I I.

Celles qui ſe remarient follement à des perſonnes
indignes de leur qualité, demeureront déchuës de plein
droit de leur Doüaire ; & ſi elles ont des enfans elles
feront en outre interdites de l'alienation & adminiſtration de leurs biens.

X L I X.

Le Doüaire doit être partagé entre les enfans qui
ſe trouveront vivans lors du décez du pere.

L.

L'enfant qui eſt heritier de ſon pere, même par
benefice d'inventaire, ne peut être Doüairier, & ſa portion du Doüaire acroîtra à l'heredité, & n'augmente

point les portions des autres enfans qui se tiennent
au Doüaire.

L I.

La mort civile du mary ne donne point ouverture
au Doüaire ny à l'augment de Dot, sauf à la femme
de demander en justice une pension qui ne pourra
exceder le my-Doüaire.

L I I.

Les enfans Doüairiers ne sont tenus de payer les
dettes du pere crées depuis le Contract de Mariage,
ny de rembourser les creanciers qui ont prêté les deniers pour payer les reparations faites par le pere sur
les fonds baillez en Doüaire, mais ils doivent rendre ce qu'ils ont reçû du pere en mariage, ou autrement, ou moins prendre sur le Doüaire.

L I I I.

Si aucuns des enfans décédez avant leur pere ont
laissé des enfans, ils prendront par representation dans
les fonds du Doüaire la même portion qui eut appartenu à leur pere s'il eut survêcu.

L I V.

Les biens baillez en Doüaire se partagent entre les
enfans & petits enfans venans par represention, avec
la prorogative d'aînesse & de masculinité, comme
les biens échûs par succession.

L V.

La charge du Doüaire ou en rente doit être reglée
comme les autres dettes passives, mobilieres & immobilieres, de la succession du pere.

L V I.

La Prefcription contre la femme & les enfans Doüairiers pour les chofes fujettes au Doüaire ne court du vivant du mary, mais elle commence au jour de fon décez, même contre les enfans durant la joüiffance de leur mere & des autres Doüairieres.

L V I L.

Les biens fubftituez ne font fujets au Doüaire ny à l'augment de Dot, finon en un feul cas, lors qu'il a été promis par l'inftitué en ligne directe.

L V I I I.

Si la veuve renonce purement & fimplement à fon Doüaire, ou qu'elle en foit déchûë, les enfans qui en ont la proprieté entreront en joüiffance du jour de la renonciation ou décheance.

L I X.

La Dot, l'augment & le Doüaire, feront payez par privilege fur le prix des immeubles donnez au mary par fon Contract de Mariage, même avant les créanciers du mary anterieurs en hypotéques, mais à l'égard du remploy des propres, préciput, gain de furvie & autres conventions, la femme viendra en fon ordre d'hypotéque après les créanciers anterieurs.

L X.

Le Doüaire d'une fomme venuë aux enfans perd la nature de propre, & y fuccedent les plus proches heritiers mobiliers.

L X I.

Et fi pour le Doüaire & l'augment de Dot a été

promis

promis une rente en fond, elle fera fournie eu égard au revenu des heritages du mary au temps du décez.

LXII.

Et fi les heritages donnez au mary par fon Contract de Mariage ont été faifis réellement de fon vivant, la faifie réelle n'empêche point la délivrance de la rente, pourvû que les créanciers faififfans & oppofans n'ayent point de privilege fur les mêmes heritages.

LXIII.

Le Decret fait aprés le décez du mary purge le Doüaire & l'augment de Dot à l'égard de la veuve & des enfans, encore que la veuve foit Tutrice de fes enfans, & qu'elle foit obligée en fon nom aux dettes qui ont donné caufe à la faifie.

LXIV.

Mais fi du vivant du mary l'immeuble qui avoit été baillé en Doüaire ou pour l'augment de Dot, eft decreté à la requête ou fur l'oppofition des créanciers pofterieurs en hypotéque à celle du Doüaire, la veuve & les enfans Doüairiers pourront vendiquer l'immeuble nonobftant le Decret.

LXV.

Et fi le faififfant ou ancien des oppofans ont une hypotéque plus ancienne & preferable à celle du Doüaire & de l'augment de Dot, le Decret fera valable; & neanmoins il fera en la liberté de la veuve & des enfans Doüairiers d'évincer l'adjudicataire, en payant toutes les dettes anterieures au Contract de

II. Partie.   N n

Mariage, fauf à la veuve & aux enfans à fe faire rembourfer fur les autres biens des fommes qui auront été par eux payées.

L X V I.

Si l'immeuble decreté durant la vie du mary étoit feulement hypotéqué au Doüaire, ou delaiffé par un fimple affignat, le Decret tiendra.

L X V I I.

Et neanmoins la veuve & les enfans Doüairiers pourront contraindre les créanciers pofterieurs en hypotéque à celle du Doüaire, à raporter les fommes pour lefquelles ils font entrez en ordre, avec les intérêts du jour de la demande, jufqu'à la concurrence du fond & des arrérages du Doüaire.

L X V I I I.

Et neanmoins fi tous les créanciers faififfans & oppofans étoient pofterieurs à l'hypotéque du Doüaire, il fera en la liberté des Doüairiers de fe pourvoir contre le Decret ou contre les créanciers.

L X I X.

Et fi le Contract de Mariage ne fait aucune mention de l'augment de Dot, préciput, gain de furvie, ou de Doüaire, la convention des mêmes droits, par un acte pofterieur, fera inutil & de nul effet.

L X X.

L'augment de Dot n'aura lieu finon en cas que la femme furvive, & en cas de furvie la proprieté en demeurera refervée & appartiendra pour le tout aux enfans iffus du mariage, même lors que la veu-

ve demeure en viduité ; & s'il n'y a point d'enfans
il demeure en pleine proprieté à la veuve, s'il n'a été
autrement convenu.

L X X I.

Les enfans pourront prendre la qualité d'heritiers
du pere, & la proprieté de l'augment de Dot entrera
dans la computation de la légitime ou de la ſucceſſion
paternelle.

Du droit d'Habitation.

I.

LE droit d'Habitation dans une des maiſons du
mary n'eſt dû à la veuve, ſinon lors qu'il luy
a ete accordé expreſſement par le Contract de Mariage.

I I.

La veuve ne pourra choiſir pour ſon Habitation
une maiſon ſcituée dans une Ville, ſi le Contract de
Mariage n'en fait mention.

I I I.

Le droit d'Habitation dans une maiſon de campagne, comprend auſſi la baſſe-court, en laiſſant au
Fermier les lieux dont il a accoûtumé de joüir pour
le logement de ſa famille, de ſes domeſtiques &
beſtiaux, & les greniers, granges & autres bâtimens
qui ſervent pour reſerrer les fruits de la terre.

I V.

Joüira pareillement la veuve des préclôtures, à la

reserve du colombier, des foſſez, & des choſes qui
produiſent un revenu ordinaire, s'il n'y a convention
contraire.

V.

Si par le Contract de Mariage on a accordé à la
veuve ſon Habitation dans le Château ou autre maiſon, elle n'aura que la joüiſſance des lieux neceſſaires pour ſon logement, & ceux de ſes domeſtiques,
& d'une portion du jardin deſtiné pour les légumes ;
mais ſi on luy a accordé le Château ou autre maiſon
pour ſon Habitation, elle aura la totalité des logemens
& des autres choſes mentionnées és Articles précedens.

V I.

S'il y a des enfans, la veuve ne peut avoir pour
ſon Habitation que le ſecond Château ou maiſon,
le principal demeurant à l'aîné, nonobſtant toutes
conventions contraires.

V I I.

S'il n'y a qu'un ſeul Manoir les logemens ſeront
diviſez entre l'aîné des enfans & la veuve, au dire
d'Experts, en telle ſorte que le principal appartement
demeure à l'aîné.

V I I I.

Le droit d'Habitation demeure éteint du jour des
ſecondes Nôces, & ſi la femme retourne en état de
viduité, elle ne rentre point dans ſon droit d'Habitation : le droit d'Habitation demeure auſſi éteint par
les mêmes cauſes que le Doüaire, nonobſtant toutes
conventions contraires.

I X.

La charge d'Habitation doit être portée par celuy des heritiers auquel appartiennent les bâtimens & autres lieux sujets à l'Habitation, sans qu'il puisse en demander la récompense entre ses coheritiers.

X.

La veuve, avant que d'entrer en joüissance de son Habitation, peut demander que les lieux soient visitez & mis en bon état de réparations, le tout aux frais des heritiers, pour être rendus en pareil état aprés l'Habitation finie.

X I.

Durant la joüissance de l'Habitation, la veuve doit entretenir les lieux de toutes réparations viageres, ainsi que la Doüairiere.

X I I.

La veuve qui a droit d'Habitation, peut loger avec elle d'autres personnes, même leur abandonner une partie de son logement, pourvû qu'elle retienne une chambre meublée, sans toutefois en retirer aucuns loyers ny récompense, à peine de privation de son droit.

Des Donations entre mary & femme.

I.

LEs Donations simples entre vifs & Testamentaires, entre mary & femme, auront lieu dans les pays où les Loix & les Coûtumes les permettent.

II.

Ne peuvent les conjoints par mariage, donner aux afcendans l'un de l'autre, és Coûtumes où les Donations font interdites entre les conjoints.

III.

Mais ils peuvent faire Teftament mutuel ou commun, foit qu'il y ait communauté de biens entr'eux ou non; même au profit l'un de l'autre, dans les pays où ils ont la faculté de donner l'un à l'autre à caufe de mort.

IV.

N'eft valable le Teftament mutuel ou commun, s'il n'eft reçû par des perfonnes publiques en la même maniere que le fimple, & n'eft requis de doubler les formalitez, encore que ce foit le Teftament de deux perfonnes.

V.

Et neanmoins le Teftament mutuel & olographe eft valable, pourvû que chacun ait écrit & figné fa difpofition, & fi un feul écrit les difpofitions de deux, il eft nul, encore que tous deux ayent figné, & même à l'égard de celuy qui a écrit.

VI.

Teftament mutuel & commun, même lors qu'il eft fait par devant perfonnes publiques, la fignature eft neceffaire, & la déclaration de ne fçavoir figner eft fuffifante.

VII.

Teftament mutuel & commun n'eft valable s'il eft

fait par autres perfonnes que par les conjoints par mariage.

VIII.

Peuvent les conjoints révoquer le Teſtament mutuel & commun, conjointement & féparement, & au déçû l'un de l'autre, même en extremité de maladie, avant ou aprés le décez de l'un d'eux, fans qu'il foit neceſſaire de fignifier l'acte de révocation.

IX.

Le furvivant qui a executé le Teſtament mutuel & qui en a reçû quelque avantage dans les Coûtumes qui le permettent, peut neanmoins de fon vivant, en quelque temps que ce foit, révoquer les difpofitions qu'il a faites de fon bien par le même Teſtament, en abandonnant par luy le profit qu'il a reçû du même Teſtament.

X.

Homme & femme conjoints par mariage, peuvent, même dans les Coûtumes qui deffendent tous avantages entre mary & femme, faire Donation mutuelle entre vifs, étans en fanté, l'un à l'autre également de tous leurs biens meubles & acquêts, immeubles faits durant le mariage qui fe trouveront appartenir au premier mourant à l'heure de fon décez, pour en joüir par le furvivant en proprieté és lieux où la Loy & les Coûtumes le permettent, & par ufufruit en tous les autres lieux, en baillant, par le furvivant, caution fuffifante de reſtituër les biens aprés fon décez & trépas.

XI.

Ne vaut la Donation mutuelle és Coûtumes qui deffendent aux conjoints de se donner l'un à l'autre, ou qui permettent seulement le Don mutuel, s'ils ont des enfans communs, ou si de part & d'autre ils en ont d'un premier mariage ; mais celuy qui n'a point d'enfans, peut donner aux enfans de l'autre.

XII.

Le prédecez des enfans qui étoient vivans au jour du Don mutuel, ne valide point le Don mutuel fait auparavant.

XIII.

Quand il y a communauté de biens entre mary & femme par la Coûtume ou par convention, le Don mutuel, entre les conjoints, n'a lieu que pour les choses communes, & il demeure révoqué de plein droit par la séparation de biens qui a été depuis jugée & executée.

XIV.

Don mutuel demeure aussi révoqué de plein droit par la séparation d'Habitation, même en pays où communauté de biens n'a point de lieu.

XV.

Don mutuel est nul, s'il n'a point été passé par devant Notaires & s'il n'y en a minute.

XVI.

Sera tenu le mary faire insinuër le Don mutuel dans les quatre mois du jour du Contract, & la femme dans les quatre mois du jour du décez de son mary,

le tout

le tout à peine de nullité à l'égard des heritiers & des créanciers.

XVII.

Le Don mutuel peut être révoqué par l'un des conjoints avant l'inſinuation, mais après l'inſinuation il ne peut être révoqué ſinon du conſentement des deux parties.

XVIII.

Le Donataire mutuel eſt ſaiſi du jour du décez, ſans être obligé d'en demander la délivrance.

XIX.

Et neanmoins ne gagne les fruits que du jour qu'il a preſenté caution ſuffiſante, & demeurent les fruits à l'heritier juſqu'à ce que la caution ait été preſentée, laquelle il peut preſenter en jugement dés la premiere aſſignation.

XX.

Mary & femme étrangers, encore que l'un ou tous deux ne ſoient point naturaliſez, peuvent ſe donner mutuellement.

XXI.

En Don mutuel la femme eſt ſuffiſamment autoriſée par la perſonne & ſignature du mary, & les termes d'autoriſation ne ſont point neceſſaires.

XXII.

Le mary ne peut, nonobſtant l'inſinuation du Don mutuel, diſpoſer entre vifs autrement que par Donation, des choſes contenuës au Don mutuel, & la femme ſurvivante ne peut avoir que l'uſufruit.

II. Partie. O q

XXIII.

Si la Donation d'aucune des choses contenuës au Don mutuel est faite par le mary conjointement avec sa femme, la Donation est valable, & la chose donnée demeure en pleine proprieté au Donataire, au préjudice & en diminution du Don mutuel.

XXIV.

Mary âgé de quatorze ans, & la femme de douze, peuvent se donner valablement par Don mutuel, sans autorité de Tuteur ou Curateur.

XXV.

Il suffit pour l'égalité du Don mutuel que les deux conjoints soient en tel état de santé qu'ils puissent faire une disposition entre vifs, & que la quotité des choses données soit égale de part & d'autre, autrement le Don mutuel est nul pour le tout, & quant à l'égalité d'âge elle n'est point necessaire.

XXVI.

La femme qui a renoncé à la communauté, ne peut joüir du Don mutuel.

XXVII.

Es lieux où le Donataire mutuel a la proprieté des meubles, il payera les dettes mobilieres jusqu'à concurence des meubles & effets mobiliers contenus au Don mutuel ; & s'il n'en a que l'usufruit il avancera seulement le payement des dettes mobilieres pour luy être remboursez après l'extinction du Don mutuel.

XXVIII.

Si le Donataire mutuel a la proprieté des acquêts

où les Coûtumes le permettent, il payera les dettes immobilieres contractées durant la communauté, & s'il n'en a que l'ufufruit, il en payera les arrérages échûs durant le cours du Don mutuel.

XXIX.

Le Donataire mutuel n'eft tenu de payer les legs & autres difpofitions Teftamentaires.

XXX.

Le Donataire mutuel qui ne joüit que par ufufruit des meubles, fera tenu de les faire vendre en la maniere accoûtumée, fi mieux il n'aime les retenir pour leur jufte valeur, felon l'eftimation qui en fera faite par Experts avec l'heritier, le tout fans s'arrêter à la prifée de l'inventaire.

DES DONATIONS.

I.

LEs imbeciles d'efprit & furieux, même ceux qui ont de bons intervales, les prodigues interdits par autorité de juftice avec les formes ordinaires, les mineurs de vingt-cinq ans, les fourds & les muets qui ne fçavent parler ny écrire, ceux qui font morts civilement, & les malades atteints d'une maladie qui a trait de mort, & qui décedent dans les quarante jours, ou qui fe voyent dans un etat prochain de mort naturelle ou civile, ne peuvent donner entre vifs.

I I.

L'étranger peut donner entre vifs, encore qu'il n'ait point de Lettres de naturalité.

I I I.

Ceux qui font incapables de recevoir par Teſtament en tout ou partié, font pareillement incapables de recevoir par Donation entre vifs.

I V.

Par Contract de Mariage l'homme & la femme ſe peuvent donner mutuellement ou ſéparement l'un à l'autre ce que bon leur ſemblera, pourvû que le Contract de Mariage ſoit fait avant la Benediction nuptiale ; mais ils ne peuvent ſe reſerver la faculté de ſe faire, durant le mariage, autres avantages que ceux permis entre les perſonnes mariées par la Loy & Coûtume du lieu où le mary avoit ſon domicile lors du mariage.

V.

Le mary ou la femme paſſant à de nouvelles Nôces, ne pourront directement ny indirectement avant ou aprés le mariage donner de leurs biens, même par Donation mutuelle, ou conſtitution de Doüaire & augment de Dot, à leur nouveau mary ou femme, ny à leurs enfans iſſus d'un précedent mariage, ny pareillement à leur pere & mere, plus qu'à celuy des enfans du Donateur qui prendra le moins dans les biens.

V I.

Pour faire la réduction de la Donation, la part du

moins prenant ne peut être moindre que fa légitime, encore qu'elle ne foit par luy demandée.

V I I.

Dans le retranchement qui fera fait feront confiderez tous les enfans du Donateur qui feront vivans au jour de fon décez, même ceux iffus du fecond mariage du Donateur, & nonobftant la renonciation ils prendront part au profit du retranchement.

V I I I.

Seront auffi compris au nombre des enfans ceux qui auront renoncé à la fucceffion.

I X.

Si le Donateur ne laiffe au jour de fon décez que des petits enfans, le Donataire n'aura qu'une portion pareille à celle du moins prenant des petits enfans; mais fi les petits enfans viennent par reprefentation à la fucceffion de leur ayeul ou ayeule, avec un oncle ou une tante, ils feront tous confiderez comme un feul enfant.

X.

Si au jour du décez du Donateur tous les enfans & petits enfans iffus des précedens mariages font décedez, les enfans du dernier lit ne pourront demander à leur pere ou mere Donataires la réduction de la Donation.

X I.

Si les enfans font heritiers du Donateur, la part qu'ils prennent au retranchement fera imputée en leur légitime.

X I I.

Les choses données au second mary ou à la seconde femme, entrent dans la computation des biens
pour régler la portion virile du Donataire ; le droit
de la communauté coûtumiere, & de la conventionelle és pays où elle n'a pas de lieu, ne doit être consideré que comme un avantage sujet à retranchement
à cause des secondes Nôces.

X I I I.

Si la Donation est toute par usufruit, elle sera re-
duite à l'usufruit de la portion du moins prenant des
enfans.

X I V.

Ceux qui passent à de secondes Nôces seront tenus de reserver aux enfans, issus de leurs précedens
mariages, tous leurs biens meubles & immeubles qu'ils
ont reçûs de la liberalité des peres ou meres des enfans, & n'en pourront disposer à leur préjudice en
faveur d'autres personnes, pour quelque cause & maniere que ce soit.

X V.

La part échûë à la femme dans les conquêts de la
premiere communauté, en vertu de la Coûtume, ou
par la convention, n'est réputée provenir de la liberalité du mary, & elle n'est point obligée de la reserver aux enfans du premier lit du mary.

X V I.

Dans la reservation que ceux qui passent à des secondes Nôces sont obligez de faire au profit des en-

fans des précedens lits, n'entreront les avantages acquis au ſurvivant par l'ordre de la Loy ou de la Coûtume, ny l'interêt civil ajugé au ſurvivant pour l'aſſa-
ſinat commis en la perſonne du prédecedé, ny auſſi
ce qui eſt donné au ſurvivant des conjoints par les
parens du prédecedé en ligne directe ou colateralle,
en quelque maniere ou pour quelque cauſe que ce
ſoit, ny pareillement les portions des biens du prédecedé acquis au ſurvivant par les ſucceſſions des enfans iſſus des précedens mariages.

X V I I.

Les biens réſervez à cauſe des ſecondes Nôces,
appartiennent aux enfans iſſus du pere & de la mere
qui ont fait la Donation, & à leurs décendans qui
ſe trouvent vivans au jour du décez du pere ou de
la mere Donataires ; & ſi aucuns ſont décedez auparavant, la reſervation ſera inutile pour leur regard.

X V I I I.

Les enfans qui ont renoncé à la ſucceſſion du Donateur, prennent part de leur chef dans les biens reſervez, pourvû qu'ils ſoient habilles & capables de
ſucceder.

X I X.

Dans les biens retranchez & reſervez, l'aîné prendra ſon droit d'aîneſſe, & le mâle excluëra la fille
dans les Coûtumes où le droit d'aîneſſe & l'excluſion
ont lieu.

X X.

Les immeubles provenans du retranchement, ſont

propres aux enfans du côté & ligne du Donateur ; &
quant à ceux qui sont reservez, ils sont propres du
côté & ligne du Donataire.

X X I.

Le survivant Donataire ne pourra disposer des biens
reservez, même au profit de l'un des enfans, au préjudice des autres.

X X I I.

Les dons & avantages faits par les veuves, ayans
enfans d'autres mariages, à personnes indignes de
leur qualité ausquelles elles se remarient follement,
sont nuls, de nul effet & valeur.

X X I I I.

Donation qui ne peut valoir comme Donation
entre vifs, ne vaut comme Donation à cause de
mort, si elle n'est revétuë des solemnitez d'un Testament.

X X I V.

La Donation est nulle même à l'égard du Donateur, si elle n'est acceptée par le Donataire, mais la
signature du Donataire present vaut acceptation, encore que dans le Contract le terme d'acceptation ne
soit point employé si la Donation est faite à un absent, la simple ratification suffit encore que le mot
d'accepter n'y soit point.

X X V.

Les mâles âgez de quatorze ans accomplis, & les
filles de douze ans, ne peuvent recevoir une Donation sans être autorisez.

X X V I.

XXVI.

Femmes mariées ne peuvent recevoir une Donation entre vifs sans être autorisées par leurs maris, ou par justice à leurs ref.

XXVII.

Le Tuteur, le pere & autres ascendans, même la mere & l'ayeule étant en viduité, peuvent recevoir, sans avis de parens, la Donation faite au mineur étant au dessus ou au dessous de l'âge de puberté.

XXVIII.

Donation faite aux enfans non conçûs par autre Contract que celui du mariage, est nulle ; mais si elle est faite aux enfans nez & à naître, & qu'au temps de la Donation aucuns des enfans fussent conçûs, elle vaut à l'égard de tous, même de ceux qui sont conçûs depuis.

XXIX.

C'est donner & retenir quand le Donateur s'est reservé le pouvoir de disposer librement de la chose par luy donnée, ou qu'il en demeure en possession jusques au jour de son décez.

XXX.

Ce n'est donner & retenir quand on donne la proprieté d'aucun heritage retenu à soy, l'usufruit à vie ou à temps.

XXXI.

Et neanmoins si dans la premiere Donation il y a retention d'usufruit, il n'y a point de préference pour le second Donataire qui a le premier pris possession.

II. Partie.   P p

XXXII.

C'eſt donner & retenir quand le Donateur donne les biens qu'il aura au jour de ſon décez, ou qu'il charge le Donataire de payer les dettes faites ou à faire, ou qu'il appoſe à la Donation une condition dont l'execution dépend de la volonté du Donateur, ou qu'il demeure ſaiſi & maître des pieces juſtificatives de la Donation, juſques au jour de ſon décez.

XXXIII.

Ce n'eſt donner & retenir quand la Donation eſt faite à la charge d'acquiter les dettes du Donateur, preſentés ou à venir, ou de payer les legs qu'il fera par ſon Teſtament, pourvû qu'en l'un & l'autre cas la ſomme ſoit limitée.

XXXIV.

Et ſi les dettes ou legs ne montent juſqu'à la ſomme reſervée, le ſurplus demeurera au Donataire.

XXXV.

Si celuy qui a donné, ſans reſerve d'uſufruit, fait refus de quitter la poſſeſſion de la choſe donnee, il peut être contraint ſur la pourſuite du Donataire, & la condamnation qui interviendra tiendra lieu de poſſeſ-ſion.

XXXVI.

Les ſaiſines, vêts & dévêts, & autres ſolemnitez pareilles introduites par aucunes Coûtumes, ne ſeront d'orénavant neceſſaires pour la validité des Donations, ny pour acquerir poſſeſſion.

XXXVII.

Quand il y a pluſieurs Donations d'une même choſe

faites à diverſes perſonnes, le ſecond Donataire qui
entre le premier en poſſeſſion actuelle, ſera preferé,
pourvû que lors de ſon Contract il n'ait eû connoiſſance de la premiere Donation.

X X X V I I I.

Les démiſſions faites par pere & mere de tous leurs
biens, ou de partie d'iceux, au profit de leurs enfans,
ſont irrévocables, & n'ont beſoin d'inſinuation dans
la famille ; mais elles ne peuvent préjudicier à un tiers
ſi elles ne ſont inſinuées.

X X X I X.

La Donation des biens preſens & à venir, n'eſt valable que pour les immeubles preſens & pour les meubles dont inventaire aura été fait lors de la démiſſion,
& ne ſera le Donataire tenu des dettes contractées par
le Donateur depuis la Donation ; & s'il y a des conditions appoſées en la Donation qui ne puiſſent être
appliquées qu'aux biens à venir, elles demeureront
nulles & réputées pour non écrites.

X L.

Et neanmoins ſi les Donations de biens preſens &
à venir ſont faites par Contract de Mariage ou par un
don-mutuel, es lieux où il eſt permis, elles ſeront
valables tant pour les biens à venir que pour les preſens, ſans qu'il ſoit beſoin de faire inventaire des
meubles.

X L I.

Le Donataire des biens preſens & à venir peut,
en ſe rétraignant aux biens preſens, ſe décharger des

dettes creées depuis la Donation, ſinon il ſera tenu
de toutes les dettes dont le Donateur ſe trouvera redevable au jour de ſon décez.

X L I I.

Les Donations entre vifs, non inſinuées, ſont nulles
tant à l'égard du créancier que de l'heritier du Donateur.

X L I I I.

La Donation mutuelle entre mary & femme, eſt
nulle pour le mary ſi elle n'eſt inſinuée dans les quatre
mois du jour du Contract, & pour la femme dans
quatre mois à compter du jour du décez du mary, à
peine de nullité.

X L I V.

La nullité procedant du deffaut d'inſinuation de la
Donation faite entre mary & femme, n'eſt conſiderée
qu'à l'égard des créanciers & des tiers acquereurs; mais
entre les heritiers du mary & de la femme elle ne
laiſſera d'être valable, encore qu'elle ne ſoit inſinuée.

X L V.

La Donation mutuelle peut être révoquée par l'un
des conjoints avant l'inſinuation, pourvû que la révocation ſoit faite par un acte public, bien & dûment
notifié à l'autre des conjoints, & actes de révocation
& de notification attachez à la minute de la Donation; mais aprés l'inſinuation, la Donation mutuelle
eſt irrévocable.

X V I.

Toutes Donations rémuneratoires faites pour quel-

que cauſe que ce ſoit, doivent être inſinuées à peine
de nullité, ſauf au Donataire à ſe pourvoir par action
pour la récompenſe de ſes ſervices.

X L V I I.

Donation entre vifs de l'uſufruit d'un immeuble
ou d'une penſion viagere à prendre ſur les biens du
Donateur, eſt ſujette à inſinuation.

X L V I I I.

Donation d'une ſomme de mil livres, ou au deſſus,
ou des choſes mobilieres de pareille valeur, eſt ſujette à inſinuation.

X L I X.

Donations faites par Contract de Mariage entre les
deux conjoints, & celles à eux faites, & aux enfans
qui naîtront du mariage par les peres & meres &
autres aſcendans des conjoints, ſont valables entre
les Donateurs & les Donataires & leurs heritiers, nonobſtant le deffaut d'inſinuation ; mais elles n'auront aucun effet contre les créanciers & les tiers acquereurs, ſi elles ne ſont inſinuées.

L.

Et ſi la Donation eſt faite par un acte ſeparé du
Contract de Mariage, même celle faite par les peres
& meres en avancement d'hoirie, elle eſt ſujette à inſinuation à peine de nulité, même à l'egard des heritiers du Donateur.

L I.

Donation faite en Contract de Mariage par autre
que par un aſcendant, & par les conjoints, comme

deffus, eft fujette à infinuation à peine de nulité, même à l'égard des heritiers du Donateur.

L I I.

La donation d'un immeuble faite par les peres & meres & autres afcendans, à l'un de leurs enfans pour parvenir à l'Ordre de Prêtrife & tenir lieu de titre, eft fujet à infinuation à l'égard des créanciers des Donateurs & des tiers acquereurs, & ne laiffe d'être valable dans la famille, encore qu'elle n'ait été infinuée.

L I I I.

Mineurs, Eglifes, Hôpitaux, Ruftiques & tous autres, ne peuvent être reftituez contre le deffaut d'infinuation, encore que leurs Tuteurs & Adminiftrateurs foient infolvables.

L I V.

La publication faite en jugement, & les autres actes qui peuvent rendre la Donation publique. & connuë à l'heritier & au créancier, ne peuvent fupléer le deffaut d'infinuation.

L V.

La Donation faite à une perfonne abfente eft nulle, fi l'acte d'acceptation & de ratification n'eft attaché à la minute de la Donation, & qu'il en foit fait mention en marge de l'acte d'infinuation de la Donation.

L V I.

L'infinuation fera faite au lieu de l'affiette des chofes données & du domicile du Donateur, en nos Siéges, Bailliages & Senéchauffées, fans qu'à l'avenir elles puiffent être faites dans les Prevôtez & autres nos Juftices inferieures, encore qu'au lieu de l'affiette des chofes données & du domicile du Donateur, il n'y eut qu'un Siége de Prevôté ou autre juftice ordinaire.

L V I I.

Il fuffit d'infinuër la Donation d'une rente confti-tuée, ou d'une chofe mobiliere, au Bailliage & Sené-chauffée du Donateur.

L V I I I.

La Donation, même celle d'ufufruit & de pen-fion viagere, n'aura fon effet que fur les immeubles fcituez dans les Bailliages ou Senéchauffées où elle aura été infinuée, & demeurera nulle pour les autres immeubles.

L I X.

Et fi la chofe donnée confifte en un Fief ou Franc-Alleu, ou en un corps de ferme compofé de plufieurs heritages en roture, l'infinuation faite au Bailliage & Senéchauffée du principal Manoir fera valable, & fuffira pour tous les heritages qui en dépendent, en-core qu'aucuns d'iceux foient fcituez en un autre Bailliage & Senéchauffée; mais fi ce font heritages particuliers qui ne dependent d'un même Fief ou Franc-Alleu, ou une maifon deftinée pour l'habita-tion d'un Fermier, l'infinuation doit être faite en tous les Bailliages & Senéchauffées de la fcituation des heritages.

L X.

En Donation de biens prefens & à venir, l'infi-nuation, pour les immeubles acquis depuis la Donation faite au domicile du Donateur, est suffisante.

L X I.

L'insinuation peut être faite par un simple porteur de Contract, sans Procuration du Donateur ny du Donataire.

L X I I.

L'insinuation faite aprés la mort du Donateur est valable, pourvû qu'elle soit faite dans les quatre mois, à compter du jour du Contract de Donation.

L X I I I.

La Donation insinuée dans les quatre mois du vivant du Donateur, prend son effet à l'égard des tiers acquereurs, créanciers, & autres tierces personnes, du jour de sa passation.

L X I V.

Si l'insinuation est faite aprés les quatre mois, la Donation n'aura effet que du jour qu'elle aura été insinuée.

L X V.

Si la Donation est sous seing privé, elle n'aura effet que du jour qu'elle aura été reconnuë en justice ou par devant Notaires, & que dans la Donation déposée entre les mains d'un Notaire il sera fait mention du jour du dépôt au bas ou en marge de la Donation, & l'acte de dépôt signé du Donateur.

L X V I.

Les actes de la reconnoissance & du dépôt faits en un temps auquel le Donateur n'étoit en passe de donner, l'insinuation faite au même temps n'aura aucun effet.

L X V I I.

L X V I I.

La Donation des chofes fingulieres, ou par quotité, faites par celuy qui n'avoit point d'enfans, demeure révoquée de plein droit, fans autre déclaration par la furvivance d'un enfant légitime, encore que la Donation foit faite par le Contract de Mariage du Donateur ou du Donataire à titre d'inftitution ou autrement, ou pour récompenfes de fervices, ou pour quelque autre caufe que foit, nonobftant toutes claufes dérogatoires & conventions contraires.

L X V I I I.

Et neanmoins fi la Donation ne comprend le quart des biens qui appartiennent au Donateur au jour de la Donation, & au deffous, fera valable, encore qu'elle foit faite par quotité.

L X I X.

La révocation aura lieu, encore que le Donateur ait des enfans conçûs au temps de la Donation.

L X X.

Pour la révocation d'une Donation par la furvivance d'enfans, nos Lettres ne font point neceffaires.

L X X I.

La ratification expreffe faite par le pere depuis la naiffance des enfans ou d'aucuns d'eux, rend la Donation irrévocable; mais fon filence n'empêche pas que fes enfans, aprés fon décez en qualité de fes heritiers, ne puiffent pourfuivre la révocation.

L X X I I.

La Donation demeurera en fa force, fi avant la

II. Partie. Q q

déclaration faite par le pere Donateur pour la révocation de la Donation arrive la mort naturelle ou civile des enfans nez ou légitimez depuis la Donation.

L X X I I I.

Si lors de la Donation le Donateur a un ou plusieurs enfans vivans, la révocation, pour la survenance d'autres enfans n'aura point de lieu.

L X X I V.

Au cas de la révocation de la Donation par la survenance d'enfans, les biens donnez ne sont sujets
aux conventions de la femme du Donataire, non pas
même subsidiairement en cas d'insolvabilité du mary.

L X X V.

Par le retour des enfans absens que le Donateur
croyoit être decedez au jour de la Donation, la Donation demeure révoquée de plein droit.

L X X V I.

La Donation faite par un pere n'ayant que des
filles, à un parent portant son nom, où à la charge
de porter son nom, est révoquée par la survenance
d'un enfant mâle.

L X X V I I.

Si le Donateur avoit des enfans naturels au jour de
la Donation, elle demeure aussi révoquée par la légitimation des enfans faite par le mariage solemnisé
entre le Donateur & la mere des enfans.

L X X V I I I.

Le fils aîné issu d'un mariage légitime, conserve
les droits & avantages au préjudice des enfans mâles

les plus avancez en âge qui ſont iſſus d'une conjonction illicite , & n'ont été légitimez que par mariage
ſubſequent contracté depuis la diſſolution du premier
mariage.

L X X I X.

La Donation faite par un pere ou une mere aux
enfans iſſus d'une conjonction illicite , & légitimez
par un mariage , eſt nulle à proportion & juſqu'à la
concurence de ce que le fils aîné iſſu du mariage contracté par le Donateur avant celuy qui a légitimé le
Donataire , eſt fondé de prendre pour ſon préciput
& partage avantageux dans les biens feodaux du Donateur.

L X X X.

Le Donateur , en conſequence de la revocation ,
peut vendiquer entre les mains des tiers détempteurs
les choſes données , ſauf à eux leur recours contre
ceux dont ils les ont acquiſes ; & les Hypotéques &
autres charges impoſées depuis la Donation demeurent éteintes.

L X X X I.

La preſcription des tiers acquereurs contre l'action
du Donateur commence du jour de la naiſſance du
premier enfant , & non auparavant.

L X X X I I.

En cas de révocation , les fruits ne ſont ſujets à
reſtitution que du jour de la demande.

L X X X I I I.

Le pere Donateur n'eſt tenu de reſerver les biens

révoquez à ſes enfans nez depuis la Donation ; mais il a la liberté d'en diſpoſer ainſi que de ſes autres biens.

L X X X I V.

Donations entre vifs peuvent être révoquées pour cauſe d'ingratitude , & neanmoins les hypotéques creées par le Donataire ſur les biens donnez, & les alienations faites avant le cas d'ingratitude, demeurent en leur entier.

L X X X V.

Si le Donateur ne s'eſt plaint de ſon vivant de l'ingratitude , ſon heritier ne pourra révoquer l'allienation , & l'action pour la révocation de l'allienation qui n'aura point été exercée du vivant du Donataire ne peut être commencé contre ſon heritier.

L X X X V I.

Les biens donnez par le pere à ſon fils , retournent au pere , ſi le fils Donataire decede ſans enfans du vivant de ſon pere.

L X X X V I I.

Si la fille à qui le pere a fait une Donation par le Contract de ſon ſecond mariage, decede ſans enfans du ſecond lit, le pere ne ſuccede aux choſes par luy données, ſi la femme a laiſſé des enfans d'un premier mariage.

L X X X V I I I.

Les biens donnez retournent au pere francs & quites de toutes charges & Hypotéques qui ont été impoſées par le Donataire , & les allienations par luy faites demeurent révoquées du Donateur.

LXXXIX.

Si le fils Donataire decede ayant enfans, & que depuis fon décez fes enfans décedent avant le Donateur, les biens donnez retournent à l'ayeul Donateur.

X C.

Nonobſtant la confiſcation & la commiſe jugée contre le fils, les biens qui luy ont été donnez par fon pere, retournent au pere, encore qu'il y ait des enfans iſſus du fils.

X C I.

Le retour des choſes données à lieu pareillement au profit de la mere & des autres aſcendans paternels & maternels, & non à l'égard des autres Donateurs, s'il n'a été expreſſement ſtipulé par la Donation.

Des Inſtitutions & Subſtitutions d'heritiers par Contract.

I.

LEs Inſtitutions & Subſtitutions d'heritiers par Contract à titre univerſel ou de quotité, les déclarations d'aîneſſe & de principal heritier, & les promeſſes de conferver aux heritiers préſomptifs, ou à aucuns d'eux, leurs portions hereditaires, ou l'égalité entre les heritiers, ſont valables en ligne directe & collateralle, pourvû qu'elles ſoient faites par Contract de Mariage, & ſi elles ſont faites par d'autres actes & Contracts, même de focieté de tous biens , elles n'auront aucun effet.

I I.

Le nom d'aînefte & de principal heritier inferé dans les qualitez du Contract , eft inutile s'il n'y a claufe expreffe dans le même Contract portant la déclaration du fils & principal heritier.

I I I.

Les convenances de fucceder, telles que deffus, peuvent être faites par les Contracts de Mariages de ceux qui font inftituez, & par les Contracts de Mariages de ceux qui font l'inftitution de leurs décendans & heritiers préfomptifs en ligne collaterale, encore que l'inftitution ne foit faite au profit de ceux qui contractent mariages.

I V.

La promeffe de conferver la portion hereditaire n'a effet que pour celuy en faveur duquel elle a été faite , & ne profite aux autres enfans & heritiers ; mais la promeffe de conferver l'égalité profite à tous les heritiers.

V.

Les Subftitutions contractuelles auront leur effet feulement au profit des perfonnes qui fe trouveront nez ou conçûs au jour de l'écheance de la condition.

V I.

Les autres difpofitions faites en faveur des enfans , décendans , heritiers préfomptifs, ou autres perfonnes en nom collectif, comprendront auffi les perfon-

nes qui n'étoient nées ny conçûës au temps de la diſpoſition, pourvû qu'elles ſoient au moins conçûës du
vivant de celui qui a diſpoſé; & ſi par les diſpoſitions
les mâles ſont preferez aux filles, les mâles conçûs
du vivant de celuy qui a diſpoſé ſeront preferez aux
filles nées avant ou depuis la diſpoſition.

V I I.

La publication n'eſt neceſſaire pour la validité des
Subſtitutions contractuelles, ny les Inſinuations pour
les déclarations du fils aîné & principal heritier, &
autres convenances de ſucceder; & neanmoins elles
ne pourront prejudicier aux tiers acquereurs ny aux
créanciers, quoyque poſterieurs, ſi les Subſtitutions
n'ont été publiées, & les déclarations & autres convenances de ſucceder bien & dûëment inſinuées.

V I I I.

Ceux en faveur deſquels les diſpoſitions ont été
faites, ne peuvent s'en départir du vivant & du conſentement de ceux qui ont fait les mêmes diſpoſitions, mais elles ſeront révoquées pour cauſe d'ingratitude, & par la naiſſance & légitimation ſubſequente
des enfans, ainſi que les Donations entre vifs.

I X.

Quand le pere ou la mere ont hypotéqué la portion hereditaire de leurs fils, ou leur future ſucceſſion,
aux conventions matrimonialles de la femme, les immeubles qu'avoient alors le pere ou la mere ſont
hypotéquez à la femme juſqu'à la concurence de la
portion contingente du fils, dans les mêmes immeu-

bles , imputation préalablement faite de ce qui luy
aura été donné par le Contract de Mariage.

X.

Les sommes que le pere ou la mere auront baillées
à leur fils depuis le Contract de Mariage , sans fraude , diminuëront d'autant la portion hereditaire de
leur fils dans lesdits immeubles , mais ne pourront
préjudicier aux hypotéques acquises à la femme sur
la portion du mary dans les biens du pere & de la
mere , ausquels elle ne pourra s'adresser qu'aprés la
discution des biens de son mary.

X I.

Celuy qui est déclaré fils aîné & principal heritier,
est saisi du jour de la déclaration de son préciput , &
de la portion avantageuse dans les biens feodaux , &
de sa portion hereditaire dans les autres immeubles
qui appartiennent à celuy qui a fait la disposition lors
du Contract de Mariage , sans qu'il puisse en disposer au préjudice de l'aîné.

X I I.

L'heritier institué par Contract de Mariage , autre
que le fils aîné , est tenu de se contenter des biens
qui se trouveront entre les mains de celuy qui a fait
l'institution au jour de son décez, & pourra l'instituant
les aliener & hypotéquer sans fraude de son vivant ,
ainsi que bon luy semblera.

X I I I.

Ne pourra neanmoins l'instituant disposer par donation entre vifs, ou Testamentaire à titre universel
de quo-

de quotité, que jusqu'à la concurence d'un quart & au deſſous, au préjudice de l'inſtitué, & ſi la diſpoſition excede le quart, elle ſera retranchée & réduite au quart.

X I V.

Si l'heritier inſtitué par Contract de Mariage decede avant celui qui a fait l'inſtitution, il tranſmet le droit qu'il avoit à ſes enfans & décendans ſeulement, mais s'il ne laiſſe aucuns enfans & décendans, l'inſtitution demeurera caduque par ſon prédecez.

RETRAIT LIGNAGER.

I.

Retrait Lignager aura lieu dans tout nôtre Royaume, lieux, Provinces de nôtre obéïſſance.

I I.

Le Lignager majeur ou mineur, preſent ou abſent, doit intenter ſon action dans l'an & jour de la publication faite en jugement du Contract de vente, au Siége du Bailliage & Senéchauſſée de la ſcituation de l'heritage ſujet à Retrait, pour tous les heritages tenus en Fief & Cenſive ou en Franc-Alleu, & le temps paſſé le Lignager demeurera déchû du droit de Retrait.

I I I.

Dix ans de poſſeſſion contre les Lignagers majeurs ou mineurs, équipolent à la publication.

II. Partie. R ſ

I V.

Le temps de la signification en Retrait Lignager, doit échéoir dans l'an & jour, à peine de nulité.

V.

Il ne sera dorénavant necessaire dans l'exploit de demande en Retrait Lignager, & dans le cours de la procedure, de faire les offres ny d'observer les autres formalitez prescrites par les Coûtumes.

V I.

Heritages à prix d'argent ou baillez à rente rachetable hors de la ligne, peuvent être retirez par un parent de la même ligne, à la charge de rembourser l'acquereur du prix principal, frais & loyaux coûts.

V I I.

Si l'heritage est baillé à la charge d'une rente non rachetable, avec des deniers d'entrée excedans la valeur de la vente, Retrait à lieu.

V I I I.

En échange s'il y a soulte excedant la valeur de la moitié, l'heritage est sujet à Retrait pour le tout, mais si la soulte est moindre que la moitié, n'y a lieu au Retrait.

I X.

Le droit de bail à longues années cedé à une tierce personne, est sujet à Retrait s'il étoit Propre en la personne du cedant, pourvû que ce qui reste à expirer du temps du bail, lors de la demande en Retrait, soit au dessus de dix ans.

X.

Ufufruit vendu n'échet en Retrait.

X I.

Quand par le Contract de vente l'acquereur, pour la totalité ou partie du prix, a conftitué fur foy une rente, ou s'eft chargé de payer à des tierces perfonnes les rentes dûes par le vendeur, Retrait à lieu.

X I I.

En cas de vente des loges, boutiques, étaux, places, & autres lieux achetez ou pris à rentes des Corps, Communautez, ou particuliers, & des fonds par nous engagez qui étoient propres au vendeur, ils font fujets à Retrait.

X I I I.

Rentes foncieres non rachetables, tombent en Retrait.

X I V.

Offices, même les Greffes & droits domaniaux, ne font fujets à Retrait.

X V.

Si le créancier de la rente ftipulée non rachetable en a reçû le rachat avant l'action en Retrait, le Lignager ne peut retirer la rente pour la faire revivre.

X V I.

En Decret forcé où le Lignager peut encherir, Retrait n'a lieu ; mais il a lieu en Decret volontaire, & court le temps en Retrait du jour de la publication du Contract.

XVII.

Retrait à lieu dans les ventes à faculté de Réméré, du jour de la publication du Contract de vente.

XVIII.

Si la faculté de Réméré eſt venduë à un étranger qui n'eſt point de la ligne, elle eſt ſujette à Retrait; mais le donataire étranger venant à exercer la faculté, l'heritàge peut être retiré ſur luy par le Lignager de celuy qui a donné ou cedé le droit de Réméré.

XIX.

En Tranſaction Retrait à lieu, quand il y a mutation de poſſeſſeur & deniers débourſez.

XX.

En partage fait entre heritiers de diverſes lignes, n'y a lieu au Retrait, encore qu'il y ait ſoulte excedant la valeur de l'heritage.

XXI.

Retrait n'a lieu ſur celuy qui ſe rend adjudicataire par licitation du total de l'heritage dans lequel il avoit part, encore que des étrangers ayent eté admis aux encheres.

XXII.

Retrait n'a lieu au cas de retour, réünion ou conſolidation faite au profit du vendeur de la proprieté de l'heritage, en vertu d'une convention faite par un acte public & authentique avant la demande en Retrait.

XXIII.

Retrait Lignager ne peut être exercé ſur le Sei-

gneur qui a retenu la chose venduë par puissance de
Fief.

X X I V.

Heritage acquis durant la communauté & continuation d'icelle, venant de la ligne de ceux qui sont
communs en biens, ne peut être retiré pour le tout
ny pour portion du conquêt qui est échû au conjoint
non Lignager, & sera sujet au Retrait dans l'an &
jour aprés la publication du partage.

X X V.

Qui n'est habille à succeder, ne peut retirer par Retrait Lignager.

X X V I.

L'enfant qui a été exheredé par ses pere & mere,
ou l'un d'eux, n'est exclus du Retrait Lignager.

X X V I I.

Pour retirer par Retrait Lignager, il suffit d'être
parent de celuy qui a mis l'heritage ou rente fonciere
dans la famille.

X X V I I I.

Il suffit d'être conçû dans l'an & jour de l'acquisition, pour être admis au Retrait.

X X I X.

Les enfans, & les autres décendans du vendeur,
ne sont recevables au Retrait Lignager durant la vie
du vendeur, mais aprés son décez ils peuvent exercer
le Retrait, encore qu'ils en soient heritiers, pourvû
qu'ils soient encore dans l'an & jour de la publication
du Contract.

XXX.

Si l'heritage eſt vendu à un Lignager , & que le Lignager le revende à une tierce perſonne qui n'eſt point de la ligne , la ſeconde vente donne ouverture au Retrait , qui pourra être exercé même par le premier vendeur , & neanmoins le rembourſement ſera fait , eu égard au prix du ſecond Contract.

XXXI.

Quand l'acquereur qui n'eſt en ligne a des enfans qui ſont en ligne, Retrait n'a lieu ; & neanmoins il pourra être exercé par les enfans ou aucuns d'eux , & ſi l'acquiſition & publication a été faite durant le mariage , l'an & jour du Retrait ne commencera à courir que du jour de la diſſolution du mariage.

XXXII.

Le Lignager qui premier fait ajourner en Retrait, doit être preferé à tous autres , encore qu'ils ſoient plus prochains.

XXXIII.

Si en un même jour il y a deux exploits en Retrait Lignager , celuy qui l'aura fait donner avant midy ſera preferé à celuy qui aura fait donner l'exploit apres midy , & ſi tous deux ſont avant ou aprés midy , le parent plus prochain ſera preferé.

XXXIV.

L'acquereur ne ſera tenu de rembourſer les frais des nouveaux bâtimens ny dés réparations faites ſur les anciens durant le temps du Retrait, ſi les bâtimens & réparations ne ſont neceſſaires.

XXXV.

Ne peut auſſi l'acquereur empirer l'heritage, & s'il le fait il eſt tenu de le rétablir en l'état qu'il étoit au jour de l'acquiſition.

XXXVI.

Les fruits ſont dûs au rétrayant du jour de l'ajournement.

XXXVII.

Aprés que le Retrait aura été ajugé, l'acquereur mettra au Greffe le tître de ſon acquiſition, affirmera le prix, & fera ſignifier au rétrayant l'acte de dépôt du tître & de l'affirmation dans la huitaine ſuivante; aprés la ſignification le rétrayant ſera tenu de rembourſer le prix, ſinon il demeurera déchû de plein droit du Retrait.

XXXVIII.

Si l'acquereur eſt en demeure de mettre ſon tître au Greffe, d'affirmer le prix & de faire ſignifier l'acte de dépôt & affirmation, le retrayant pourra, ſi bon luy ſemble, conſigner partie preſente ou dûëment apellée, telle ſomme que bon luy ſemblera, & ce fait il entrera en poſſeſſion de l'heritage, & à faute de ce faire il demeurera déchû du Retrait de plein droit.

XXXIX.

La conſignation doit être faite entre les mains du Receveur des Conſignations, & en deffaut d'iceluy au Greffe, à peine de nullité.

XL.

Et aprés la ſignification de l'acte contenant le dépôt du titre & l'affirmation, le Rétrayant sera tenu de rembourser le prix de l'heritage, & en cas de refus le consigner, aussi partie presente ou düëment àpellée.

X L I.

Si l'heritage baillé à rente rachetable ou aliené à la charge d'acquiter aucunes rentes, est ajugé par Retrait, le sort principal des rentes & les arrérages échûs depuis le jour de l'ajournement doivent être payez, & en cas de refus, consignez dans la huitaine, à peine de décheance ; & ne sera le Retrayant recevable à s'offrir de continuër la rente.

X L I I.

Les arrérages échûs depuis l'acquisition & avant l'ajournement, demeureront compensez avec les fruits échûs dans le même temps, & les interêts de la somme sujette à remboursement échûs depuis l'ajournement, du payement ou remboursement du prix de l'heritage, demeureront en pure perte sur l'acquereur.

X L I I I.

Les fruits naturels seront partagez entre l'acquereur & le Retrayant à proportion du temps, à compter du premier Janvier jusqu'au dernier Decembre.

X L I V.

Le Lignager qui aura été déclaré déchû du Retrait n'y pourra revenir par nouvelle action, même dans l'an & jour.

DES

DES SUCCESSIONS.

I.

ES pays de Coûtume & de droit écrit, le mort faifit le vif, fon plus proche heritier habille à luy fucceder *abinteftat*, tant en ligne directe que collaterale, fans que les puînez mâles & filles foient obligez de prendre leurs portions par les mains de l'aîné.

I I.

L'heritier eft faifi de droit fans aucune apprehenfion de fait, & tranfmet par fon décez, même avant partage, à fes heritiers tels & femblables droits qui luy appartiennent.

I I I.

Celuy qui n'eft ny né ny conçû au jour de la fucceffion ouverte, n'eft habille à fucceder.

I V.

L'enfant qui vient mort au monde n'eft heritier, ny pareillement celuy qui n'eft pas viable, c'eft-à-dire qui n'aît avant le temps de cent quatre-vingt deux jours, à compter du jour de la conception.

V.

Celuy qui a renoncé à la fucceffion & qui depuis la renonciation en prend ou reçoit quelque effet, ne fait acte d'heritier.

II. Partie. S s

V I.

Vendre les meubles periffables de la Succeffion, & payer les récompenfes des domeftiques & les autres dettes privilegiées, les frais funeraux, & de la maladie du deffunt, n'eft point faire acte d'heritier; mais fi l'heritier prefomptif paye les autres dettes il fait acté d'heritier, fi ce n'eft que lors du payement il n'ait fait une proteftation expreffe au contraire.

V I I.

La réparation civile ajugée à celuy qui eft habille à fucceder, & reçûë par luy pour le délit commis en la perfonne du deffunt, ne le rend point heritier.

V I I I.

Mais fi en autre cas que ceux cy-deffus, aucun habille à fucceder prend en la Succeffion du deffunt jufqu'à la valeur d'un écu, fans avoir autre qualité au droit de ce faire, il eft réputé heritier, & ne peut aprés répudier la Succeffion, fi en recevant il n'a fait proteftation contraire dans l'acte portant quittance.

I X.

Nul ne fera reçû à fe dire heritier par benefice d'inventaire en ligne directe ou collaterale, qu'il n'ait fait apofer le fcellé dans trois jours aprés le décez du deffunt, s'il eft prefent, & qu'il n'ait commencé l'inventaire dans trente jours au moins : aprés l'apofition du fcellé les créanciers apparens, & les habilles à fucceder bien & dûëment apellez, même les légataires, au cas que le Teftament ait paru, & iceluy continué inceffamment en tous les lieux où le deffunt avoit des

meubles, tîtres & papiers, enforte que ledit inventaire foit parachevé dans trois mois, à compter
du jour qu'il a commencé, fauf à faire proroger le
temps en connoiffance de caufe & par autorité de
juftice.

X.

Si aucuns des créanciers apparens, légataires ou
habilles à fucceder, ne comparent point, l'inventaire fera fait avec le Subftitut de nôtre Procureur
Général fur les lieux, & avec le Procureur-Fifcal, pour
l'interêt des abfens.

X I.

Sera tenu l'heritier qui fe veut faire fervir du benefice d'inventaire, faire fon affirmation en perfonne ou
par Procureur fondé de Procuration fpecialle, à la fin
de l'inventaire, qu'il n'a connoiffance d'autres meubles, tîtres & papiers que ceux y mentionnez.

X I I.

Pour prendre une Succeffion par benefice d'inventaire, il eft requis & fuffit de faire fa déclaration
au Greffe, & de bailler bonne & fuffifante caution, le
tout dans quarante jours aprés l'acte d'affirmation,
étant au pié de l'inventaire qui fera fait.

X I I I.

La caution fera refceante & folvable, baillera déclaration de fes biens, & fera tenu l'heritier de la faire
recevoir quinzaine aprés la prefentation d'icelle, tant
avec les créanciers apparens, légataires & habilles à
fucceder, qu'avec les Subftituts de nôtre Procureur

Général, ou le Procureur Fiscal en cas qu'il y ait des absens.

X I V.

A faute de satisfaire à ce que dessus dans les delais prescrits, nul ne sera reçû à se porter heritier par benefice d'inventaire, sauf à prendre la qualité d'heritier pur & simple, où à renoncer si bon luy semble.

X V.

Celuy qui s'est porté heritier par benefice d'inventaire d'un Receveur des Consignations, Commissaire aux Saisies Réelles, Gardien, & autres dépositaires de deniers & biens d'autruy, par autorité de justice, demeure heritier pur & simple en ce qui dépend desdites fonctions.

X V I.

Si aucun prend la qualité d'heritier par benefice d'inventaire sans avoir fait apposer le scellé commencé, & parachevé l'inventaire & iceluy affirmé, baillé caution resceante & solvable, & icelle fait recevoir en la maniere & dans les delais cy-dessus ordonnez, il demeurera heritier pur & simple & privé du benefice d'inventaire.

X V I I.

L'heritier par benefice d'inventaire qui a recelé & diverti aucuns des effets de la Succession jusqu'à la valeur d'un écu, demeure aussi heritier pur & simple & privé du benefice d'inventaire.

X V I I I.

Et neanmoins si avant que le fait de recelé ait été proposé il a fait ajoûter sur la minute & sur la grosse de l'inventaire les choſes par luy obmiſes, la décheance dudit benefice n'aura point de lieu.

X I X.

Ceux qui auront aprehendé la Succeſſion par benefice d'inventaire, aux termes dénommez cy-deſſus, feront reçûs à y renoncer toutes & quantes fois, en rendant compte du benefice d'inventaire avec les parties intereſſées.

X X.

Toutefois és Coûtumes eſquelles les enfans peuvent prendre la qualité de Doüairiers, & autres Coûtumes où la qualité d'heritiers & de légataires ſont incompatibles, celuy qui ſe ſera une fois porté heritier ſous benefice d'inventaire, ne ſera reçû à prendre leſdites qualitez de Doüairier & de légataire, qui demeureront confuſes & éteintes, ſans qu'elles puiſſent revivre par la renonciation par luy faite à la Succeſſion beneficiaire.

X X I.

L'heritier par benefice d'inventaire pourra, deux mois aprés l'inventaire fait & parachevé, & non plûtôt, payer les legs & les dettes apparentes, ſans être obligé d'en faire la diſcution, pourvû qu'il n'y ait point d'opoſition au ſcellé ou autre empêchement fait entre ſes mains, ſauf aux légataires & aux créanciers leur recours pour la répetition des ſommes payées, les uns contre les autres.

X X I I.

En ligne directe l'heritier, par benefice d'inven-

taire, n'eſt point exclus par l'heritier pur & ſimple ,
même en pareil degré.

X X I I I.

En ligne collaterale le mineur qui ſe porte heritier
ſimple, ne peut exclure l'heritier par beneſice d'inventaire qui ſe trouve en pareil degré.

X X I V.

Mais entre majeurs qui ſe trouvent en pareil degré, l'heritier, par beneſice d'inventaire en ladite ligne collaterale, eſt exclus par l'heritier ſimple, ſi
mieux il n'aime, lors que ladite excluſion eſt propoſée, renoncer au beneſice d'inventaire, & en cas
d'inégalité du degré, le parent en degré plus éloigné,
qui prend la qualité d'heritier pur & ſimple, exclud
le parent en degré plus proche, qui s'eſt porté heritier par beneſice d'inventaire.

X X V.

Aprés le décez de celuy qui a recüeilli une Succeſſion par beneſice d'inventaire dans la maſſe de ſes
dettes paſſives, ſes dettes particulieres doivent être
mêlées & confonduës avec celle de la Succeſſion beneficiaire, ſauf à ſe ſervir, s'il y échet, du beneſice
d'inventaire contre les créanciers de ladite Succeſſion
beneficiaire.

X X V I.

En ligne directe repreſentation a lieu infiniment
en quelque degré que ce ſoit.

X X V I I.

Repreſentation n'a point de lieu à l'égard des aſ-

cendans, en telle forte que quand il y a un afcendant
plus proche, l'afcendant plus éloigné en degré ne
fuccede pas.

XXVIII.

En ligne collaterale reprefentation à lieu quand
les neveux & nieces au premier degré viennent à la
Succeffion de leur oncle ou tante, avec les freres &
fœurs du decedé.

XXIX.

Mais fi les neveux & nieces en femblable degré
viennent de leur chef, & non par reprefentation, ils
fuccedent par têtes & non par fouches, tellement
que l'un ne prend non plus que l'autre.

XXX.

Demeureront abrogez toutes les Coûtumes qui rejettent la reprefentation en ligne collaterale, au premier degré des neveux & nieces, & celles qui les éten-
dent aux degrez plus éloignez.

XXXI.

On ne reprefente jamais les perfonnes vivantes,
mais feulement celles qui font mortes naturellement
ou civilement.

XXXII.

Au deffaut des décendans, les peres & meres, &
en deffaut d'iceux les ayeuls & ayeules, & les autres afcendans, felon la prorogative de leur degré,
fuccedent quant aux meubles, acquêts & conquêts
immeubles, à l'exclufion même des freres & fœurs
conjoints des deux côtez, ou concurremment avec

lesdits freres & sœurs, selon la Coûtume & la Loy
de chacune Province.

XXXIII.

Mais quant aux propres anciens & naissans ils
suivent la ligne, & les heritiers paternels succedent
aux propres du côté paternel, & les heritiers maternels aux propres maternels, tant aux Provinces coûtumieres qu'en pays de droit écrit.

XXXIV.

Les heritiers de la ligne qui sont en degré plus éloigné, excluent les autres heritiers, quoy-que plus proches, qui ne sont pas de la même ligne.

XXXV.

Dans la Succession des propres, le double lien n'a
point de lieu.

XXXVI.

Pour succeder à un propre il suffit d'être parent du
deffunt du côté & ligne de l'acquereur dudit propre,
& il n'est point necessaire d'être décendu de l'acquereur.   ### XXXVII.

La qualité de propre doit être prouvée, & en cas
de contestation & de doute l'immeuble doit être
présumé acquêt, & doit être jugé tel par provision.

XXXVIII.

S'il n'y a aucun parent de la ligne directe ou collaterale de l'acquereur dont procede le propre, alors
le propre de la ligne deffaillante appartiendra au plus
prochain parent du deffunt, habille à luy succeder,
sans distinction des lignes paternelles & maternelles,

à l'ex-

à l'exclusion du Fisc & des Seigneurs particuliers.

XXXIX.

Propres ne remontent point en ligne directe, & n'y succedent les ascendans, soit qu'ils soient demeurez en viduité ou qu'ils ayent passé à de secondes Nôces, si ce n'est és cas cy-après exprimez.

XL.

Lès ascendans qui sont de la ligne succedent, comme Lignagers, aux propres de la même ligne.

XLI.

Succedent aussi les peres & meres respectivement aux immeubles donnez par eux ou par leurs ascendans, à l'exclusion de tous autres, même des ascendans qui ont fait la donation, quand les enfans donataires, ou l'un d'eux, sont décedez sans enfans & décendans, d'eux.

XLII.

Si l'enfant auquel la donation a été faite a delaissé un ou plusieurs enfans qui ont recüeilli en tout ou partie la chose donnée, alors après le décez du dernier desdits enfans, & décendans d'eux, & non autrement, le pere ou la mere qui ont fait le don succedent à la chose par eux donnée, à l'exclusion de tous autres.

XLIII.

Si la donation faite ausdits enfans par un parent collateral ou par un étranger, porte expressement qu'elle leur est faite en consideration du pere ou d'un ascendant paternel, ou bien de la mere ou d'un as-

II. Partie.   T t

cendant maternel, la chose ainsi donnée est reputée donnée par le pere ou par la mere à l'effet de la Succession.

X L I V.

Heritage retiré par Retrait Lignager par pere ou mere, ou autre ascendant, sous le nom d'un des décendans, est reputé à l'effet de ladite Succession donnée par celuy des deniers duquel il a été retiré.

X L V.

Au deffaut du pere, de l'ayeul & l'ayeule paternels, & au deffaut de la mere, l'ayeul & l'ayeule maternels, & au deffaut des ayeuls, les ascendans superieurs succedent respectivement aux choses ainsi données par eux ou par les ascendans inferieurs, à l'exclusion de tous autres, pourvû & non autrement qu'il ne se trouve aucuns enfans & décendans du donateur; lesquels audit cas seront preferez aux ayeuls & autres ascendans superieurs.

X L V I.

Si le fils fait acquisition d'heritages ou autres biens immeubles, & decede delaissant à son enfant lesdits immeubles, & ledit enfant décedant aprés sans enfans & décendans de luy, & sans freres & sœurs, l'ayeul & l'ayeule succedent ausdits heritages en pleine proprieté, & excluënt tous autres collateraux.

X L V I I.

Le pere succedant à ses enfans joüira par usufruit, sa vie durant, de la moitié des conquêts de la communauté qui appartenoit à la mere par droit de com-

munauté, & étoit échûë par son décez à leurs enfans
communs en qualité de propres naissans de la ligne
maternelle, lesquels étans acquêts & conquêts en la
personne de la mere, sont devenus propres naissans
maternels ausdits enfans issus de leur mariage, au
cas qu'il ne reste aucun de tous lesdits enfans & décendans d'eux.

X L V I I I.

Au deffaut du pere, l'ayeul & l'ayeulé paternels,
& l'un d'eux, joüiront dudit usufruit.

X L I X.

Aura lieu le même usufruit, & sous les mêmes conditions, au profit de la mere pour la moitié qui appartenoit au pere, dans les conquêts de la communauté, & avoit passé aux enfans communs en qualité de propres naissans paternels qui étoient acquêts
au pere ; au deffaut de la mere, l'ayeul & l'ayeule
maternels, ou l'un d'eux, joüiront dudit usufruit.

L.

En Succession de propre n'est consideré le droit
de puissance paternelle où elle a lieu.

L I.

Propre, soit ancien ou naissant, ne remonte en
collaterale, & n'y succedent les oncles & tantes, &
ceux qui sont au dessus d'eux en collaterale, tandis
qu'il y a des neveux & nieces, arrieres-neveux &
arrieres-niéces, en quelque degré qu'ils soient, pourvû qu'ils soient de la ligne d'où procedent les heritages.

L I I.

Quand le deffunt a laiffé des petits enfans iffus de pere ou mere , tous les enfans d'un même peré ou d'une même mere ne font comptez que pour un , & la Succeffion eft partagée par fouches.

L I I I.

Dans les Succeffions collaterales immobilieres , les parens iffus de celuy qui a acquis les immeubles font preferez aux freres & fœurs dudit acquereur, ou à fes oncles & tantes, fuppofé même que lefdits collateraux foient en degré égal ou plus proche que les autres.

L I V.

Entre les freres & fœurs du deffunt, ceux qui font feulement de pere ou de mere prendront une fimple portion dans les meubles & acquêts, & ceux qui font conjoints de deux côtez , une double portion.

L V.

Et neanmoins il eft au choix des heritiers de donner à celuy qui eft rapellé la portion qu'il eût prife dans les biens du deffunt , s'il fe fût trouvé en pareil degré que les heritiers, ou de luy abandonner les biens dont le deffunt pouvoit difpofer par Teftament.

L V I.

Celuy en faveur duquel le rappel eft fait dans le cas ou hors le cas de reprefentation, ne peut, en qualité d'heritier ou légataire, prendre part dans les propres , fi étans en degré plus proche il n'eût fuccedé qu'aux meubles & acquêts , ny prendre part dans les meubles & acquêts s'il n'eût ſuccedé qu'aux propres.

Le *rappel eſt une fixion , laquelle doit operer *in caſu ficto , quantum veritas in caſu vero.*

Des ſucceſſions de Fief, & du droit d'aîneſſe.

I.

LEs préciputs & avantages donnez par les Coûtumes aux aînez, demeureront rétraits aux biens feodaux , & appartiendront indifferemment aux perſonnes Nobles & roturieres.

I I.

La fille qui vient de ſon chef à une ſucceſſion directe ou collaterale , ne joüira des droits accordez aux aînez dans les biens feodaux.

I I I.

En ligne directe la fille venant à la ſucceſſion par repreſentation de ſon pere , avec ſes tantes ou couſines iſſuës de mâles ou de filles , même avec un oncle & un couſin iſſu d'un oncle , elle prendra dans les biens feodaux les mêmes préciputs & avantages qui euſſent appartenu à ſon pere s'il eût ſurvêcu.

I V.

Quand le fils aîné eſt incapable de ſucceder par exheredation ou autrement , celui qui ſe trouvera le plus âgé aprés luy lors de l'ouverture de la ſucceffion , prendra les préciputs & droits d'aîneffe.

V.

La renonciation faite par l'aîné au droit d'aîneffe, du vivant des pere & mere, eft nulle.

V I.

Et neanmoins fi le fils aîné majeur , & n'ayant point d'enfans, a renoncé par le Contract de Mariage au profit d'aucuns de fes puînez mâles , le puîné , en faveur duquel la renonciation eft faite , joüira des droits & prérogatives d'aîneffe.

V I I.

Si la renonciation faite par l'aîné eft au profit de tous les mâles, il n'y aura entr'eux aucun droit d'aîneffe.

V I I I.

Et au cas 'que la renonciation de l'aîné foit faite aprés le décez du pere ou de la mere gratuitement ; les préciputs & avantages qu'il étoit fondé de prendre, accroiffent égallement aux autres enfans.

I X.

Dans les Coûtumes qui doivent plus ou moins à l'aîné, felon le nombre des enfans, ceux qui font incapables de fucceder par exheredation ou autrement, ne doivent être comptez au nombre des enfans.

X.

En pays coûtumier au fils aîné , en chacune des fucceffions de pere & mere & en chacune Coûtume, appartient un Hôtel ou Manoir tenu en Fief deftiné par le deffunt pour fon logement & habitation ; avec toutes les appartenances & dépendances & la baffecourt, encore que le foſſé du Château ou quelque chemin public ſoit entre-deux, & aura encore tout l'enclos pourpris, & préclôtures attenantes au Manoir Seigneurial, ſans faire aucune recompenſe aux puînez, encore que dans les préclôtures il y ait pluſieurs ſéparations de murs & de hayes, pourvû qu'il n'y ait point de chemin public entre-deux.

X I.

Et ſi dans l'enclos & préclôtures ſont compris les logemens ordinaires du Fermier, de ſa famille & de ſes beſtiaux, & les granges & greniers où le Fermier a accoûtumé de reſerver les foins, grains, & autres fruits, ils appartiendront auſſi à l'aîné.

X I I.

Sont auſſi compris dans le préciput de l'aîné le moulin, le four & le preſſoir, bannaux & non bannaux, étant dans l'enclos du préciput.

X I I I.

Et s'il y a pluſieurs Manoirs Seigneuriaux dépendans d'un même Fief, ou de differens Fiefs aſſis dans une même Coûtume, l'aîné prendra celui qu'il voudra.

X I V.

Dans le Fief acquis durant la commmunauté, le fils aîné, comme heritier du pere, prendra la moitié du Manoir Seigneurial, enclos & préclôtures, & comme heritier de la mere l'autre moitié.

X V.

Si dans les ſucceſſions de pere & mere, ayeul & ayeule, il n'y a qu'un ſeul Fief conſiſtant en un Ma-

noir , basse-court & préclôtures , sans autres appartenances , au fils aîné seul appartient la totalité du Fief,
sans qu'il soit tenu de bailler aucune récompense à
ses puînez , encore que dans la succession il n'y ait
point d'autres biens sur lesquels les puînez puissent
prendre leur légitime ou le doüaire.

DES RAPORTS.

I.

EN ligne directe décendante & ascendante , aucun ne peut être ensemble heritier & donataire
entre vifs , ny pareillement heritier & légataire , si
ce n'est que par la donation ou par le Testament il
soit dit que le don & le legs est fait hors part & par
préciput, ou sans charge de raporter , ou en autres
termes semblables qui marquent expressément la volonté de celuy qui a fait la disposition.

I I.

En ligne collaterale on ne peut être aussi heritier
& légataire , s'il n'est dit que le legs est fait hors part,
mais on peut être heritier & donataire entre vifs , &
ce qui est donné n'est sujet à raport , encore qu'il n'en
soit fait mention dans la donation.

I I I.

Ce qui est donné ou légué par préciput n'est sujet à rapport , mais il est imputé en la légitime du
donataire

donataire ou légataire, & entre dans la maſſe des biens ſujets à la computation de la légitime des enfans.

I V.

Quand il y a lieu au raport ce qui a été légué ou donné aux enfans & décendans de ceux qui ſont heritiers du Teſtateur ou donateur, doit être raporté par les heritiers en ligne directe, mais en collaterale l'heritier n'eſt point obligé de raporter le legs fait à ſon fils.

V.

Les enfans légataires ou donataires de l'ayeul, venans à la ſucceſſion de leur pere & mere, ne ſeront tenus raporter les choſes à eux données & léguées, ſi ce n'eſt que le pere ou la mere en ayent fait le raport à la ſucceſſion du Teſtateur ou donateur.

V I.

Si la diſpoſition a été faite au profit des décendans en degré plus éloigné que celuy des petits enfans, les heritiers du biſayeul ſeront tenus de raporter ce qui a été donné à leurs décendans, mais il ne ſera fait aucun raport des choſes données & léguées aux ſucceſſions des mêmes heritiers, ny celles de leurs enfans & autres décendans.

V I I.

En cas où il y a lieu de raport, l'enfant ayant ſurvécu ſes pere & mere, encore qu'il renonce à leur ſucceſſion, eſt tenu en venant à la ſucceſſion de ſes ayeuls ou ayeules de raporter tout ce qui a été donné ou legué, ou payé par l'ayeul ou l'ayeule, au

II. Partie. V v

profit & en l'acquit de ses pere & mere.

VIII.

Ce qui est donné & légué à l'heritier présomptif & à ses enfans & décendans pour tenir lieu de tître presbiteral, est aussi sujet à raport.

IX.

Le prêt fait à l'heritier présomptif par promesse ou obligation ou constitution de rente, ou même sans écrit, pourvû que le prêt soit confessé & averé, & les sommes dont on s'est rendu caution pour luy, sont sujetes à raport.

X.

La fille n'est tenuë de raporter aux successions des pere & mere le prêt par eux fait à son mary, quand elle ne s'est point obligée à la dette, & qu'elle a renoncé à la communauté de son mary.

XI.

Ce qui est vendu par le pere au fils ou gendre, n'est point sujet à raport, encore que les coheritiers offrent de tenir compte du prix, pourvû que la vente ait été faite de bonne foy & à juste prix, eu égard au temps du Contract.

XII.

Ce qui a été payé & déboursé pour les nouritures & entretenemens des enfans, pensions, frais d'étude & d'aprentissage, & exercice aux armes, même pour leur rançon, du vivant des pere & mere, n'est sujet à raport.

XIII.

Et neanmoins si les enfans ont quelque revenu à

eux appartenant, à quelque tître que ce ſoit, il demeurera aux pere & mere juſques à concurrence des
dépenſes mentionnées en l'article précedent, ſi les
pere & mere n'en ont autrement diſpoſé par écrit.

X I V.

Deniers débourſez pour les degrez de licence &
autres degrez ſuperieurs & Arts liberaux, & pour entrer dans l'un des Corps des Marchands , & pour
la Maîtriſe és Arts mécaniques, ſont ſujets à raport.

X V.

Ce qui eſt donné pour le trouſſeau , banquet, ha-
bits, frais de Nôces , pour leſquels il n'y a nulle ſtipulation par le Contract de Mariage , n'eſt ſujet à
raport.

X V I.

Les nourritures , entretenemens , & penſions fournies aux petits enfans, & autres décendans en ligne
directe , du vivant de leurs pere & mere , & aux enfans & décendans des heritiers préſomptifs en ligne
collaterale , ne ſont point ſujets à raport, ſi ce n'eſt
que ceux qui ont fait la dépenſe en ayent autrement
ordonné , ou qu'ils ſoient chargez de la Tutelle ou
Curatelle comptable de ceux pour leſquels les dépenſes ont été faites , auquel cas elles entreront dans la
dépenſe du compte.

X V I I.

Le frere aîné & les autres mâles qui prennent les
portions des filles mariées, en vertu des clauſes de
leur Contract de Mariage , ſont obligez de raporter

ce qui aura été donné aux filles en faveur de mariage.

X V I I I.

L'heritier par benefice d'inventaire est obligé de raporter les avantages à luy faits & sujets au raport, & d'en charger la recepte de son compte ; mais il peut les conserver en renonçant à la succession beneficiaire.

X I X.

Dans les successions directes & collaterales qui se partagent par souches, chacune souche doit raporter tous les avantages sujets à raport, faits à tous ceux qui sont de la même souche, encore qu'aucun d'eux ait renoncé à la succession.

X X.

Si le mary & la femme donnent conjointement l'immeuble appartenant à l'un d'eux, il doit être raporté pour le tout à la succession de celuy auquel il appartenoit, sans récompense sur les biens de l'autre, si dans le Contract de donation il n'y a convention contraire.

X X I.

Lors que la femme & ses heritiers renoncent à la communauté, les sommes & les conquêts donnez conjointement par elle & son mary à leurs enfans communs, sont imputez sur les biens du mary, & raportez pour le tout à sa succession, s'il n'y a convention contraire.

X X I I.

Le donataire entre vifs de choses sujetes à raport,

à la faculté de les raporter pour être miſes en partage avec les autres biens de la ſucceſſion, ou moins prendre.

X X I I I.

Si le raport eſt fait en eſpeces, les coheritiers ſeront tenus de rembourſer les impenſes utiles & neceſſaires, & en cas d'option de moins prendre, déduction en ſera faite lors de l'eſtimation.

X X I V.

En cas d'option de moins prendre, les coheritiers prendront leur part également, ou récompenſe ſur les autres biens de la même ſucceſſion, de quelque nature qu'ils ſoient, au choix des heritiers.

X X V.

L'également dû aux coheritiers, à cauſe des heritages donnez entre vifs à aucun d'eux, ſera reglé eu égard à la valeur des heritages lors du partage au dire des Experts, s'ils ſont en la poſſeſſion du donataire lors de l'écheance de la ſucceſſion, & s'ils avoient été par luy alienez auparavant, il raportera ſeulement le prix qu'il en avoit retiré, pourvû que l'alienation ſoit veritable, légitime & ſans fraude.

X X V I.

Et neanmoins ſi dans la donation ils avoient été eſtimez à un prix certain, il ſera au choix des coheritiers de prendre leur également, à raiſon du prix porté par la donation, ou de celuy d'alienation qui en aura été faite par le donataire.

X X V I I.

Les fruits, arrérages & interêts des choſes ſujetes à raport , & des égalemens des coheritiers , sont dûs seulement du jour de la succession échûë , sçavoir des heritages & rentes à raison de leur revenu ordinaire ; & des sommes reçûës en argent l'interêt en sera raporté au denier vingt-cinq.

XXVIII.

Le donataire peut se décharger du raport en se tenant à son don, en renonçant à la succession à laquelle le raport est dû, la légitime reservée en ligne directe aux autres enfans.

XXIX.

Les choses données par le survivant des pere & mere à l'un de ses enfans, en faveur de mariage ou autrement, seront imputez sur les droits apartenans au donataire par la succession du prédecedé ou d'ailleurs, jusqu'à la concurrence de la valeur des mêmes droits en fond ou en fruits ; & si les droits acquis sont de même valeur, le surplus est censé donné en avancement d'hoirie , si dans le Contract de donation il n'y a convention contraire.

Des payemens des Dettes.

I.

L'Heritier des meubles & celui des immeubles sont tenus envers les créanciers de toutes les Dettes tant mobilieres qu'immobilieres de la succesſion ; mais entre les héritiers celuy des meubles payera toutes les Dettes mobilieres , & les legs des choſes mobilieres , & celuy des immeubles les Dettes immo-bilieres , & les legs des immeubles.

I I.

Le légataire univerſel des meubles eſt tenu des Dettes mobilieres envers les créanciers , & des legs particuliers mobiliers envers les légataires, juſqu'à con-currence de ſon legs.

I I I.

Le légataire de quotité des meubles contribuëra avec l'heritier mobilier au payement des Dettes mo-bilieres , à proportion de ce que chacun amende des meubles.

I V.

Les legs particuliers mobiliers ſe prendront préa-lablement ſur les meubles dont le deffunt n'a point diſpoſé , & le ſurplus ſur les legs de quotité.

V.

Si les meubles de la ſucceſſion ne ſont ſuffiſans pour payer toutes les Dettes mobilieres , le ſurplus ſera pris ſur les immeubles , & ſi les immeubles ne ſont ſuffiſans pour payer les Dettes immobilieres, le ſurplus ſera pris ſur les meubles.

V I.

Et ſi les meubles aprés avoir acquité les Dettes mobi-lieres ne ſont ſuffiſans pour payer tous les legs mobiliers, le ſurplus ſera pris ſur les immeubles dont le Teſtateur a pû diſpoſer ſelon les Loix & les Coûtumes des lieux.

V I I.

Les heritiers & légataires univerſels ou de quotité
des immeubles, payeront les Dettes à proportion de
l'émolument, dans lequel ne ſeront compris les dons
& legs particuliers faits à l'heritier par préciput & ſans
charge de raport, ny le préciput apartenant à l'aîné
en ligne directe ; & quant à la portion avantageuſe
des aînez, il en ſera uſé ainſi que les Coûtumes l'ordonnent.

V I I I.

Les légataires particuliers ne ſont tenus des Dettes, & s'ils ſont pourſuivis par les créanciers ils auront leur recours contre les ſucceſſeurs à tître univerſel & de quotité.

I X.

Le remploy des propres alienez, le Doüaire &
les penſions de Religieuſes, ſeront payez comme
Dettes immobilieres.

X.

Le préciput accordé au ſurvivant des conjoints par
mariage, en argent ou immeuble, eſt une choſe mobiliere.

X I.

L'aîné & les puînez doivent contribuër à la
rente aſſignée ſpecialement ou par aſſiette, ſur le
Fief dans lequel l'aîné prend ſon préciput & ſa portion avantageuſe comme aux autres rentes & charges
immobilieres de la ſucceſſion ; comme ſi le pere décede ſans avoir payé le prix du Fief, l'aîné prenant
ſon

ſon préciput & ſa portion avantageuſe dans le même Fief, n'en ſera tenu plus avant que des autres Dettes de la ſucceſſion.

XII.

Quand le Fief vendu par le deffunt à faculté de Réméré, eſt retiré par ſes heritiers en ligne directe ou collaterale, l'aîné y prendra ſón préciput & ſa portion avantageuſe, & ne contribuëra au rembourſement du prix plus que les autres, à cauſe de ſa portion avantageuſe, & non pour le préciput du Manoir & de ſes dépendances, & les puînez ne pourront être contrains d'exercer le Réméré ſi bon ne leur ſemble, ſauf à l'aîné, en cas de refus des puînez, à retirer le Fief en ſon nom, à ſon profit & à ſes dépens.

XIII.

Si le Fief a été engagé par un Contract pignoratif, l'aîné n'eſt tenu de contribuër au prix du dés-engagement plus qu'au payement des autres Dettes immobilieres de la ſucceſſion, & ne laiſſe d'y prendre ſon préciput & ſa portion avantageuſe.

XIV.

En collaterale les mâles, mêmes dans les Coûtumes où ils ſont ſeuls heritiers des Fiefs & coheritiers avec les filles dans les rotures, doivent contribuër aux Dettes immobilieres à proportion de ce qu'ils amendent dans les Fiefs & dans les rotures.

Renonciation des Filles aux Successions.

I.

Filles dottées ne seront excluses des Successions directes & collaterales, si dans leur Contract de Mariage il n'y à une clause expresse de renonciation.

I I.

Les renonciations des filles Nobles & roturieres, majeures & mineures, aux Successions directes & collaterales à écheoir sont valables, même és Coûtumes qui deffendent d'avantager aucun des enfans au préjudice des autres, pourvû qu'elles soient faites dans les Contracts de Mariages de celles qui ont renoncé, & que les filles soient alliées selon leur condition; & qu'on leur ait fait par les mêmes Contracts quelques avantages en pleine proprieté.

I I I,

Les renonciations aux Successions collaterales à écheoir, ne sont valables que pour celles des freres & sœurs, & autres décendans de ceux qui ont stipulé la renonciation, & n'aura effet que pour les biens que les freres & sœurs, neveux & niéces des filles qui ont renoncé, ont recüeilli de ceux qui ont stipulé la renonciation.

I V.

Pourront les enfans mâles, aînez ou puînez, non mariez, étant en pleine majorité, renoncer aux Succeſſions directes & collaterales à écheoir, au profit & par le Contract de Mariage de leurs freres & ſœurs, neveux & niéces, ou d'aucuns d'eux, encore qu'ils n'ayent reçû aucun avantage pour faire la renonciation ; neanmoins ſi depuis la renonciation ils contractent mariage, la renonciation par eux faite demeurera révoquée de plein droit à l'inſtant de leur mariage.

V.

Les filles & mâles, nonobſtant leur renonciation, peuvent demander le total ou le ſuplément de leur légitime.

V. I.

La renonciation de la fille eſt valable, encore que la ſomme à elle promiſe n'ait point été payée entierement, pourvû que ce qui a été payé du vivant des pere & mere ſoit ſuffiſant pour la légitime de la fille, eu égard aux biens des pere & mere au temps du Contract de Mariage, & ſauf à la fille à demander un ſuplément de légitime ſur les biens acquis depuis.

V I I.

Le conſentement ou la preſence de celuy à la ſucceſſion duquel on renonce, n'eſt point neceſſaire.

V I I I.

La preſence de celuy en faveur duquel la renonciation eſt faite eſt neceſſaire, puiſqu'elle ne peut être faite que par son Contract de Mariage.

I X.

La renonciation demeurera sans effet si le mariage, en consideration duquel elle a été faite, est déclaré nul par impuissance ; & que les peres & meres soient decedez avant la Benediction nuptialle ; & si les deux ont stipulé la renonciation, & que l'un soit décedé avant la célébration du mariage, la renonciation tiendra pour le survivant & demeurera sans effet pour la Succession du prédecedé.

X.

Si la fille qui a renoncé est rapellée par les pere & mere à leurs Successions, le rapel ne vaut que par forme de legs, & ne pourra être fait que par Tement.

X I.

Les enfans de la fille qui décedent aprés la renonciation avant ses pere & mere, ne pourront venir aux Successions de leurs ayeuls & ayeules.

X I I.

Si les pere & mere n'ont laissé autres décendans, la fille qui a renoncé & ses décendans seront préferez aux collateraux.

X I I I.

Es Coûtumes où en deffaut des mâles la fille aînée prend le préciput & droit d'aînesse, la renonciation par elle faite aux Successions à écheoir dans lesquelles les droits d'aînesse luy appartiennent, n'est valable.

X I V.

La fille qui a renoncé en faveur de fes freres ou aucuns d'eux , arrivant le prédecéds de ceux en faveur defquels la renonciation eft faite fans enfans & décendans d'eux, ne laiffera de fucceder.

X. V.

Mais fi les freres ont furvécu leur pere ou mere, ou s'ils ont laiffé des enfans & décendans d'eux, mâles ou filles, la renonciation de la fille tiendra.

X V I.

La fille peut , aprés le décends du furvivant de fes pere & mere, renoncer par fon Contract de Mariage aux Succeffions de fes ayeuls ou ayeules, moyennant quelque avantage par eux fait à fon profit, mais elle ne laiffera de fucceder à fes pere & mere fi de leur part ils n'ont ftipulé pareille renonciation.

X V I I.

La renonciation faite par la fille par fon Contract de Mariage à des fucceffions échûës & à écheoir, conjointement & moyennant un feul prix, eft nulle pour le tout , & en ce cas la fomme entiere fera imputée fur les Succeffions échûës jufqu'à concurrence de la portion de la fille dans les mêmes Succeffions , & le furplus demeurera à la fille fur les droits fucceffifs à écheoir.

X V I I I.

Mais fi par le même Contract de Mariage on a diftingué ce qui a été donné pour chacune Succeffion, la renonciation fera valable pour la Succeffion à écheoir, & nulle pour les Succeſſions échûës.

XIX.

La portion de la fille qui a renoncé purement &
ſimplement acroît à la Succeſſion, & ſeront les biens
des pere & mere partagez entre les autres enfans mâles & filles, ſelon les Loix & Coûtumes, ſans conſi-
derer la fille qui a renoncé.

XX.

La renonciation faite par une fille au profit d'une
autre fille eſt nulle, même en deffaut de mâles.

XXI.

Si la renonciation eſt faite en faveur d'aucun des
enfans mâles, il prendra la portion que la fille devoit
avoir dans les biens des Succeſſions de ſes pere & mere
ſi elle n'eût point renoncé, à la charge de raporter
par luy ce qui a été donné à la fille en faveur de mariage, ſi mieux il n'aime, pour ſe décharger du raport, abandonner à la maſſe de la ſucceſſion le benefice de la renonciation.

XXII.

Et en cas que la renonciation ſoit faite en faveur
de tous les mâles, ils auront la faculté d'abandonner
à la Succeſſion le benefice de la renonciation, ſi mieux
ils n'aiment raporter à la Succeſſion ce qui a été donné à la fille, auquel cas tous les mâles partageront
également la portion de la fille, ſans prérogative
d'aîneſſe dans cette portion.

XXIII.

Les enfans mâles puînez étans en minorité, peuvent renoncer par leur Contract de Mariage aux Successions directes & collaterales à écheoir en faveur de leur aîné, moyennant quelque avantage, fauf à demander un fuplément de légitime.

Incapacitez de fucceder.

I.

CEux qui font morts civilement font incapables de fucceder.

II.

Et neanmoins les condamnez par coûtumace à mort, aux galleres, au banniffement perpetuel, font incapables de fucceder, s'ils décedent dans les cinq ans, à compter du jour que la condamnation de mort aura été executée par effigie, & les autres condamnations fignifiées au domicile du condamné; & fi aprés les cinq ans ils purgent la coûtumace, ils feront pareillement capables de recueillir les Succeffions échûës durant le temps de la coûtumace, fans neanmoins qu'à caufe de l'incertitude de l'évenement les heritiers qui fe font mis en poffeffion des Succeffions foient tenus de bailler caution.

III.

Les Religieux Profex, même ceux qui depuis leur Profeffion ont été promûs à l'Epifcopat, ne fuccedent à leurs parens.

I V.

Ceux qui ont porté l'Habit de Religion dans un Monastere approuvé, durant l'espace de cinq années entieres, après l'âge de seize ans accomplis, seront exclus de toutes Successions, encore qu'il n'aparoisse aucun acte de Profession par écrit.

V.

Les parens des gens d'Eglise séculiers, leurs succedent même és biens qu'ils ont acquis des fruits & dans la mouvance du temporel de leurs Benefices.

V I.

Les fruits & fermages de l'année du décez du Titulaire d'un Benefice, seront partagez & baillez aux heritiers du deffunt, à proportion du temps qu'il a vécu, & le surplus à celuy qui succedera au Benefice, à commencer l'année au premier Janvier.

V I I.

Les parens & lignagers des Evêques leurs succedent, même à ceux qui de l'état de Religieux ont été apellez à la Dignité Episcopalle, à l'exclusion du Monastere où ils ont fait Profession, du Chapitre & de la Fabrique de leurs Eglises, & des Hôpitaux de leurs Diocéses.

V I I I.

Les bâtards ne succedent point, même à leurs meres, quoy-qu'il n'y ait aucuns enfans légitimes.

I X.

Les enfans nez en légitime mariage des bâtards, succedent à leurs pere & mere.

X,

X.

L'étranger est incapable de succeder dans les biens scituez dans nôtre Royaume, s'il n'est naturalisé ou tenu pour tel par privilege.

X I.

Les ascendans ou collateraux de l'étranger, bien qu'ils soient nez & demeurans dans nôtre Royaume, sont incapables de luy succeder dans les biens qui y sont scituez, mais les enfans de l'étranger nez dans nôtre Royaume luy succedent.

X I I.

En deffaut d'autres heritiers légitimes, le mary succede à sa femme & la femme au mary, encore que l'un & l'autre, ou l'un d'eux, soient issus d'une conjonction illicite de quelque qualité qu'elle soit.

X I I I.

Et neanmoins le mary & la femme ne succedent l'un à l'autre si l'un d'eux est étranger.

DES TESTAMENS.

I.

SOnt incapables de faire Testament, étrangers, mineurs, furieux ou imbeciles d'esprit, encore qu'ils ayent de bons intervalles, prodigues bien & dûëment interdits, muets qui ne sçavent ecrire, sourds qui ne sçavent lire ny écrire, condamnez a mort na-

II. Partie. Y y

turelle ou civile , femmes réclufes & rafées par autorité de juftice, Religieux Profex , ceux qui ont porté
l'Habit d'Hermite ou de Religieux Profez pendant
cinq ans, & les Chevaliers Profex de l'Ordre de faint
Jean de Jerufalem.

I I.

Peut le fils de famille tefter valablement , fans
l'autorité de celuy en la puiffance duquel il eft.

I I I.

Peut auffi la femme mariée tefter fans l'autorité de
fon mary.

I V.

Les bâtards , même ceux qui font de conjonction
adulterine & inceftueufe ; peuvent tefter, & generalement toutes perfonnes non comprifes en la prohibition cy-deffus.

V.

Nonobftant la déclaration des Notaires dans le
Teftament, que le Teftateur eft fein d'entendement,
la preuve du fait de fureur ou imbecilité d'efprit du
Teftateur peut être reçûë, & doit être refpective fans
former infcription en faux contre le Teftament , &
ne pourra être formée pour le regard d'infcription de
faux ny la preuve du fait reçûë, fi elle n'eft refpective.

V I.

Teftament fait par un incapable durant le temps de
fon incapacité, eft nul , même pour les legs faits pour
caufes pieufes, encore que fon incapacité ait ceffé avant
fon décez.

V I I.

Le Teſtament fait par le prodigue avant ſon interdiction eſt valable, pourvû & non autrement que
la datte en ſoit certaine, & qu'il ait été reçû ou reconnu par perſonne publique ; mais celuy qui l'a fait
durant ſon interdiction, même entre ſes enfans &
ſes plus proches heritiers, eſt nul.

V I I I.

Et neanmoins peut le prodigue révoquer durant
ſon interdiction tous Teſtamens anterieurs, ce que
ne peuvent faire les furieux & inſenſez.

I X.

La fureur ou imbecilité qui ſurvient, n'annulle pas
le Teſtament fait auparavant.

X.

La condamnation de mort, quoy-que renduë par
coûtumace & non executée en effigie, annulle le Teſtament du condamné, encore qu'il l'eût fait avant
l'accuſation, même à l'égard des diſpoſitions, pour cauſes pieuſes & entre ſes enfans ou autrement, nonobſtant que le coûtumace ſoit décedé dans les cinq ans.

X I.

Si le Procez eſt fait à la memoire du deffunt, pour
les cas qui y ſont ſujets, la condamnation qui ſurvient annulle ſon Teſtament.

X I I.

Quand le Teſtateur décede avant la condamnation
ou prononciation d'icelle, ou durant l'appel par luy
interjeté de la Sentence de condamnation, le Teſta-

ment eſt bon, encore qu'il ait été fait depuis la condamnation dont eſt appel, & nonobſtant qu'il in-
tervienne aprés la mort Arrêt confirmatif.

X I I I.

Le Teſtament des condamnez aux galleres pour
certain temps, fait pendant le temps de leur peine,
eſt nul.

X I V.

Le Teſtament des bannis d'une certaine Province
ou à certain temps du Royaume eſt valable, pourvû que le Teſtament par eux fait durant le temps
de leur ban ſoit paſſé hors les lieux où ils ſont bannis.

X V.

Ne peut le Juge par le jugement de condamnation ou autrement, donner au condamné pouvoir de
teſter, encore que la condamnation ſoit pour délit militaire.

X V I.

La reſtitution du condamné ne valide point le Teſtament fait par luy depuis la condamnation, mais ré-
tablit celuy qu'il avoit fait avant la condamnation.

X V I I.

Religieux Profex ne peuvent être rendus capables
de teſter par aucune diſpenſe & permiſſion, en quelque maniere que ce ſoit, même ſous le prétexte de
diſpoſer de leur pécule.

X V I I I.

Qui fait Profeſſion avant l'âge de vingt ans, ne
peut teſter avant ny depuis ſa Profeſſion.

X I X.

Si aucun Religieux eſt pourvû à l'Epiſcopat, il pourra teſter des biens qui luy apartiendront lors de ſon décez.

X X.

Chevaliers Profex de l'Ordre de ſaint Jean de Jeruſalem, peuvent, avec la permiſſion du Grand Maître, teſter du quint de leur pécule, ſuivant les ſtatuts de leur Ordre.

X X I.

Le Teſtament d'un étranger eſt nul, encore qu'il l'eût fait entre ſes enfans légitimes nez & demeurans dans le Royaume.

X X I I.

Etranger naturaliſé ou tenu pour tel par privilege, peut teſter même des biens qui ſont ſcituez dans le Royaume.

X X I I I.

Le François qui eſt domicilié & naturaliſé en pays étranger, ne peut teſter des biens qu'il a dans le Royaume, même au profit de ſes enfans légitimes & regnicoles, s'il n'en a nôtre permiſſion par Lettres bien & dûëment verifiées.

X X I V.

Communautez ou Confréries aprouvées par Lettres Patentes bien & dûëment verifiées, ſont incapables de toutes ſortes de legs, ſauf aux Juges d'ordonner, en connoiſſance de cauſe, de l'aplication des legs, ſans neanmoins comprendre en ladite prohibition les

Fabriques des Eglises Parroissialles, ny les legs en argent ou espece de meubles faits aux Communautez des pauvres des Parroisses.

X X V.

Religieux Profex incapables de recevoir par Testament aucune chose, sinon une pension alimentaire, modique & viagere, laquelle suivra la personne du Religieux, & sera payée au Superieur du Convent où residera le Religieux légataire.

X X V I.

Ne pourront aussi les Religieux promûs à l'Episcopat & Chevaliers Profex de saint Jean de Jerusalem, recevoir autre chose par legs Testamentaires qu'une pension viagere, quelques meubles de peu de valeur, & pour leur necessité seulement.

X X V I I. & X X V I I I.

Le Convent est incapable de recevoir aucun legs de celuy qui y est entré pour prendre l'Habit, soit que le Testament soit fait avant ou durant le Noviciat, & que le Testateur decede avant sa Profession; ce qui aura lieu pour tous les Convens du même Ordre, encore que ce fussent Convens Hôpitaliers, & que le legs fût conçû pour l'entretien & assistance des pauvres, réparations, bâtimens & ornemens d'Eglises.

X X I X.

Et neanmoins fille usante de ses droits & capable de disposer, pourra faire un legs médiocre au profit du Monastere où elle entrera, pourvû que pour son entrée il n'y ait point de Contract fait entre ſes parens & le Monaſtere, auquel cas toutes les diſpoſitions de la fille faites directement ou indirectement au profit dudit Convent, hors ledit Contract, ſont nulles & reprouvées.

X X X.

Ne pourront les bâtards, de quelque qualité qu'ils ſoient, non légitimez par mariage ſubſéquent, recevoir de leurs peres ou meres aucun legs univerſel ou de quotité, mais pourront ſeulement recevoir en pleine proprieté quelques legs particuliers & moderez, eu égard aux facultez & à la condition du Teſtateur, à l'exception des bâtards, inceſtueux & adulterins, auſquels leurs pere & mere ne pourront léguer qu'une penſion viagere & alimentaire.

X X X I.

Enfans nez en légitime mariage des bâtards, même des inceſtueux & adulterins, ſont capables de recevoir de leurs ayeuls & autres décendans des legs univerſels, pourvû que les Teſtateurs n'ayent point laiſſé d'enfans & décendans légitimes, auquel cas pourront ſeulement les enfans des bâtards recevoir en pleine proprieté des legs particuliers, qui ne pouront exceder la part du moins prenant deſdits enfans ou décendans légitimes.

X X X I I.

Hommes & femmes engagez en adultere ou concubinage, ne peuvent recevoir aucun legs l'un de l'autre.

X X X I I.

Condamnez à mort naturelle par coûtumace &
étrangers, ne peuvent recevoir aucun legs l'un de l'autre pour alimens.

X X I V.

Mais les condamnez à mort civile, peuvent recevoir des legs modiques pour alimens.

X X X V.

Le legs fait par un malade à ſon Medecin, Chi-
rurgien ou Apotiquaire, leurs femmes, enfans &
décendans, leurs peres & meres & autres aſcendans,
eſt nul, encore que les légataires ſoient parens ou
filleuls du Teſtateur.

X X X V I.

Les legs faits par les aprentifs, ſerviteurs & ſer-
vantes, au profit de leurs maîtres ou maîtreſſes, leurs
décendans ou aſcendans, ſont nuls.

X X X V I I.

Et pareillement le legs fait aux Precepteurs, Pé-
dagoges, ceux qui ont été Tuteurs ou Curateurs
comptables, qui n'ont point rendu compte ou payé le
reliqua, leurs femmes, décendans & aſcendans, eſt nul.

X X X V I I I.

Toutefois ſi les Medecins, Chirurgiens, Apotiquaires, Maîtres, Tuteurs ou Curateurs, ſont aſcendans ou décendans, ou heritiers préſomptifs, le legs
eſt valable.

X X X I X.

Le legs fait à un Confeſſeur ou Directeur, ou à
leurs

leurs parens, ou à la Communauté dont ils font, l'un & l'autre eft nul.

X L.

Les indigitez de recüeillir un legs Teftamentaire, ne font confiderez que comme fimples incapacitez.

X L I.

Le Teftateur qui n'a point de propres, ne laiffe pas de pouvoir difpofer de la totalité de fes meubles & acquêts à l'âge de vingt ans.

X L I I.

On ne peut difpofer par Teftament de fes propres qu'à l'âge de vingt-cinq ans accomplis, fi ce n'eft que le deffunt n'eût point d'acquêts ny de meubles, auquel cas il pourra, étant en âge de vingt ans, difpofer par Teftament d'une portion defdits propres.

X L I I I.

Pour fçavoir jufqu'à quelle quantité on peut difpofer de fes propres, feront confiderez & fuivies les Coûtumes des lieux.

X L I V.

Le legs de tous les propres réduit à la portion dont il eft permis de difpofer en chacune Coûtume, eft nul pour le furplus, & ne pourra le légataire demander la récompenfe du furplus fur les meubles & acquêts.

X L V.

La totalité d'un propre peut être léguée valablement & n'eft fujette à réduction, pourvû qu'il y ait d'autres propres capables de remplir la portion qui doit demeurer aux heritiers.

II. Partie. Z z

XLVI.

Le legs de l'ufufruit de tous les propres, fera réduit à l'ufufruit de la portion des propres dont il eft permis de difpofer, fans que le légataire puiffe demander fur les meubles & acquêts, ny fur la proprieté des propres, la récompenfe de ce qui aura été retranché.

XLVII.

Quand le Teftateur a légué la portion permife de tous fes propres, le légataire peut contraindre l'heritier de luy bailler ladite portion en un feul immeuble de la fucceffion, qui ne fera ny le pire ny le meilleur, & l'heritier peut pareillement contraindre le légataire de la recevoir en la même maniere.

FORME DE TESTER.

XLVIII.

Il n'y aura dorénavant que quatre formes de Teftamens és pays de droit écrit & és Coûtumes, fçavoir l'Olographe, le Solemnel, le Secret & le Militaire.

XLIX.

Le Teftament Olographe écrit & figné de la main du Teftateur eft valable, fans autre folemnité.

L.

Mais il eft neceffaire de faire mention du mois, du jour & de l'année dans le Teftament Olographe, comme dans les autres, à peine de nullité.

L I.

Lettre miffive qui contient un ou plufieurs legs, ne vaut comme Teftament Olographe, encore qu'elle foit écrite & fignée du deffunt.

L I I.

Pour faire un Teftament Solemnel il eft requis & fuffit qu'il foit paffé par devant Notaires en Cour laye & deux Témoins, ou par devant un Notaire & trois Témoins, ou par devant le Curé de la Paroiffe du domicile du Teftateur, & trois Témoins.

L I I I.

Pourra auffi le Receveur & principal Chapelain d'un Hôpital, recevoir les Teftamens des malades étans en iceluy, en prefence de trois Témoins.

L I V.

Ne pourront les Vicaires & Prêtres habituez dans les Paroiffes recevoir aucun Teftament, même avec la permiffion du Curé.

L V.

Le Teftament fera rédigé par écrit de la main du Notaire ou autre perfonne telle que ce foit, en prefence du Teftateur; avant qu'il foit clos il en fera fait la lecture au Teftateur, au même inftant il fera par luy figné & par les Témoins & ceux qui auront reçû le Teftament, fans qu'ils puiffent le raporter en leur maifon, ny divertir à autre acte avant qu'il foit parfait & figné, à peine de nullité, & des dommages & interêts des Parties contre les Notaires ou Curez, en leur propre & privé nom.

L V I.

Si le Testateur ne sçait signer ou ne le peut à cause de son indisposition, il sera fait mention dans le
Testament de la déclaration par luy faite de la cause
pour laquelle il n'a point signé, à peine de nullité.

L V I I.

Demeureront abrogez les formules de dicté & nommé, relû sans suggestion, & les autres solemnitez
particulieres & requises par aucunes Loix & Coûtumes : abrogeons aussi l'usage des sceaux & cachets des
Témoins & même du Testateur, à l'exception toutefois du Testament mistique dont il sera cy-aprés parlé.

L V I I I.

Institution d'heritier tant en pays de droit écrit
que de Coûtume n'est necessaire, & vaudra seulement par forme de legs jusqu'à la concurrence de la
quantité des biens dont il est permis de disposer.

L I X.

La préterition des enfans & autres à qui la légitime est dûë suivant les usages des lieux, n'anulle point
le Testament, sauf l'action pour la légitime où suplé-
ment d'icelle.

L X.

Quand le Testateur voudra tenir sa disposition
secrete jusqu'aprés sa mort, il pourra écrire son Testament de sa main ou le faire écrire par un autre,
& le signera s'il peut écrire, & le Testament étant
fermé & clos sous le cachet du Testateur ou d'autres,
seront appellez un Notaire & six Témoins, & sera

déclaré en leur preſence par le Teſtateur que ce qui
eſt écrit dans le papier ou parchemin ainſi clos &
cacheté eſt ſon Teſtament ſigné de luy ; & s'il n'a
pû le ſigner, déclarera la cauſe pour laquelle il n'a
pû le faire ; deſquelles déclarations le Notaire luy
donnera Acte, qui ſera écrit ſur l'une des feüilles faiſant partie de l'enveloppe du Teſtament, & ſigné tant
par le Notaire que par les ſix Témoins.

L X I.

Teſtament Militaire eſt valable, pourvû qu'il ſoit
ſigné du Teſtateur & de deux Témoins, & ſi le Soldat ne ſçait ſigner, le Soldat ne pourra teſter qu'en
la maniere ordinaire.

L X I I.

Le Soldat en Garniſon dans un lieu où l'on peut
teſter en la forme commune, ne peut teſter militai-
rement.

L X I I I.

Donation à cauſe de mort faite en autre forme
que le Teſtament, eſt nulle.

L X I V.

En Teſtament il n'eſt neceſſaire de faire mention
que les Témoins ont été requis.

L X V.

La preuve par Témoins d'un Teſtament n'eſt pas
recevable, même du Militaire, & doit être le Teſtament Militaire rédigé par écrit.

L X V I.

Teſtament du pere entre ſes enfans, ou fait en

temps de pefte, ou entre rustiques, ou pour causes
pies, ou par un aveugle, est sujet aux formes precedentes, & non plus grandes formalitez.

L X. V I I.

Les Témoins qui assisteront aux Testamens & aux
actes de reconnoissance des Testamens secrets, seront
mâles & non notez d'infamie, âgez de vingt ans accomplis, non Religieux, & sçauront signer.

L X V I I I.

Si le Témoin est légataire le legs est nul, & pour
le surplus le Testament est valable.

L X I X.

Le Testament est valable encore qu'au jour du déceds du Testateur il y ait dix ans & plus qu'il ait
été passé.

L X X.

Testament autre que Militaire n'est valable si le
Testateur n'a survécu quarante jours francs, sans y
comprendre la datte du Testament & le jour du deceds.

DES FIDEI-COMMIS.

I.

Ubstitution, autre que celle qui se fait par Fidei-
commis, n'a lieu.

I I.

La Substitution vulgaire vaudra seulement comme un legs fait sous condition.

I I I.

Le Fidei-commis peut être fait par donation en-tre vifs, Teſtament & autres actes de liberalité.

I V.

Incapables de donner ou léguer ſont incapables de ſubſtituër ; & ceux qui ſont incapables de recevoir donation ou legs en tout ou partie, ſont pareillement & à proportion incapables de recevoir Fidei-commis.

V.

Le Fidei-commis appoſé dans un Contract, peut être de tous biens tant propres qu'acquêts, qui appartiennent alors au donateur, & eſt irrevocable comme le Contract.

V I.

Le Subſtitué par Contract ou par Teſtament ne peut tranſmettre le Fidei-commis à ſes heritiers, s'il n'eſt vivant lors de l'écheance de la condition.

V I I.

Toutefois la Tranſmiſſion ſe fait aux petits enfans du Fidei-commis qui étoit au profit de leur pere, encore que le pere ſoit decedé avant l'écheance de la condition impoſée par la donation ou le Teſtament de leur ayeul; laquelle Tranſmiſſion aura lieu à l'égard des autres décendans, en quelque degré qu'ils ſoient.

V I I I.

Quand la donation entre vifs par Contract de mariage, ou autrement, eſt parfaite, le donateur ne peut aprés coup charger le donataire d'aucun Fidei-commis, non pas même un pere à l'égard de ses enfans, encore que dans le Fidei-commis il soit fait expresse mention des choses données, & que le Fidei-commis soit fait au *profit* des décendans ou aux autres enfans du donateur , & sous la condition que le donateur décedât sans enfans.

I X.

Peut toutefois le donateur se reserver la faculté de substituër par Fidei-commis , auquel cas la substitution faite hors & aprés la donation sera valable.

X.

Quand le legs est fait par un premier Testament, on peut , par un codicile & Testament posterieur , charger le légataire de Fidei-commis.

X I.

Dans les Fidei-commis quand le premier, le second , troisiéme , ou autres degrez sont caducs, le degré qui suit immédiatement celuy qui est caduc est subrogé en sa place , & le Fidei-commis peut passer du premier degré au dernier, quand les degrez intermediaires n'ont point eû de lieu, encore que le Fidei-commis soit universel.

X I I.

Plusieurs étans appellez au Fidei-commis conjointement & sans subordination entr'eux, ils le recüeillent également ; toutefois quand le pere & les enfans sont appellez conjointement, le tout appartient au pere, & aprés le déceds du pere il passe aux enfans qui se trouvent vivans lors du déceds du pere,

& en

& en cas de déceds d'aucuns d'eux, les petits enfans entrent en la place de leur pere.

X I I I.

Il en est de même quand la mere & les enfans
sont appellez au Fidei-commis.

X I V.

Pour faire un Fidei-commis, la disposition doit
être expresse, & ne seront dorénavant reçûës les ex-
tensions d'un cas à un autre, & d'une personne à une
autre.

X V.

Quand aucun est substitué à un donataire entre
vifs, heritier *abintestat* ou légataire, au cas qu'il decede
sans enfans, si le donataire heritier ou légataire laisse
un seul enfant au jour de son déceds, le Fidei-commis demeure sans effet à l'égard du Substitué & de
l'enfant.

X V I.

Ce que dessus aura lieu encore que le donataire,
heritier, ou légataire, chargez de Fidei-commis sous
la condition du déceds sans enfans, fussent parens en
ligne directe ou collaterale de celuy qui en a disposé.

X V I I.

Le Fidei-commis étant fait sous une double condition du déceds sans enfans, & du déceds des enfans sans enfans, il n'y a point aussi de Fidei-commis
au profit desdits enfans ou petits enfans.

X V I I I.

La masculinité apposée à la condition du déceds

II. Partie.   A a a

fans enfans , & des enfans fans enfans , avec obligation de porter le nom & armes du deffunt , & la prohibition d'aliener , ne font fuffifantes pour induire
un Fidei-commis même dans les familles illuftres.

X I X.

La prohibition d'aliener ou de tefter, pure & fimple & fans caufe , ne fait point un Fidei-commis, &
le donataire ou légataire , auquel les deffenfes ont été
faites , a la liberté d'aliener ou de tefter.

X X.

Mais fi la prohibition eft faite avec la claufe pour
conferver les biens dans la famille , ou expreffement
en faveur de certaines perfonnes y dénommées , alors
c'eft un Fidei-commis, lequel n'a lieu qu'en cas d'a-
lienation quand il n'y a que la claufe de conferver les
biens dans la famille , mais s'il y a de certaines perfonnes dénommées au profit defquelles la prohibition
d'aliener a été faite, alors foit qu'il y ait alienation ou
non , le Fidei-commis à lieu.

X X I.

En cas de prohibition d'aliener hors la famille, l'heritier *abinteftat* , donataire ou légataire , peut difpofer
de la chofe à titre gratuit ou onereux , au profit de
telle perfonne de la famille qu'il voudra choifir, encore qu'elle foit en degré éloigné.

X X I I.

Si l'alienation a été faite à des perfonnes étrangeres , ceux de la famille qui fe trouvent au temps de
l'alienation au premier degré , felon l'ordre de fuc-

ceder , font appellez au Fidei - commis.

XXIII.

La prohibition d'aliener emporte la prohibition de
difpofer , tant à caufe de mort qu'entre vifs ; même
d'hipotéquer.

XXIV.

L'ordre du Fidei-commis doit être reglé comme la
fucceffion de celui qui eft chargé de reftituër , & non
felon l'ordre de la fucceffion de celui qui a difpofé.

XXV.

Le Fidei-commis graduel & perpetuel par difpofition expreffe au profit d'une famille, eft defferé de
degré en degré au plus prochain de ladite famille ,
& la proximité eft confiderée eu égard à la perfonne
qui eft chargée de reftituër, & non à celle du Teftateur ou donateur.

XXVI.

S'il eft dit que les mâles défaillans , les filles foient
appellées fucceffivement au Fidei-commis, il fera dé-
feré aux filles qui fe trouveront les plus prochaines
en degré du dernier des mâles , chargé de reftituër ,
encore qu'il y ait d'autres filles plus proches en degré
du Teftateur ou du donateur.

XXVII.

Le frere conjoint de deux côtez à celui qui eft
chargé de reftituër, à le même avantage dans la reftitution du Fidei-commis que dans les fucceffions
légitimes fur le frere qui eft conjoint d'un côté feulement, ce qui a lieu pareillement à l'égard des fœurs.

XXVIII.

Repreſentation a lieu dans le Fidei-commis fait à la famille dans les mêmes degrez & en la même ma-niere que dans la ſucceſſion, & les neveux concou-rans avec les freres du deffunt, le partage du Fidei-commis ſe fera par ſouches, encore que le Teſtateur eût ordonné qu'il fut partagé également.

XXIX.

Mais quand les enfans ſont apellez par leur nom propre au Fidei-commis, la repreſentation n'a lieu en la perſonne des petits enfans, leſquels en ce cas ne pourront concourir avec leurs oncles dans les biens ſubſtituez.

XXX.

Le droit d'aîneſſe à droit dans le Fidei-commis fait à la famille, enſorte que l'aîné & ſes repreſentans, & pareillement les mâles, prennent dans les biens ſubſtituez droits & prerogatives d'aîneſſe & de maſ-culinité, établis par les Coûtumes.

XXXI.

Dans le Fidei-commis fait au profit des mâles, où au profit des mâles & de leurs décendans, les iſſus des filles ne ſeront compris ſous le mot de décendans.

XXXII.

La préference donnée aux mâles dans le Fidei-commis, exclud les femelles, même celles qui ſont en degré plus proche que les mâles.

XXXIII.

Pour recüeillir un Fidei-commis il eſt requis &

suffit que celuy qui est appellé soit capable au jour de l'ouverture du Fidei-commis & de l'écheance de la condition, encore qu'il ne fût capable au jour du Testament.

X X X I V.

Les enfans conçûs au jour de l'écheance du Fidei-commis, sont capables de le recüeillir.

X X X V.

L'incapacité de celuy qui est chargé de restituër, n'empêche point l'effet du Fidei-commis au profit de personne capable.

X X X V I.

On peut, après la mort du Testateur, renoncer valablement au Fidei-commis avant l'écheance de la condition.

X X X V I I.

Le Fidei-commissaire qui a consenti expressément à l'aliénation du bien qui lui devoit être restitué & qui avoit connoissance du Fidei-commis, n'a point d'action contre l'acquereur, ny pareillement contre le vendeur, pour la récompense de la chose aliénée, si par l'acte de consentement il n'en fait une reserve expresse & formelle.

X X X V I I I.

Quand un pere ou une mere ont chargé leurs enfans de restituër à un tiers après leur mort, le Fidei-commis est caduc, si les enfans laissent des décendans d'eux nez en légitime mariage avant ou depuis la disposition du pere ou de la mere.

X X X I X.

Le Fidei-commis qui devient caduc tourne au profit de celui qui étoit chargé de le reftituër , & non au profit de l'heritier.

X L.

Toutes les fubftitutions faites avant le jour de Pâques 1561. font réduites à quatre degrez , & celles faites ledit jour & depuis à deux degrez , non compris en l'un & l'autre cas les perfonnes de l'inftitué, donataire ou légataire.

X L I.

Les degrez feront comptez par têtes , & non par fouches & generations , & chacun de ceux qui recüeillent la fubftitution fait un degré different , fupofé même que les Subftituez qui ont été apellez fucceffivement les uns aprés les autres, fe trouvent dans un même degré de generation.

X L I I.

Et neanmoins fi le cas de fubftitution étoit tel qu'elle fut recüeillie, & concurremment par plufieurs perfonnes toutes enfemble, elles ne feroient confiderées & comptées que pour un feul degré.

X L I I I.

Les Religieux Profex chargez de Fidei-commis, font ouverture au degré fuivant du jour de leur Profeffion ; & ceux qui ont porté l'Habit de Religieux Profex pendant cinq ans, font ouverture du jour des cinq ans expirez, & en tous les autres cas la mort civile n'avance point l'ordre & le droit de Fidei-commis.

X L I V.

Les fubftitutions feront publiées judiciairement en l'Audience des Siéges principaux & particuliers des Bailliages & Senéchauffées, tant du domicile de celuy qui a difpofé que de la fcituation des chofes données ou léguées, à peine de nullité.

X L V.

La publication faite à la diligence de quelques perfonnes que ce foit eft valable, & produira fon effet contre les créanciers & tiers acquereurs du jour qu'elle aura été faite en tous les lieux neceffaires.

X L V I.

Le deffaut defdites publications & enregiftremens ne donnera aucun avantage à ceux qui fe trouveront chargez de la reftitution du Fidei-commis, au premier degré ou aux dégrez fuivans, ny à leurs heritiers & autres étans en leurs droits, au préjudice des Subftituez, ains feulement aux tiers acquereurs & aux créanciers qui auront contracté de bonne foy avec l'inftitué ou donataire, ou avec les Subftituez.

X L V I I.

Les fubftitutions par donation ou contract entre vifs, doivent être publiées du vivant du donateur, à peine de nullité.

X L V I I I.

Les Subftituez par Teftament qui n'avoient pas connoiffance des fubftitutions, ou qui n'étoient pas en état de veiller aux publications neceffaires, auront hipotéque fur les biens de ceux qui fe trouvent chargez

de Fidei-commis, & fur les biens de ceux qui auront
fait les alienations & hypotéques du jour du déceds
de celui qui a difpofé, encore que la difpofition ne
foit paffée par devant perfonnes publiques, les alienations & hypotéques demeurans en leur force &
vertu.

X L I X.

Ceux qui ont droit de légitime étant chargez de
Fidei-commis, retiendront, par forme de diftraction
fur les fubftituez, leur légitime ou le fuplément d'i-
celle; & pour les autres quartes falcidie & trebelliani-
que, elles n'auront plus lieu à l'avenir.

L.

Les fruits perçûs par l'inftitué avant l'ouverture de
la fubftitution, ne feront imputez fur la légitime.

L I.

Teftamens paffez ou reconnus par devant deux Notaires ou un Notaire, & des Témoins debatus de nu-
litez ou maintenus faux, font executoires par provifion, fi la nullité ou fauffeté n'eft évidente.

Des Executeurs Teftamentaires.

I.

LE Teftateur peut nommer un ou plufieurs exe-
cuteurs de fon Teftament, mâles & majeurs de
vingt-cinq ans, & non Religieux.

I I.

I I.

Toutefois un pere qui fait un Teſtament entre ſes enfans, peut nommer leur mere ou ayeule paternelle ou maternelle, executrice dudit Teſtament.

I I I.

Peuvent la femme & le mineur être chargez par Teſtament de délivrer un legs particulier, ou de faire quelque élection, qui ſera laiſſée par le deffunt à leur diſpoſition.

I V.

L'executeur Teſtamentaire ayant accepté le legs à luy fait par le Teſtament, eſt tenu d'accepter l'execution, comme auſſi encore qu'il n'y eût aucun legs à ſon profit, s'il a commencé ladite execution il peut être contraint de la parachever.

V.

Quand pluſieurs ont accepté l'execution Teſtamentaire, ils ne ſont tenus chacun que pour ce qu'ils ont géré.

V I.

L'executeur Teſtamentaire eſt tenu de faire inventaire ſi-tôt que le Teſtament eſt venu à ſa connoiſſance, l'heritier préſomptif preſent ou dûëment appellé.

V I I.

Aprés l'inventaire fait l'executeur Teſtamentaire eſt ſaiſi durant an & jour de tous les biens meubles delaiſſez par le deffunt, pour recevoir les dettes actives, revenus, arrérages, interêts, loyers & fermages, échûs avant le déceds du Teſtateur.

II. Partie. Bb b

V I I I.

Mais ceſſant la diſpoſition expreſſe du Teſtateur, les offres de mettre entre les mains de l'executeur deniers ſuffiſans pour accomplir le Teſtament, ne ſont point recevables, & nonobſtant icelles l'executeur demeurera ſaiſi, comme dit eſt, de tous les meubles.

I X.

Toutefois ne ſeroit ſaiſi de tous les biens l'executeur Teſtamentaire, ſi le deffunt avoit ordonné expreſſement qu'il fut ſaiſi de ſommes certaines ſeulement.

X.

L'an & jour doit être compté du jour que l'executeur Teſtamentaire a eû les effets de la ſucceſſion en ſa diſpoſition.

X I.

L'executeur Teſtamentaire peut payer & mettre à execution les choſes ordonnées par le Teſtateur pour ſes Obits, Obſéques & Funerailles, ſans apeller les heritiers, & eſt crû ledit executeur à ſon ſerment des frais du Convoy, Aumônes, & autres menuës dépenſes.

X I I.

Peut l'executeur Teſtamentaire, ſans autre formalité ny procedure, ſe payer par ſes mains des ſommes qui luy ſont dûës par le deffunt, ou du legs mobilier à luy fait, & les mettre en dépence dans le compte de l'execution Teſtamentaire; mais ſi le legs eſt univerſel & de quotité ou d'un immeuble, la délivrance doit luy en être faite par l'heritier, ou par la juſtice au refus dudit heritier à ce apellé.

XIII.

Peut auſſi l'executeur payer les dettes claires & liquides, même les legs mobiliers, ſans la participation des heritiers, ſinon qu'il y eût empêchement en ſes mains & oppoſition formée à la Requête deſdits heritiers, laquelle étant par luy dénoncée auſdits créanciers & légataires, ils ſeront tenus la faire lever, ſi bon leur ſemble, avec leſdits heritiers, & juſqu'à ce ne pourront faire aucunes pourſuites contre l'executeur.

XIV.

Si l'executeur Teſtamentaire décede dans l'an & jour avant le parachevement de l'execution Teſtamentaire, ſes heritiers ſont tenus, incontinent aprés ſon déceds, de rendre compte de ladite execution, mais ils ne pourront contraindre les heritiers du Teſtateur de ſouffrir qu'ils continuënt ladite charge, ny auſſi être contraints par eux de la continuër, encore que le Teſtateur eut fait un legs conſiderable au deffunt pour ladite execution Teſtamentaire, lequel legs ne laiſſera point d'être dû entierement aux heritiers dudit executeur.

XV.

L'élection des legs faits à des tierces perſonnes qui avoit été laiſſée à l'executeur Teſtamentaire, paſſe aprés le déceds dudit executeur qui n'a point conſommé ladite élection, aux heritiers du Teſtateur.

X V I.

Quand la charge d'executeur Teftamentaire eft commife à la qualité de la perfonne , elle paffe aprés le décéds de l'exécuteur dans l'an & jour , à fon fuc- cesseur qui a la même qualité.

X V I I.

L'an & jour paffé , l'execution Teftamentaire eft finie , & doit l'executeur rendre compte , encore que le Teftateur l'en eût expreffement déchargé par fon Teftament.

X V I I I.

Toutefois s'il y a dans le Teftament des Articles donnant trait au delà de l'an & jour , l'executeur Te- ftamentaire en ce cas demeurera garny des fommes fuffifantes jufqu'à concurence & pour l'accompliffe- ment defdits Articles.

X I X.

La connoiffance de l'execution des Teftamens appartient à la Jurifdiction Laïque.

DE LA LEGITIME.

I.

LA légitime des enfans tant en pays de Droit écrit que de Coûtumes , fera à l'avenir la moi- tié de telle part .& portion que chacun des enfans euffent eû dans les biens du deffunt , s'il n'en eût difpofé par donation entre vifs , ou derniere volonté, ſur le tout déduit les dettes & frais funeraux.

I I.

Les aſcendans auront pareille légitime en pays de droit écrit, en deffaut des décendans.

I I I.

Ceux qui ſont exclus de la ſucceſſion par incapacité ou par une juſte exheredation, n'ont droit de légitime.

I V.

Les renonciations aux ſucceſſions échûës faites par perſonnes majeures, ſont valables en ſucceſſion directe, & excluënt la demande en ſuplément de légitime.

V.

Filles majeures qui renoncent par Contract de Mariage, moyennant leur dot, aux ſuceſſions à échoir, ſont recevables, nonobſtant leſdites renonciations, à demander ſuplément de légitime, encore qu'elles euſſent renoncé expreſſement à ladite légitime.

V I.

L'heritier majeur qui a obmis de faire inventaire, eſt exclus de la légitime.

V I I.

L'action pour la légitime ou ſuplément d'icelle dure trente ans, & paſſe de plein droit aux heritiers du légitimaire, encore qu'elle n'ait été commencée de ſon vivant.

V I I I.

Si les biens dont le deffunt n'a point diſpoſé ne

font pas fuffifans pour remplir la légitime, elle fe prendra premierement fur les difpofitions Teftamentaires,
& fucceffivement fur les donations entre vifs, à commencer par les dernieres avant que de toucher aux
précedentes.

I X.

Pour payement de la légitime le legs univerfel fera
épuifé avant que de venir aux legs de quotité, & les
legs de quotité feront épuifez avant que de venir aux
legs particuliers, lefquels feront auffi épuifez avant
que de venir aux legs pieux & aux récompenfes des
ferviteurs.

X.

La dot, même celle qui a été donnée en deniers,
eft fujette au retranchement qui fe fait pour la légitime.

X I.

Les chofes données qui font ainfi révoquées ou
retranchées pour fournir la légitime, entrent dans ladite légitime franches & quittes des dettes du defunt,
aufquelles lefdites chofes données n'étoient point
fujettes.

X I I.

Les biens fujets à la légitime font fujets à évaluation, eu égard à ce qu'ils valoient au jour du déceds
de celuy de la fucceffion duquel il s'agit, & le calcul de la légitime doit être fait fur le pié de ladite
valeur, fans confiderer l'augmentation ou diminution
naturelle furvenuë depuis le déceds.

X I I I.

Le fuplément de la légitime pourra être baillé en argent par ceux qui en font tenus, mais s'il eft baillé en heritages de la fucceffion, lefdits heritages feront baillez pour le prix qu'ils font entrez dans l'évaluation de la légitime.

X I V.

En cas de fuplément de légitime, le légitimaire retient les heritages qui luy ont été donnez ou qu'il trouve dans la fucceffion, pour le prix qu'ils valoïent au jour de la fucceffion ouverte.

X V.

La légitime ne peut être chargée d'ufufruit de Fidei-commis ny d'aucune autre condition, encore que le Fidei-commis fut réciproque entre enfans par le Teftament du pere.

X V I.

Tout ce qui vient en proprieté à l'heritier légitimaire de la liberalité & entre vifs, ou à caufe de mort, eft imputé en la légitime, tant à l'égard des étrangers qui font légataires ou donataires entre vifs, que des heritiers du fang.

X V I I.

Heritier légitimaire eft faifi de la légitime du jour du déceds, & les fruits en font dûs dés ce jour, fans autre diftinction.

X V I I I.

Les Religieux qui ont fait Profeffion du vivant des pere & mere, & ceux qui font réputez tels, les en-

ſans exheredez qui n'ont point été reçûs en partage,
les abſens dont on n'a point reçû de nouvelles dix
ans auparavant l'ouverture de la ſucceſſion, ceux qui
ont renoncé purement & ſimplement ſans aucune récompenſe, ceux qui ſont morts civilement, & generalement ceux qui par renonciation, exheredation
ou incapacité ne prennent part à la légitime, ne doivent être comptez pour régler ladite légitime.

X I X.

Toutefois ceux qui ont renoncé, moyennant quelque avantage pour modique qu'il ſoit, ſont nombre
pour la ſupputation de la légitime, encore qu'ils n'y
prennent part, pourvû que d'ailleurs il n'y ait aucune incapacité de ſucceder en leurs perſonnes, & dans
la maſſe des biens ſujets à la légitime, entreront les
avantages faits à ceux qui ont renoncé.

F I N.

LETTRE

De Me Barthelemy Auzannet, écrite à un de ses amis.

Touchant les Propositions arrêtées chez Monsieur le premier Président.

VOUS m'avez souvent sollicité de vous faire sçavoir le détail de ce qui s'est passé dans toutes les Assemblées qui se sont tenuës pour la réformation de la Justice, à quoy je n'ay dû ny pû satisfaire à cause du secret qui avoit été ordonné ; mais comme les choses les plus particulieres se découvrent dans la suite du temps, à present que cette affaire a été renduë publique, & que j'ay la liberté de satisfaire vôtre curiosité, je vous expliqueray les causes de cette Assemblée, & les Ordres qui ont été donnez & suivis sur ce sujet.

Entre les Provinces qui composent l'Etat de la France, les unes sont régies par les Coûtumes, lesquelles ne subsistoient que par une simple traditive ; mais dans la suite des temps elles ont été rédigées par écrit, & puis réformées avec la permission & sous l'autorité du Roy. Les autres Provinces sont régies par le Droit Romain, qu'on apelle le Droit Ecrit.

Dans la Province d'Auvergne il y a cela de particulier qu'elle est régie en partie par la Coûtume, & pour le surplus par le Droit Romain, car communément les lieux qui relevent en plein Fief ou en arriere-Fief de l'Eglise, observent la disposition du Droit Romain, & pour le surplus de la Province il y a des Titres & des Articles particuliers qui sont communs en la Province entiere.

Il y a peu de Coûtumes generales dans lesquelles il n'y ait des usages Locaux ; & lors qu'il s'agit d'expliquer un Article de la

II. Partie. ã

Coûtume, ou de supléer ce qui manque à la disposition d'iceluy, en quelques lieux on a recours au Droit Romain, & en d'autres endroits on considere les Coûtumes voisines.

Et ce qui est encore plus important c'est que dans les Provinces régies par le Droit Ecrit il y a plusieurs questions, & principalement celles qui concernent les Substitutions Fidei-commissaires, les formes & solemnitez des Testamens, & les constitutions Dotales & gains Nuptiaux, lesquelles se jugent differemment dans les mêmes Provinces : Et le mal a passé jusques à ce point que dans un même Parlement plusieurs maximes ont changé deux ou trois fois depuis trente ans, & encore à present elles se jugent differemment en diverses Chambres d'un même Parlement.

Et c'est ce qui produit tant d'Evocations & Récusations, lesquelles emportent beaucoup de temps & consomment les Parties en frais, pour avoir des Juges certains avant que de commencer l'instruction d'un Procés, parce que l'on prenoit le gain ou la perte de l'affaire selon le Parlement ou la Chambre où elle sera renvoyée.

On a plusieurs fois proposé d'établir une Loy, un Poids & une Mesure, qui fut commune pour toute la France, ce qui ne seroit pas difficile à executer pour les Poids & Mesures, mais de croire que l'on puisse faire une Loy generale pour tous les païs de Coûtume & de Droit Ecrit, il ne faut point esperer d'y parvenir ; car outre que plusieurs Provinces se sont données à la France, à la charge & condition de les maintenir dans l'usage de leurs Loix & Coûtumes, ausquels Traitez on ne doit point donner d'ateinte, les habitans de chacun Bailliage, Senéchaussée & gouvernement, sont persuadez que les Loix & usages sous lesquelles ils ont vêcu jusqu'à present sont meilleures que les autres. Et comme dans toutes les Provinces il y a plusieurs Contracts de Mariages, Substitutions, partages & autres Traitez, qui ont été réglez suivant les Loix & usages particulieres de la scituation des biens, on ne peut toucher aux Loix sous lesquelles les peuples ont vêcu sans troubler le repos d'un grand nombre de familles.

Et supposé qu'il y eût quelque chose à réformer, cela doit être fait en particulier dans chacun Bailliage & Province, du consen-

tement & dans l'Assemblée des trois Etats, avec la permission &
sous l'autorité du Roy, en presence des Commissaires députez
de sa part.

Et que ce qui concerne les contradictions des Arrêts qui se
donnent tous les jours en deux Parlemens differens, touchant
les solemnitez des Testamens, les Substitutions Fidei-commissaires, Dots & gains Nuptiaux, & autres matieres semblables qui
dépendent du Droit Romain, on ne peut y pourvoir que par une
Ordonnance émanée de l'autorité du Roy, qui seul a le pouvoir
de donner la Loy & d'imposer les régles par lesquelles les questions doivent être décidées.

Mais chacun Parlement en son particulier peut, sous le bon
plaisir du Roy, convenir de ses maximes, & décider les questions qui ont été jusqu'icy controversées, & obtenir du Roy des
Lettres de Déclaration sur ce sujet.

Monsieur de Lamoignon premier Président au Parlement de
Paris, souffroit avec impatience cette diversité de sentimens dans
sa Compagnie, & pour y aporter le remede necessaire ayant sçû
qu'autrefois j'avois commencé quelques Memoires sur une partie
de ces questions douteuses, il m'ordonna de faire recherche de
ces Memoires, & d'y ajoûter ce que je jugerois à propos : ce qui
fut executé, & ensuire Monsieur le premier Président ayant proposé & fait agréer son dessein au Roy, il fit assembler trois ou quatre fois en son Hôtel jusques au nombre de douze Avocats, &
prit leurs sentimens sur les premiers Articles : Et en d'autres jours
furent assemblez aussi en son Hôtel deux Députez de la Grand'
Chambre, & pareil nombre de chacune des Chambres des Enquêtes, en presence desquels lecture ayant été faite des mêmes
Articles & des avis des Avocats, quelques Articles furent resoluës
& les autres laissées sans décision. Mais les choses s'y passerent
avec si peu de satisfaction, que Monsieur le premier Président
jugea dés-lors qu'il n'arriveroit jamais où il prétendoit par cette
voye, & rompit le cours de ces Assemblées.

Cependant on me pria de continuër mes Memoires, & d'y
ajoûter les principales matieres & questions que je jugerois à propos, avec les motifs & raisons qui pourroient servir à la décision :
Ce qui fut ainsi executé.

Lettre de Me. Barthelemy Auzannet.

A mesure que je travaillois à ces Memoires, en même temps Monsieur le premier Président les mettoit entre les mains de Me Bonaventure Fourcroy, aussi Avocat en la Cour, pour s'en instruire, mettre les matieres par ordre, & d'y ajoûter, comme il fit, quantité de questions qui meritent une décision; à quoy il travailla avec une grande exactitude & assiduité, nonobstant ses grands emplois dans la Plaidoirie.

Ce travail a duré plus de deux années, pendans lesquelles on tenoit deux Assemblées par chacune semaine, l'une en des lieux particuliers en laquelle se trouvoient les deux Avocats, avec Monsieur de Brilhac Conseiller en la Grand' Chambre, & Monsieur le Pelletier Président aux Enquêtes, pour digerer les matieres & donner la forme aux Articles; & l'autre en la presence de Monsieur le premier Président, pour conclure & arrêter par son avis les Articles. Et enfin cét ouvrage a été achevé & divisé, &c.

Le premier, pour les Personnes.

Le deuxiéme, pour la quantité des Biens.

Le troisiéme, pour les Actions, Dettes, Hypotéques, Prescriptions, & autres Droits semblables.

Le quatriéme, pour les Droits qui dépendent des Mariages.

Le cinquiéme, pour les Successions & Testamens.

Voila où le premier Ouvrage s'est terminé, en attendant qu'il voye le jour sous l'autorité publique.

En ce même temps le Roy prit dessein de faire travailler à la réformation de son Etat; Sa Majesté établit trois Conseils, composez de Commissaires differens.

L'un, pour les Droits Ecclesiastiques & Benefices.

L'autre, pour la Noblesse.

En ces deux premieres Assemblées on a travaillé assez long-temps, mais jusques à present on n'en a vû aucun Ouvrage.

Le troisiéme Conseil destiné pour la réformation de la Justice, fut composé de Messieurs de Vertamont & Pussort Conseillers d'Etat: Messieurs Voisin, Commartin, Hotman & Pelletier Sieur de la Houssaye Maîtres des Requêtes; & de Mes Barthelemy Auzannet, Jean-Marie Lhoste, Loüis-Philemon Ragueneau, Jean de Gomont, Bilain, Avocats en Parlement, &

Lettre de Me. Barthelemy Auzannet,

de Me Joseph Foucault auſſi Avocat en Parlement, & du Conſeil privé du Roy.

Et pour Greffier en cette Commiſſion fut choiſi Monſieur Foucault fils, à preſent Procureur General, qui rédigeoit les avis & propoſitions ſans opiner.

Au mois d'Octobre 1665. Monſieur de Vertamont qui devoit préſider à ce Conſeil envoya des Billets chez les Avocats, portant ordre de ſe rendre chez Monſieur le Chancelier au jour & à l'heure portée par le même Billet; ce qui fut executé : Et à cette fin les Avocats revêtus de leurs robes s'étans rendus en la maiſon de Monſieur de Gomont, ils furent au même temps en l'Hôtel de Monſieur le Chancelier, & ayans été introduits en ſon Cabinet, il leur parla en ces termes: *Que le Roy ayant donné la Paix à l'Europe deſiroit en faire joüir ſes Sujets, en retranchant les Procés & les matieres des Procedures. Que Sa Majeſté avoit établi pour le Commerce des Compagnies dans les Indes Orientalles & Occidentalles, & que ſon intention étoit que ſes ſujets fuſſent employez à l'avenir au Trafic, aux Manufactures, ou bien aux Armées, ſans s'occuper comme ils avoient fait auparavant aux Procedures de la juſtice : Que jamais Monarque n'avoit eû de ſi belles & grandes idées ny agy avec tant de lumiere & de diſcernement dans le gouvernement de ſon Etat. Et comme la France eſt compoſée de trois Ordres principaux, qui ſont l'Egliſe, la Nobleſſe & la Juſtice, le Roy avoit fait trois Conſeils ou Colleges differens, compoſez de Conſeillers d'Etat, Maîtres des Requêtes & de perſonnes choiſies dans nôtre Ordre : Et que pour travailler à la réformation de la Juſtice, qui avoit elle ſeule plus d'étenduë que les deux Ordres enſemble, Sa Majeſté avoit choiſi les Avocats qui étoient preſens, ſur l'aſſurance que de leur part ils apporteroient l'affection & l'aſſiduité qui étoit requiſe dans une occaſion ſi illuſtre pour le Roy & ſi avantageuſe pour l'Etat.* Monſieur le Chancelier ayant finy ſon diſcours je répondis, comme plus ancien de la Compagnie, que l'Ordre ancien des Avocats & ceux qui étoient preſens en leur particulier, étoient grandement obligez à la bonté du Roy de les avoir jugez capables de ſervir Sa Majeſté en une occaſion ſi importante & ſi avantageuſe à ſes Sujets: *Que de leur part ils ne manqueroient de*

donner tout leur temps & leurs soins, & si peu d'experience
qu'ils avoient, à tout ce qui leur seroit ordonné de la part de
Sa Majesté.

Peu de jours aprés les Commissaires s'étans rendus chez Monsieur de Vertamont, mondit Sieur de Vertamont prit la Séance au
bout d'enhaut du Bureau ou de la Table, dans un fauteuil ; à sa
main droite étoit Monsieur Pussort Conseiller d'Etat aussi dans
un fauteuil, ensuite Messieurs de Commartin & Pelletier de la
Houssaye Maîtres des Requêtes, & les Sieurs Lhoste, de Gomont & Foucault Avocats ; & à main gauche étoient Messieurs
Voisin & Hotman Maîtres des Requêtes, les Sieurs Auzannet,
Ragueneau & Bilain Avocats, les uns sur des fauteuils & autres
sur des chaises indifferemment ; & le Greffier au bout du bas de
la Table.

Pendant le cours de ce travail étant arrivé le décez de Monsieur de Vertamont, l'Assemblée fut transferée chez Monsieur
Pussort, qui depuis ce temps fit la fonction de Président, sans
toutefois prendre le haut-bout du Bureau qui étoit occupé par
Monsieur de Vertamont, mais il retint toûjours la premiere place
du côté droit.

Personne ne fut subrogé audit Sieur de Vertamont, ny pareillement aux places de Monsieur de Commartin qui fut envoyé
comme Intendant de la Justice en la Province de Bretagne, ny
pareillement à celle dudit Sieur Lhoste qui se retira des affaires
pour s'appliquer à la direction des Hôpitaux où il avoit été appellé, & ainsi le nombre des Commissaires fut réduit à neuf
personnes.

Avant la premiere Séance les Avocats demeurerent d'accord
entr'eux d'aller audit Conseil en manteau long ; afin de faire con-
noître à Messieurs les Conseillers d'Etat & Messieurs des Requêtes, que l'on ne prétendoit point aller de pair avec eux, & en
toutes occasions lesdits Avocats ont témoigné à Messieurs les
Conseillers d'Etat & Messieurs des Requêtes, le respect qu'ils
avoient pour le mérite de leurs personnes & la dignité de leurs
Charges ; & eux de leur part ont toûjours témoigné en toutes les
occasions qui se sont presentées, avec des paroles fort avantageuses, l'estime que chacun doit faire de l'ordre des Avocats.

Lettre de Me Barthelemy Auzannet.

Et en l'année 1665, le Roy ayant fait un long séjour à Fontainebleau, & Messieurs les Conseillers d'Etat & Maîtres des Requêtes ayans été obligez de s'y rendre ; les deux vacations par semaines qui étoient destinées pour la réformation de la Justice furent réünies en un même jour & le Conseil tenu à Essone, afin que Messieurs les Conseillers d'Etat & Messieurs des Requêtes de leur part & les Avocats d'autre part, fissent chacun la moitié du chemin.

Les premieres Assemblées furent employées à régler les matieres qui devoient & pouvoient être traitées, & l'ordre que l'on pouvoit tenir pour en faire la discution ; il fut trouvé bon de parler avant toutes choses de l'execution des Ordonnances, mais cela ne demeura pas long-temps sur le tapis, car en l'Assemblée suivante le Roy nous fit sçavoir sa volonté sur ce sujet, & envoya les huit Articles qui composent le premier Titre de la nouvelle Ordonnance de 1667.

Pour les autres matieres à mesure qu'elles étoient proposées on les distribuoit à chacun des Avocats, pour y travailler en son particulier, à l'effet de diviser les matieres par Articles & mettre les Articles par ordre ; & dans l'Assemblée après la lecture du Titre entier, chacun Article étoit examiné, conclû & arrêté à la pluralité des voix ; & bien que fort souvent les opinions ayent été differentes, neanmoins aucun n'a fait paroître la moindre jalousie ny contention pour faire prévaloir son avis, mais le tout a passé avec tout l'honneur & la civilité que l'on peut desirer.

Peu de temps après les premiers Articles de la réformation qui avoient été redigées en nôtre Assemblée, ayans été lûë en plein Conseil en presence du Roy, Sa Majesté en conçût telle satisfaction qu'Elle manda les Avocats au Louvre, & leur ayant fait l'honneur de les faire entrer dans son Cabinet, Sa Majesté étant debout, le dos apuyé contre la fenêtre, leur dit *qu'ayant voulu retrancher la chicanne & donner de bonnes Loix à ses Sujets, il avoit choisi des personnes de doctrine, d'experience & de probité, & consommées dans toutes sortes d'affaires, & les avoit joints avec des Magistrats, afin que par le concours des uns & des autres les peuples, qui se consommoient en des procedures qui étoient immortelles, pussent recevoir le soulagement qu'ils attendoient il y a fort long-*

temps de cét Ouvrage ; il ne cherchoit point ſes interêts , & n'a-
voit point d'autres vûës que le repos de ſes Sujets , qu'il avoit déja vû
des effets de leur ſuffiſance & de leur integrité dont il étoit trés-ſa-
tisfait ; & les pria , ce ſont les termes dont ſe ſervit Sa Majeſté ,
de continuër ; les aſſurant qu'ils ne pouvoient rien faire qui luy fût
plus agreable ny plus utile pour ſon ſervice & le bien de ſes peuples ;
qu'il s'en ſouviendroit , & que dans les occaſions il en donneroit des
marques à chacun d'eux en particulier : Et au même temps je pris,
comme le plus ancien des Avocats, la parole, & remerciay Sa
Majeſté de l'honneur qu'Elle avoit fait à l'Ordre des Avocats, & à
eux en particulier , de les avoir jugé capables de travailler à cette
grande & glorieuſe entrepriſe de la Réformation de la Juſtice ;
que chacun d'eux s'eſtimoit trop heureux d'être du nombre de
ceux qu'il avoit plû à Sa Majeſté de choiſir pour cét Ouvrage,
& que ſi le commencement avoit eû le bonheur de luy plaire,
chacun s'efforceroit de redoubler ſon zéle & ſes ſoins pour continuër & conduire la choſe à ſa derniere perfection ; qu'à mon
égard à l'âge où je me trouvois avancé je ne pouvois eſperer
le voir la fin de l'Ouvrage, mais que je me trouvois trop heureux de finir le cours de ma vie dans une occaſion qui étoit
ſi agreable à Sa Majeſté & avantageuſe à l'Etat.

Quelque temps aprés Monſieur Colbert Miniſtre d'Etat, dans
les ſoins duquel le Roy ſouffroit l'ordre , l'adminiſtration , &
les plus importantes affaires de ſon Etat , ſe trouva au Conſeil
de la Réformation de la Juſtice , & quelque inſtance qui luy fut
faite pour prendre la place & faire la fonction de Préſident , il
ſe contenta de la ſeconde place , & témoigna à la Compagnie
la ſatisfaction que le Roy avoit des ſoins & de l'aſſiduité que
chacun aportoit pour l'Ouvrage que Sa Majeſté avoit commis
entre leurs mains , & les pria de continuër ; & aprés que lecture luy eût été faite de quelques Articles qui avoient été pro-
poſés & arrêtés, il aprouva & loüa le tout.

Aprés que les Articles étoient arrêtées entre nous , on les
portoit au Conſeil du Roy , & là en la preſence de Sa Majeſté,
on autoriſoit ceux qui étoient trouvez juſtes , & les autres étoient
réformées ou rejettées abſolument.

En pluſieurs rencontres le Roy a fait l'honneur à nôtre Compagnie

pagnie de prendre son avis sur des affaires proposées, qui se traitoient directement & devoient être résoluës au Conseil en la presence de Sa Majesté.

Nos Assemblées ayans continué durant l'espace de quinze mois, on trouva qu'il y avoit assez de matiere pour faire un premier Volume & pour en faciliter l'execution.

Le Roy jugea à propos d'assembler chez Monsieur le Chancelier, Monsieur de Lamoignon Premier Président au Parlement de Paris, & les autres Députez pris du nombre des autres Présidens, & des Conseillers de la même Compagnie & des Requêtes du Palais, en presence desquels, & d'aucuns Conseillers d'Etat & Maîtres des Requêtes, les mêmes Articles ayans été derechef examinées, chacun proposa ses difficultez, qui furent rédigées par écrit par Monsieur Hotman Maître des Requêtes, & le tout porté au Roy, lequel en la presence & par l'avis du Conseil établi à ce sujet, conclud & arrêta tous les Articles.

Et pource que les Titres qui avoient été composez par diverses personnes se trouvoient conçûs en des stils differens, le Roy commit Messieurs Morangis, Pussort & Boucherat Conseillers d'Etat, & Monsieur Hotman Maître des Requêtes, & moy seul Avocat, pour donner la forme à l'Ordonnance, le réduire à un même stille & mettre les Titres par ordre, & à cela il y fût vâqué durant l'espace de sept semaines entieres, en donnant cinq & quelquefois six vacations par semaine, & à la fin la premiere Ordonnance se trouva rédigée en la forme qu'elle paroît aujourd'huy au mois d'Avril 1667. portée au Parlement de Paris & publié en la presence du Roy, séant en son Parlement le 20. du même mois d'Avril.

Au mois de May 1667. les mêmes Commissaires cy-dessus nommez, réduits au nombre de neuf, ont continué, comme ils font encore tous les jours, à travailler ausdites Matieres en la même maniere cy-dessus remarquée, pour faire & composer d'autres Ordonnances lors que Sa Majesté le trouvera à propos.

Cependant Monsieur le Pelletier Président aux Enquêtes du Parlement, qui exerce à present la Charge de Prevôt des Mar-

II. Partie. ē

Lettre de Me Barthelemy Auzannet.

chands & Eſchevins de Paris, a trouvé bon de me faire travailler aux Memoires, pour ſervir à la réformation de la Prevôté & Vicomté de Paris, au cas que le Roy le jugeât à
propos.

J'ay auſſi travaillé à raſſembler quelques petites obſervations
ſur les autres Coûtumes, pour ſervir de Memoires à ceux qui
ſeront employez à la réformation d'icelles.

Signé AUZANNET,
âgé de 79. ans.

De Paris le premier Decembre 1669.

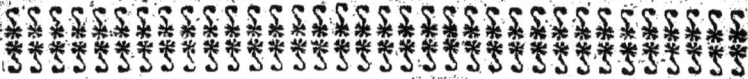

TABLE

DES PROPOSITIONS ARRESTE'ES
chez Monsieur le Premier Président.

TABLE.

Fin de la Table.

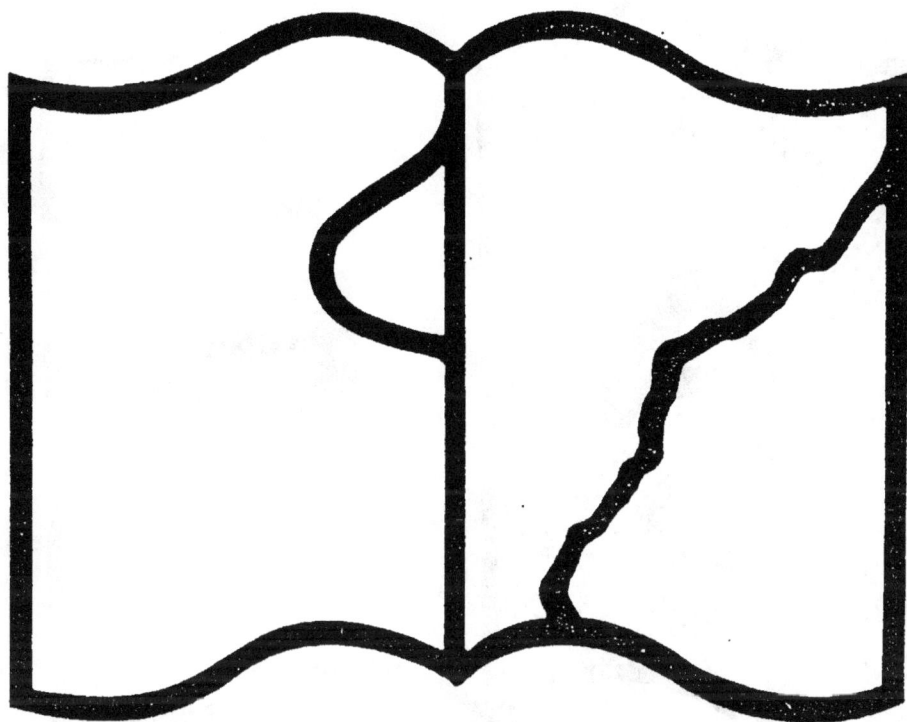

Texte détérioré — reliure défectueuse

NF Z 43-120-11

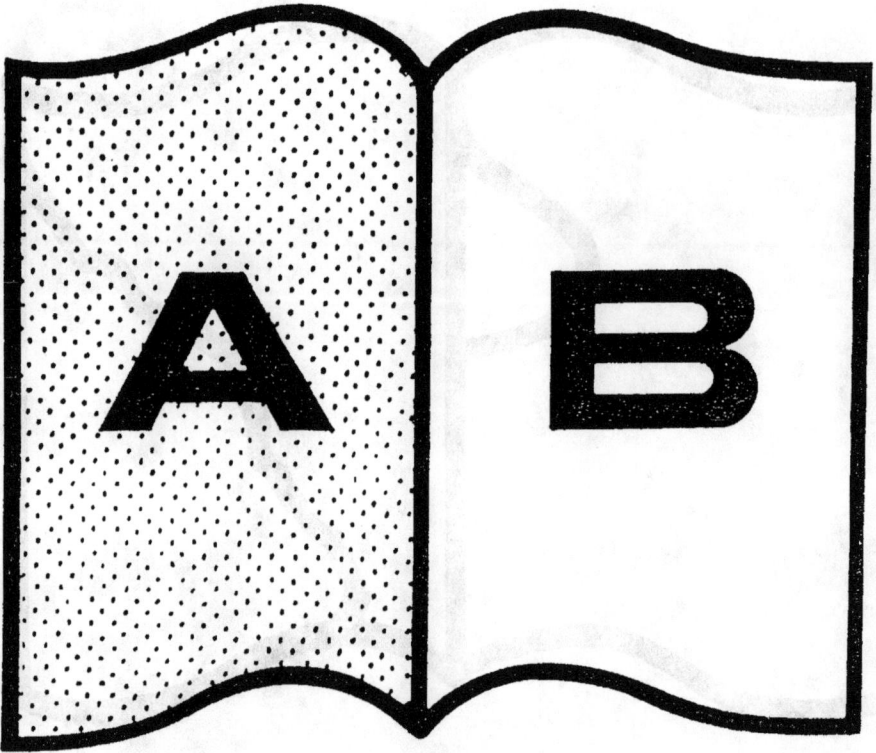

Contraste insuffisant

NF Z 43-120-14

www.ingramcontent.com/pod-product-compliance
Lightning Source LLC
Chambersburg PA
CBHW061009220326
41599CB00023B/3884